"十三五"国家重点图书、音像、电子出版物出版规划项目

2016年主题出版重点出版物

永远的 YONGYUAN DE
CHANGZHENG

长征

红色先锋

红二十五军长征珍闻录

王胜杰 | 赵庆领 | 徐　晖 ◎著

陕西新华出版传媒集团

未　来　出　版　社

图书在版编目（CIP）数据

红色先锋：红二十五军长征珍闻录／王胜杰，赵庆领，徐晖著. —西安：未来出版社，2017.1（2017.9 重印）
（永远的长征）

ISBN 978 - 7 - 5417 - 4976 - 6

Ⅰ. ①红… Ⅱ. ①王… ②赵… ③徐… Ⅲ. ①红二十五军 - 史料 Ⅳ. ①E297.2

中国版本图书馆 CIP 数据核字（2017）第 006815 号

红色先锋：红二十五军长征珍闻录
HONGSE XIANFENG：HONGERSHIWUJUN
CHANGZHENG ZHENWENLU

丛书策划	尹秉礼　高　安
执行主编	刘　波
责任编辑	陆　军　王小莉
封面设计	许　歌
技术监制	宇小玲
出版发行	陕西新华出版传媒集团　未来出版社
	地址：西安市丰庆路 91 号　邮编：710082
经　　销	全国新华书店
印　　刷	陕西安康天宝实业有限公司
开　　本	710mm×1000mm　1/16
印　　张	15
版　　次	2017 年 3 月第 1 版
印　　次	2017 年 9 月第 2 次印刷
书　　号	ISBN 978 - 7 - 5417 - 4976 - 6
定　　价	26.00 元

如有印装质量问题，请与印厂联系调换。

目　录

引子

在中国工农红军长征的煌煌史册中，不仅包括一、二、四方面军三大主力红军艰苦卓绝征战的史迹，还包括寻维洲、乐少华、粟裕领导的红七军团北上抗日先遣队与方志敏领导的红十军会合，组成红十军团向浙皖边、皖南的行动；同时也包括程子华、吴焕先、徐海东领导的红二十五军，以中国工农红军北上抗日第二先遣队名义进行的长征。

1934年11月16日，红二十五军从鄂豫皖根据地河南罗山县何家冲出发，开始转移，历时10个月，途经4个省，转战近万里，1935年9月15日到达陕北延川县永坪镇，次日与陕甘红军会师，成为红军长征中到达陕北的第一支队伍。

红二十五军长征途中创建的以陕南商洛为中心区域的鄂豫陕革命根据地，在中国革命处于低潮时期，为把中国革命大本营由南方转移到北方，做出了重大贡献。

一

红二十五军成立与
重建

1. 源起鄂豫皖

1934 年 11 月,就在中央红军长征出发后不久,孤处鄂豫皖革命根据地的红二十五军自河南罗山县何家冲出发,也踏上了长征之路。他们经桐柏,到陕南,创建了鄂豫陕革命根据地。在得不到中央指示的情况下,独立决策,自觉地为中央红军的北上做战略上的配合。他们自陕南北上,威逼西安,切断西兰公路,最后率先到达陕北,做了"中央红军之向导"(毛泽东语),成为与陕北红军会师的第一支红军。

不仅如此,红二十五军长征出发后留在鄂豫皖的红二十八军,在高敬亭的领导下,坚持三年游击战争,到抗日战争全面爆发时发展到近 4000 人,编为新四军第四支队。

红二十五军长征途中留在鄂豫陕根据地的第七十四师,成功地坚持了两年的游击战争,保卫了鄂豫陕根据地,策应了红军主力行动,到西安事变后发展到近 3000 人。

这一切都表明,红二十五军的长征,其功劳与成就将永载中国革命的史册。

徐向前元帅在 1988 年为《中国工农红军第二十五军战史》所写的"序言"中说，红二十五军"西征北上的战略行动，成为主力红军北上的先导，为把中国革命的大本营建在西北建立了特殊的功勋"。

红二十五军诞生于土地革命战争时期的黄麻起义，后长期战斗在群山连绵的鄂豫皖地区。鄂豫皖苏区核心位于湖北、河南、安徽三省交界的大别山区，战略位置十分重要。

徐向前元帅评价此地为："北窥豫中，南瞰武汉，东控江淮平原，西扼京汉铁路"，境内"山川交错，水泊棋布，土地肥沃，物产丰富，为历代兵家囊括大江南北、逐鹿中原的必争之地"。

1927 年，在中国共产党的领导下，爆发了黄麻起义，从此，大别山飘扬起革命的红旗。这一根据地在鼎盛时期，建立了革命政权，拥有黄安、麻城、罗山、黄山和霍邱五个县城，面积达 4 万平方千米，人口 350 万，成为第二次国内革命战争时期面积仅次于中央根据地的第二大革命根据地。

红二十五军组建于 1931 年 10 月 25 日，在红四方面军总部的领导和指挥下，为鄂豫皖苏区的壮大进行过浴血奋战。国民党军队对鄂豫皖苏区实施过多次"围剿"，但在红四方面军总部的指挥和广大红军战士的英勇奋战下，都遭到失败。红二十五军将士们在艰苦卓绝的反"围剿"斗争中，自编了一首顺口溜：

> 怀抱一支枪，
>
> 背靠大树桩。
>
> 树也砍不完，
>
> 根也挖不尽。
>
> 留得大山在，
>
> 到处有红军。

这是红二十五军指战员们在敌人疯狂残酷的"围剿"面前，顽强奋战、不屈不挠的革命乐观主义精神和大无畏英雄气概的真实写照。

2. 白雀园"肃反"

中共六届四中全会后，"左"倾冒险主义在党内占据优势，"左"倾思想开始在各革命根据地得到贯彻。

张国焘是四中全会后中央派往鄂豫皖苏区的全权代表，在他到达苏区后，开始极力推行"左"倾冒险主义的一整套路线，并在红军内部开展了残酷的"肃反"运动。

首先，他在军事上推行冒险主义，提出"动员最大的力量去向敌人进攻来巩固自己的力量"，主张红军采取不停顿地、坚决进攻的军事策略，鼓吹要与全国苏区与红军一致地大举进攻。

其次，他在政治上全盘否定包括红二十五军在内的红四方面军过去的斗争成绩，挥舞着"立三路线指导下的包含着极大危险"的帽子，党同伐异。

最后，他在组织上，对提出不同观点和看法的苏区领导进行排挤，开展"残酷斗争，无情打击"，杀害了一大批功勋卓著、能征善战的红军指战员。

徐向前元帅后来在回忆录中，提到张国焘的"左"倾做法时，曾一针见血地指出，张国焘的动机完全不是从革命事业出发，而是在于"剪除异己，建立个人统治"，把个人私利置于革命事业之上。自张国焘到达鄂豫皖苏区后，一场遍及鄂豫皖苏区的大劫难开始了。

徐向前回忆说，张国焘等人"肃反"的对象主要有三种人：一是从白军中过来的，不论是起义投诚还是被俘的，不论有无反革命活动，都要审查；二是地主富农家庭出身的，不论表现如何，都要审查；三是青年学生出身的知识分子，这些人最容易与改组派、第三党发生联系，必定要审查。

"肃反"的方式方法：一是从开展两条路线斗争中去寻找改组派的反革命线索，从那些思想意识不好的与非无产阶级观念的分子中去找改组派的反革命线索，从"他的阶级成分、社会关系、斗争历史、政治倾向以及日常生活中的表现中去找改组派的反革命线索"；二是实行以刑讯逼供的审讯方式对所谓的"犯人"施行各种残酷的肉刑，"许多的刑罚骇人听闻，完全从口供中得到改组派同党的名单，捕人和杀人也完全凭'犯人'的口供，而不讲证据"；三是组织群众性的"斗争会"，形成审讯形式。

在张国焘眼中，群众是盲目的，轻信的，易于鼓动，易于受感性支配，他后来得意地说："人们多数分辨不清什么是国民党改组派，什么是反革命，只要有人指证,这个人就会受到这股热浪的冲击。被审问者在群情愤慨之下,几乎无法为自己辩护。"

张国焘大造声势,营造"革命的红色恐怖气氛",在鄂豫皖苏区中心的白雀园很多街道墙壁上,写满了石灰水标语:"打倒国民党改组派!""坚决肃清改组派 AB 团!"在一系列错误方针的指导下,白雀园大"肃反"一开始就呈现出滥抓滥杀的恐怖状态。大批忠贞的红军指战员被污蔑为 AB 团分子,惨遭杀害。

被抓的人越来越多,白雀园街上的许多群众家里,都成了关押"改组派"人犯的临时牢房。更加荒唐和令人气愤的是,领导"肃反"的保卫局竟然用镜子来甄别干部——在红四军十师第二十八团,保卫局十几个干部站在全团的队列前面,其中一个人手里拿着一面大镜子,保卫局的一名姓尤的排长讲话。

他说:"在我们的部队中,潜藏着许多改组派、第三党分子! 现在我们用这面镜子来鉴定谁是红色战士,谁是改组派反革命,真正的改组派就会通过镜子现出原形来的!"

讲完话,保卫局的干部让全团每名红军战士看着镜子,从镜子前走过,保卫局的干部从镜子里只要发现走过的战士稍有异样神情,马上手一指,就把这名战士捆绑起来带走。

这样,一个连队就有 20 多人被"照妖镜"照出是"改组派"而遭到逮捕。

受到诬陷被逮捕的红军名将许继慎曾痛心至极地对张国焘说:"国民党特务的阴谋诡计,你张主席居然深信不疑。作为一个从宣誓那天起,就立志效忠于党的共产党员,为着党的事业,我还是请求中央分局认真审查加在我头上的那些不实罪名,甄清是非!"

张国焘不仅不为所动,反而变本加厉地在白雀园火神庙的公审大会上,亲自宣布了许继慎、周维炯两人的"罪状":"一、两人系改组派头领;二、不服从命令,对抗中央分局的领导;三、组织反革命军事委员会,阴谋 9 月 15 日暴动。"

有这三条罪状加在许、周的头上,两人的悲惨命运是可想而知的。许继慎因为痛斥过张国焘,竟被张下令绑到马尾巴上活活拖死!

杀掉许继慎,使亲者痛仇者快,张国焘做了国民党做梦也做不到的事。后来在抗日战争时期,国民党大员冷欣在苏北对陈毅说道:"我们在鄂豫皖略施小计,你们便杀了许继慎,当时,我们还不相信呢。"

到了最后,连红四军军长徐向前也在被怀疑之列。为了整到他的材料,保卫局把他的妻子程训宣抓起来,当作"改组派"分子秘密杀害。只是因为"徐向前是很能打仗的,这个人动不得",徐才躲过一劫。

徐向前在回忆录中写道:"鄂豫皖苏区的'肃反',把封建主义的东西搬出来了,一逼、二供、三相信。捕人、杀人不讲证据,全凭口供。许多刑罚骇人听闻。一些基层干部和战士连改组派、第三党是什么名堂都不知道,更想不到那是掉脑袋的罪名。你说他是,就承认了,光承认还不行,还得说出同党来。说吧,无非是些要好的同志、同乡,在一块议论过工作,便成了'同党',就这样一株连就是一大片。"

已经无法确切统计,在白雀园的"肃反"行动中,被冤杀的红军指战员到底有多少人。主持"肃反"运动的另一位领导人陈昌浩在《彭杨军政学校的报告》上说:"这次共清肃改组派一千多人,富农及一切不好的分子一千五六百人。"但实际上可能远远不止这个数字!

徐向前在回忆录中说:"在这一主观主义的逼供信的'肃反'中,红四军的各级干部除少数人幸免外,几乎都被一网打尽了!三十团在这次大'肃反'中,被残杀的班以上干部,估计约五百人。"

根据党史及民政部门从各种资料上的粗略估算,白雀园大"肃反"之中,红四军各师 10 个团的 1.2 万多人中被害的班以上干部超过了 3000 人! 其中可以统计到的军级干部 17 人、师级干部 35 人、团级干部 44 人。至于团以下的干部人员,那是无法统计的。

地方党委和干部也受到大量摧残。光山县委、县苏维埃政府的机关干部共有 140 多人,在经过几个轮回的"清肃"后,基本上都被诬为"改组派"遭到杀害,只余下七八个一般工作人员和 4 个炊事员;赤南县委共有机关干部 48 人,结果除 5 个勤务员外,全部被杀;霍山县委、六安县委等的情况大致相同,除了担负勤务的一般工作人员和炊事员,所有干部、党员全部被打成"改组派"而解赴刑场遭到枪杀;六安独立团在一次行动中捕杀班长以上人员 200 多人!红安独立师也在一个晚上有 200 多人被宣布为"改组派"而被集体枪杀……

张国焘在鄂豫皖苏区领导的大"肃反",一方面极大地削弱了党的领导力量和红军的战斗力,使得上万名红军官兵和地方干部遭到杀害,同时,也严重地损害了党的威信,挫伤了人民群众的革命积极性,使党内盲目服从、随声附和的现象日益严重。

由于对地方干部杀戮过多,大多数地方党政领导机关工作一度陷入无人过问的瘫痪状态,许多地方连会议都开不成。省委书记沈泽民在给中央的两个报告中提到:"干部的缺乏,特别是有文化的干部缺乏,的确是一种严重的情况。"

在国民党组织的第四次"围剿"中,由于"肃反"给根据地、地方党组织、红军造成了非常重大的损失,使红军的反"围剿"作战一开始就处于被动状态,导致鄂豫皖苏区第四次反"围剿"的失败。

张国焘在反"围剿"遭到失利后,选择了逃避,以转移外线作战为名,率红四方面军主力西去川陕。红二十五军下辖的七十三师王树声部,随红四方面军主力一同撤离,七十四师被分散编入其他部队,七十五师留在根据地,在沈泽民为书记的中共鄂豫皖苏区省委领导下坚持斗争。

3. 吴焕先重建红二十五军

1932 年 10 月,张国焘率红四方面军主力西去后,鄂豫皖革命根据地和红四方面军的主要创始人之一的吴焕先,找到省委书记沈泽民郑重建议,重新组建红二十五军。

1932 年 11 月 29 日,鄂豫皖省委在黄安(今红安)檀树岗召开最高军事干部会议,认为红军分散坚持斗争,缺乏统一的组织指挥,力量分散,存在着被敌人各个击破的危险。为此,会议决定,将根据地坚持斗争的 5 个主力团统一组织起来,重建红二十五军,军长为吴焕先,政治委员王平章,下辖两个师:七十四师,师长徐海东,政治委员戴季英;七十五师,师长姚家芳,政治委员高敬亭。全军约 7000 人。

吴焕先是黄麻起义的主要领导人之一,也是鄂豫皖革命根据地和红四方面军的主要创始人之一。1932 年红四方面军主力西征后,他主持重建红二十五军,先后担任军长、军政委,独立坚持根据地斗争。1934 年 11 月,他率部从河南省罗山县开始长征,1935 年 8 月 21 日,时任鄂豫陕省委代理书记、红二十五军政委的吴焕先,在甘肃省泾川县四坡村战斗中,为掩护主力部队突围而壮烈牺牲,时年 28 岁。在甘肃省兰州市华林山烈士陵园有一座纪念碑,它是 1985 年为纪念牺牲在甘肃的吴焕先烈士建立的,上面錾刻着经中共中央原总书记胡耀邦同志批示,由胡启立、胡乔木、胡绳同志修改审定的纪念碑文。在领导鄂豫皖根据地的斗争和长征入陕的过程中,他立下了不可磨灭的功绩,是公认的红二十五军"军魂"。至今,在鄂豫皖革命老区和长征路上,还流传着英雄先烈吴焕先的故事。

吴焕先 1907 年 7 月出生于湖北省黄安县紫云区四角曹门村,自小就对贫富不均的社会产生了不满。1923 年,16 岁的吴焕先进入湖北麻城职业学校学习,在这里他接受了马克思主义,积极参加了反帝、反封建的活动。1925 年冬,在黄安七里坪,他光荣地加入了中国共产党。第二年,被党组织派往武汉工人运动研究所学习。同年秋,学习结束后,回到家乡从事革命活动,成立了当地的第一个农民协会,创建了革命的"红学"武装,组织了一支为工农服务的革命军队。

1926 年初,吴焕先在家乡发展和建立党的秘密组织。同年秋,他将几家佃户、债户请到家里,向他们宣传革命思想,并当面烧毁了他们的租地契约和债务借据,这在当地引起很大轰动。人们奔走相告,农民交口称赞,地主恶霸却对他恨之入骨。

这年冬天,极端仇视农民运动的地主豪绅,勾结土匪和"红枪会"反动武装二百余人,杀气腾腾直扑吴焕先家所在的箭场河乡四角曹门而来,声言:"踏平箭场河,血洗四角曹门,灭绝吴焕先全家!"吴焕先父亲、大哥、大嫂和他们不满半岁的孩子、二哥和五弟惨死在屠刀之下,只有母亲、二嫂与侄女荣荣、四弟幸免于难。

吴焕先闻讯赶回家时,所看到的除了几具血肉模糊惨不忍睹的亲人遗体外,就是一张特大告示:"捉住吴焕先,赏银洋三千!"在料理丧事时,他含泪向乡亲们说:"这个血债早晚要血偿。我吴焕先破家革命,一不做二不休,就是要革命到底,宁死不屈!"

1927 年 11 月,在黄麻起义中,吴焕先是起义总指挥部的 5 名成员之一,率部担任主攻黄安县城的任务。起义胜利后,其部被编为工农革命军鄂东军。

1930 年 4 月,鄂豫皖特委成立,吴焕先任特委委员,兼任黄安县委书记和苏维埃党团书记。

1931 年 10 月,红二十五军成立时,吴焕先任七十三师政委。第二年 11 月,担任红二十五军政委。吴焕先襟怀坦荡,敢于直言,针对张国焘"肃反"扩大化的错误,吴焕先极为不满,仗义执言。张国焘为打击报复,把吴焕先调离主力部队,任鄂东北游击司令。后红二十五军重建,吴焕先任军长。

4. 可敬的婆媳

1931 年,吴焕先与鄂豫边革命委员会主席曹学楷的堂妹曹干先结成了一对革命夫妻。在此后的艰苦岁月里,妻子跟婆婆陈氏相依为命。在第四、五次反"围剿"时期,婆媳俩搭着伴儿,经常离家外出逃难,以乞讨糊口。

吴焕先戎装照

1933 年春,正值青黄不接之际,吴焕先的妻子曹干先听说红二十五军军粮短缺,就将婆媳二人乞讨来的一袋粮食和十几枚煮熟的鸡蛋送到七里坪龙王山红军阵地。在前方忙于指挥作战的吴焕先,连自己的母亲和妻子都没时间见上一面,这对可敬而无奈的婆媳只好默默离去。这时,战士们才发现曹干先送来的一口袋粮食,有大米、小麦、黄豆、谷糠、玉米……真是乞讨得来的"百家粮"。

得知这种情况后,吴焕先顿时感到对妻子十分愧疚。他还不知道,此时妻子已怀有身孕,正需要丈夫的体贴。更令他愧疚的是,半个月后,吴焕先在率红二十五军转战途中发现,妻子曹干先在回去的路上,与婆婆失散,饿死在路边,嘴里还含着野菜,身边的讨饭篮子里也仅有一小把野菜。

吴焕先眼含热泪,却不能再多看妻子一眼,由于军情紧急,只好用自己仅有的军毯,紧紧裹住身着缀满补丁衣服的心爱妻子,埋在了当地。

省委书记沈泽民知道后,派人找到吴焕先的母亲,送给老人家三块银元,老人自己舍不得花,又转送给了生活更加艰难的同村烈士的家属。

半年后,吴焕先的母亲在敌军"搜剿"时,躲在夹墙缝中,最后被活活困死在里面。临死,她还在夹墙缝里怀抱着卡尔·马克思的像。这位普普通通的中国农村老大娘,他可能并不知道马克思是谁,更不知道马克思讲过什么,但他知道这张像是儿子带回来的,记得儿子告诉她的话,这位马克思是位外国的"大胡子菩萨",他的理论能够救中国,能够改变穷人贫穷受压迫的悲惨命运。吴焕先的二嫂也因在"难民所"吃了敌人掺有石灰渣子的饭被折磨致死。

就这样,领导鄂豫皖革命根据地斗争的红二十五军军长吴焕先为了革命抛家舍业,敌人的迫害让他家破人亡,全家牺牲了9口人。剩下孤苦伶仃的小侄女吴淑荣,被人收为童养媳,四弟吴书先也流落异乡。

对于亲人的牺牲,吴焕先说:"我家大小9口人,就死在敌人的屠刀底下,还登在汉口《民国日报》上!我的心肠不是铁打的,哭都哭不出眼泪来了。如果能够用泪水淹死敌人,我吴焕先宁肯哭死。可是不成,泪水流得越多,敌人越是凶恶。我们是一个战斗的阶级、武装的集团,一不做,二不休,就是要握紧枪杆子继续战斗,寻找新的胜利之路!"

5. 五块银元的故事

带兵的吴焕先深深地知道,只有紧紧地依靠广大贫苦的老百姓,红军才能打胜仗。要取得群众的拥护和支持,必须实行严格的革命纪律,不拿群众一针一线。在特殊的情况下,使用了群众的东西,一定要想办法补偿。

一次,在一个深秋的夜晚,吴焕先和三十多名赤卫队员被一营国民党和民团武装围困,处境相当艰难。敌人戒备森严,要突围出去极其不容易。

在被围困的三天三夜里,吴焕先和战士们除了就地弄点野菜、野果之外,别的什么吃的也没有。吴焕先在山上看地形时,发现山坡上有块红薯地,但没有一个人去挖红薯,吴焕先还借此教育战士们要爱惜老百姓的财产。

战士们唱着吴焕先编的歌谣,忍受着饥饿,等待着天黑突围的时机:

深山密林是我房,

野果野菜是我粮。

不怕艰难和困苦，

坚决奋斗不投降！

天黑后，派出去的侦察员弄清了敌人的兵力部署，吴焕先选好了突围的路线，决定乘着夜色突围。但面对筋疲力尽的战士们，吴焕先暗暗下定了决心后，把大家叫到一起说："现在，我允许每人去扒两块红薯吃。"

看到大家惊异的神情，吴焕先解释说："去吧，吃饱了才有劲突围，才能保存革命的火种！百姓的损失，我们留下银元补偿。"

战士们按照命令，每人吃了两块红薯后，浑身充满了力量，成功地突围转移。

不久，担心红薯被山上红军吃光的主人，上山挖红薯时，果然发现少了一大片，心想准是红军给挖掉吃了，好在没有全挖完。在挖剩余的红薯时，这位主人突然挖出了一个白布包包，打开一看，里面包着五块明晃晃的银元！

他吃惊地赶忙拍了拍布上的土，只见布上写着两行字："亲爱的老乡！我们是红军，因为要同白军作战，吃了您的红薯，随付白洋五元。请收。"

这位主人连红薯也顾不上挖了，揣起白布包，急忙下了山，把这桩离奇的事讲给东邻西舍，告诉全村的人：共产党和红军真是天底下头一号的好人哪！

之后，大别山区就一直流传着这个五块银元的故事。

6. 共产国际报道的"儿童军"

重新组建的红二十五军是一支英勇善战的钢铁部队，同时也是以"儿童军"著称的充满活力的战斗集体。部队组成人员大部分还未满 18 岁，他们是那些在战斗中牺牲的烈士们的遗孤，还有那些随红四方面军主力西征的红军指战员的孩子们，战争让他们过早地成熟起来，加入了战斗。

《共产国际》曾刊登一篇题为《中国红军第二十五军底远征》的文章，这样描述道：

在鄂豫皖边界人迹罕至的崇山峻岭上……十一二岁的儿童，上山寻找自己的父亲。他们还是幼弱儿童，就如大人一样懂事。他们亲眼见过白色恐怖的一切惨状，他们在幼年童稚时代就领略了一切政治常识。这样就产生了新的红二十五军，产生了儿童军。这一军大多数战斗员的年龄，只是从13岁到18岁。

就是这样的一支"儿童军"，在吴焕先军长等人的指挥下，组建之初就连续打了三个胜仗：在郭家河战斗中歼灭敌人一个整旅，俘敌2000名；在潘家河战斗中，歼灭敌人一整个团；在杨泗寨战斗中，歼敌300多人。

7. 军中虎将"徐老虎"

郭家河战斗胜利后，吴焕先见到省委书记沈泽民说，徐海东真是一员虎将，会打仗！他率领的那个师，打得真好。至此，沈泽民作为徐海东的上级才逐渐了解性格耿直、能征善战的徐海东。

徐海东，1900年生于湖北黄陂县，从小就受到地主阶级的压迫和剥削，饱尝人间的苦难，有着强烈的反抗精神。1925年4月，他加入中国共产党。不久，党组织派他到直系军阀刘佐龙的部队。北伐战争中，他在有着"铁军"之称的国民革命军第四军的十二师三十四团三营九连任代理排长，参加了著名的攻打汀泗桥和武昌的战斗。大革命失败后，徐海东回到家乡，组建地方游击队。1927年11月，徐海东率部参加黄麻工农起义，被编入工农革命军鄂东军。

在血与火的斗争中，徐海东很快成长起来，他把对敌人的满腔仇恨转化为对敌斗争的智慧。在创建鄂豫皖革命根据地的斗争中，他率部把敌人十多个团打得狼狈逃窜，打出了红军的威风，也打出了"徐老虎"的绰号。

徐海东非常敬重知识分子。在与沈泽民的相处中，他觉得沈泽民出过国，懂马列，博古通今，是很有学问的人，并且执行党的指示坚决，能够顾全大局，关心群众疾苦。

在徐海东的成长道路上，沈泽民对他有着重要的影响，尽管沈泽民对他有过严厉的批评，但他不愧是一个真正的共产党人，与沈泽民之间建立了深厚的友谊。沈泽民把自己来苏区之时瞿秋白赠送的一块钢壳怀表，转赠给徐海东，徐海东带着这块怀表，在战场上为革命杀敌。

郭家河战斗后不久，沈泽民力排众议，大胆使用徐海东，任命他为红二十五军副军长兼任七十四师师长。

8. 儿童军里的"小秘书"

儿童军里的"小秘书"名叫张池明,原名张赤民,年仅15岁就参加了红二十五军。因识文断字,受到吴焕先军长的喜爱,把他留在军司令部,担任秘书工作,负责把军长的口述命令记录下来,写成书面命令或指示,下发部队执行。虽然他是正式的秘书,可红军战友们总是在他的职务前加个"小"字,叫他"小秘书",论年龄,他也确实是红军队伍里的"小字辈"。

张池明出生在大别山腹地的傅家凹村,这是个位于湖北、河南的交界地带、"鸡叫听两省,狗咬三县惊"的小山村。村小人少,十来户人家,都是贫苦农民。张池明的家庭是一贫如洗的赤贫户,他幼时在邻村读过两年私塾,起的学名是张家相,念过《三字经》、《百家姓》、《千字文》等启蒙读物。1927年秋,刚满10岁时,他就跟着叔父张邦柱,到黄安七里坪当童工,在一家油坊里做点杂活。

在著名的黄麻起义中,叔侄二人都被卷入其中,起义失败后,叔父领着他一起走村串乡,宣传鼓动大家革命。他背着一个小包袱,里面包着笔墨纸张,一路上不断地将标语口号贴在贫苦农民的屋檐下。

12岁时,张池明加入了当地的中国共产主义青年团,为表明自己的家庭出身,他给自己改名为"张赤民"。由于他聪明好学,从小又练得一笔好字,他一参加革命队伍,就成为一名不可多得的"童子学士"人才。不久,调任少共光山县委儿童团总队长,在鄂豫边苏维埃政府创办的第一所列宁小学,经过半年多的学习,进一步提高了文化知识和政治水平,为将来更好地从事革命工作奠定了基础。

1931年5月,中共鄂豫皖中央分局成立的同时,也成立了少共鄂豫皖中央分局。陈昌浩兼任少共鄂豫皖中央分局书记,张赤民任委员,驻地在新集镇最为阔气的地主大院——曾家大院(也就是今天"中共中央鄂豫皖分局旧址")。

张赤民在参加革命前,多次进入曾家大院,因为他家是曾家的佃户,租种了曾家十多亩山地,每年夏秋两季,都要随父亲到此处交纳租粮。但交粮时,都必须从前门绕到后门,在一处偏院里验收、过秤,曾家大院别的地方连一步都不曾涉入，因此从小就对曾家大院充满了神秘感。

随中央分局进驻这里后，张赤民可以随便进出这里的所有地方，包括当时分局主要领导住的地方，如沈泽民、张琴秋夫妇的卧室，以及张国焘、陈昌浩、成仿吾住的屋子，他都可以进进出出，自豪而快乐地工作着。

不久，张赤民的父亲张邦彦——本乡苏维埃政府的土地委员，来到曾家大院，受乡亲们的委托送来一背篓草鞋。父子见面，分外高兴，都有一种扬眉吐气的自豪感。父亲高兴地对儿子说，曾家地主的土地，完全归佃农所有，家里也不再为曾家交租子了，还添了一头耕牛，这都是中国共产党领导贫苦农民带来的胜利果实。他鼓励儿子，跟着共产党闹革命，跟着红军为穷人打天下。

张赤民带着父亲参观了曾家大院，听到消息的中共鄂豫皖省委书记沈泽民对张邦彦支持红军的行为大加表彰，亲切地对张邦彦说："张邦彦委员，我们得感谢你呀，你不仅积极拥护工农红军，还为中国革命养了个好儿郎。这伢子聪明伶俐，又十分好学上进，是个难得的童子学士人才。呵呵，张赤民这个名字，就富有革命性，赤民赤民，赤心为民，反映出我们这个时代的特色！"

张邦彦听了，不由说："唉！我们家里穷，是个赤贫户，这伢子才叫赤民。"

沈泽民笑着发挥说："这个赤字嘛，既可以说是赤贫如洗、赤手空拳，也可以说是赤子之心、赤胆忠心，还可以解释为赤心报国，包含的意思很多。我叫泽民，他叫赤民，我就很喜欢这个名字。"

沈泽民对"赤"字的解释，使父子俩茅塞顿开，原来赤字除了赤贫如洗、赤色少年之类的含义，还有赤胆忠心、赤心报国的崇高意义。他们顿时对学识渊博的省委书记十分敬佩，更加坚定了"赤心为民"的革命信心。

当天，沈泽民挽留张邦彦住下来，张邦彦说什么也不肯，坚持要回去，张赤民依依不舍地送别父亲。他没有想到的是，这是父子的最后一次见面。在随后的国民党军事"围剿"中，张赤民的父母亲都在"跑反"中病死饿死。张赤民也随着省委机关转移到皖西北地区，被省委宣传部长成仿吾同志派往红军部队从事共青团工作。从此，他就正式参加了红军，任红二十七军第二团团委书记，时年刚刚15岁。

在鄂豫皖苏区的"肃反"中，不满16岁的张赤民遭遇到人生的第一次政治风暴冲击,差点命丧刚刚起步的革命征途。张赤民担任过少共团委书记职务,被当作了所谓的"AB团"头儿遭到逮捕关押。审讯人员臆想他的名字"赤民"为"吃民",为他定下了严重的罪名:"吃民"是想把革命人民的血肉一口吃掉,名字十分反动。张赤民反复解释自己名字的来历,试图把省委书记解释的"赤"的含义为赤胆忠心,赤心报国拿来为自己辩解,但都无济于事。

在这事关生死的危难关头,红二十五军军长吴焕先检查工作时,意外地发现了这个在押的红小鬼。听说他小小年纪就是"十分反动的反革命分子",感到十分奇怪。出于一军之长的职责,他让人把张赤民带到跟前,十分详细地询问了他的情况后,告诉保卫部门的人员:"年纪小,出身好,参加革命又早,放了放了!"保卫部门的人搬出"吃民"问题,吴焕先啼笑皆非地说:"这伢子小小年纪,赤胆忠心闹革命,怎会一口吃掉人民群众? 他的名字叫赤民,是赤色、赤心的赤,不是吃饭、吃人的吃,你们完全弄错了,把个赤色少年先锋战士,活活地冤枉了!"

由此,张赤民才从鬼门关前转了回来,正式加入红二十五军,受到吴焕先军长的喜爱,并把他留在军司令部做秘书工作,叫他"小秘书"。红二十五军长征途中,他从秘书工作转向参谋工作,既抄写作战命令,又起草各种通知,还要负责调查行军路线,安排宿营地点,布置警戒岗哨,绘制作战图表。

长征胜利结束后,他担心自己的名字再次引起别人的误解,就把自己的名字改为"张池明"。1955年他被授予中将军衔时,年仅38岁,后曾担任总后勤部政治委员、军委炮兵政治委员。

9. 沈泽民主持太平寨会议

1933年6月,蒋介石发动了对鄂豫皖苏区的第五次"围剿",以刘镇华为"围剿"军总司令,调集14个师加4个独立旅,共82个团,约10万人,气势汹汹地扑向鄂豫皖苏区。刘镇华亲自指挥8个师,采取"尾追"、"清剿"、"堵截"的策略,扬言要在3个月内消灭战斗在这一地区的红二十五军。

红二十五军开始了艰苦卓绝的第五次反"围剿"斗争。

面对敌人重兵压境,以沈泽民为书记的中共鄂豫皖苏区省委看到敌情发生

青年沈泽民

重大变化，就于 1933 年 7 月初在新集以南的太平寨召开省委常委会议和省委第二次扩大会议。

沈泽民，字德济，1900 年 6 月 23 日出生于浙江省桐乡县乌镇，是著名文学家茅盾（原名沈雁冰）的弟弟。沈泽民 6 岁时，父亲沈永锡英年早逝，临死之际，勉励兄弟二人"大丈夫要以天下为己任"。1912 年，沈泽民考取省立三中。1916 年，他以优异的成绩考取南京河海工程专门学校，成为省立三中唯一被这所学校录取的考生。在这里，他认识了张闻天，并成为亲密无间的好友。

1920 年 7 月，他与张闻天一起东渡日本，学习半年之后，二人又一起回到上海。1921 年 3 月，沈泽民由其兄沈雁冰介绍加入中国共产党早期组织，成为中国共产党正式成立前后的重要活动家。从此，沈泽民在文学和革命活动中，传播马克思主义，他与陈独秀、李达、张太雷、邵力子等人捐资创办平民女校，与邓中夏、瞿秋白在沪西创办工人夜校，与项英在沪西建立工人俱乐部，与毛泽东、恽代英等人联名上书孙中山控告国民党右派破坏国共合作，参与创建中国共产主义青年团并成为最初的主要领导，参与创建南京党的组织，等等。在五卅运动中，他与瞿秋白一起创办《热血日报》。1925 年，在沈泽民的介绍下，张闻天加入了中国共产党。这年的冬天，他们一起远赴莫斯科中山大学学习，完成学业后，被选送到红色教授学院深造，受到了共产国际领导人的重视，把他们作为中国共产党的领导骨干加以培养。1930 年秋，共产国际为纠正"立三路线"的错误，陆续选派一些在莫斯科学习的中共党员回国，沈泽民带着共产国际的指示回到了上海。

1931 年 1 月，在党的六届四中全会上，沈泽民被选为中央委员，担任了中共中央宣传部部长。一个多月后，沈泽民受党中央的派遣，赴鄂豫皖苏区，以加强对这一地区的领导。5 月，中共中央做出《关于鄂豫皖省委的决议》，指定沈泽民任鄂豫皖省委书记。

在这片土地上,沈泽民面对敌人的残酷"围剿",用他的智慧和忠诚,团结和鼓舞战友们进行了艰苦卓绝的斗争。期间也因党内"左"倾错误影响犯过这样那样的错误,但他的无私无畏、英雄气概、浩然正气给接触过他的红军指战员留下了深刻的印象,赢得了他们的谅解、支持和拥护。

在太平寨会议上,省委没有认识到"左"的错误对根据地建设和红军作战的影响,对形势做了错误的判断,认为"鄂豫皖苏区所处的是非常顺利的客观形势",对于敌人的进攻也误认为是来破坏苏区的秋收工作,提出了"完全保障秋收"的战略任务,要求红二十五军和全体群众在苏区内大量修筑工事,分兵把守,抵抗敌人的一切进攻。

他们没有看到蒋介石的此次"围剿",与对中央苏区的"围剿"一样,是以彻底消灭红军、破坏根据地为目的的。省委对形势和敌人企图的错误判断,实际上和此时的中央苏区一样,其作战方针是被动的消极防御,在敌强我弱的情况下,必然造成严重的失利。

10. 出师不利

鄂豫皖省委书记沈泽民在"左"倾冒险主义影响下,过高地估计了红军的实力,贸然决定围攻敌人重兵据守的七里坪,结果久攻不克,陷入被动局面。根据鄂豫皖省委太平寨会议的决定,鉴于减员严重,部队进行了整编。整编后,共辖6个团,约6000余人,准备筹集粮食,打破敌人新的进攻。

但在错误的作战方针指导下,红二十五军第五次反"围剿"的初期斗争,所开展的鄂东北中心区保卫战、皖西北中心区保卫战遭到严重失利。

更令人痛心的是,鄂豫皖省委在"左"倾路线的影响下,继续搞"肃反"扩大化,把当时对围攻七里坪有不同意见的同志大批大批地撤职,有些甚至被当作反革命加以处决,并一度解散了七十三、七十五师的党、团组织。郑位三因反对"肃反"扩大化,反对围攻七里坪,有些领导人便说他是"右"倾机会主义的代表。就连副军长徐海东也因在省委会上当面批评省委书记沈泽民指挥错误,而被扣上"反革命"的帽子。幸亏深深了解徐海东的沈泽民对大家说:"我不死,不许再有人说徐海东有问题。"这样,才没有人再怀疑徐海东有政治问题。

到 1933 年 9 月，红二十五军减员至 3000 人。10 月初，红二十五军在由皖西北返回鄂东北的途中，受到敌人的猛烈阻击。沈泽民和吴焕先率大部队约 2000 人向西突破敌人的封锁时，天已大亮，副军长徐海东及后续部队 1000 多人没能通过，只好返回皖西北，红二十五军被分割在鄂东北和皖西北两个地区。

11."青山大学"的毕业生

红军时期的徐海东

徐海东率领部分人员返回皖西北后，皖西北道委于 10 月 11 日召开会议，决定将这一部分部队编为第八十四师，与活动在皖西北的红八十二师组成红二十八军，任命徐海东为军长，郭述申为政治委员，坚持在皖西北开展武装斗争。

红二十八军组建后，采取"避免与敌人硬战，分散进行游击活动"的方针，打不胜不打，要打就打歼灭战，积极向外线游击，寻机歼灭敌人，以 2000 多人的兵力，对付敌人近 10 万人的"围剿"。

虽然环境极其艰苦，但战士们始终保持旺盛斗志和乐观情绪，他们唱道：

山沟野坳是我房，

野菜山果是我粮。

三天不吃饭，

照样打胜仗。

1934 年 3 月，在葛藤山反击战中，徐海东率领红二十八军歼灭敌军五十四师 1 个旅 1000 多人，俘该师代理师长刘书春，取得了红二十八军在第五次反"围剿"斗争中的一个大胜利，部队扩大到 3200 多人，皖西北苏区面积扩大了一倍以上。

被俘的敌师长刘书春见到徐海东时，对于自己的失败百思不解，问徐海东："军长，你是黄埔几期？"

徐海东指着连绵的群山说："我是'青山大学'毕业的！"

二

突破敌军重重围困

1. 派成仿吾找中央

红二十五军由吴焕先带领冲破敌封锁线回到鄂东北地区后，鄂豫皖省委面对严酷的事实和血的教训，决定在紫云寨召开省委第三次扩大会议，重新考虑斗争方针问题，沈泽民抱病主持了这次会议。

由于敌人的进攻，会议只开了一天半便匆匆结束。会议没能完成全面检讨工作、总结经验、转变指导方针的任务，但初步研究了转变斗争方针问题；同时会议还做出了一项重要决定，派省委委员、宣传部部长成仿吾到中央汇报工作，揭发张国焘的错误行为，接受中央指示，请求中央派军事、政治等干部到鄂豫皖苏区工作。

成仿吾，1897 年出生于湖南新化县，出身于书香门第，因聪颖过人被曾考取过进士的祖父宠爱而起名"仿吾"。1910 年，年仅 13 岁的成仿吾便赴日留学。虽然他大学学的是工科，但因喜好文学，与郭沫若、郁达夫结成好友。三人相约成立"创造社"，并成为该社的三干将。1924 年，成仿吾受聘任广东大学教授。大革命失败后，成仿吾开始主动寻找革命力量。1928 年夏，他在法国加入了中国共产党。1931年回国后,成仿吾担任鄂豫皖苏区省委宣传部部长、省苏维埃政府文化委员会主席,负责苏区的文化教育工作,并兼黄安县委书记。

针对苏区农民文化水平低、缺乏学校教育的状况,他亲自主持编写、审定、印刷遍及苏区各地列宁小学的识字课本,并写了一首浅显易懂的《识字运动歌》:

> 不识字好比一个睁眼瞎,
>
> 有眼不知世界大。
>
> 唉!唉!唉!唉!
>
> 不识字的呀,
>
> 快来识字呀!
>
> 大家识字工农干部好捷报,
>
> 巩固苏区并扩大,
>
> 唉!唉!唉!唉!
>
> 不识字的呀,
>
> 快来识字呀!

成仿吾的出色工作,深得沈泽民的赞许,他们结下了深厚的革命友谊。成仿吾天生又矮又小,又黑又瘦,显得十分苍老,人们亲切地称呼他为"小老头子"。在艰苦的斗争中,他又染上了疟疾,却无药医治。沈泽民让患有和自己一样疾病的成仿吾去上海汇报工作,同时还带有让战友去上海治病的目的,他把生的希望留给了战友。

多年后成仿吾还回忆说,沈泽民对自己要求很严,士兵挨饿,他也挨饿,光明磊落,肯于自我批评,也敢于批评错误的东西。

成仿吾临别之际,沈泽民躺在病床上和他研究汇报的内容,并用颤抖的手,用米汤在成仿吾的衣襟上写了几个字:派成仿吾同志到中央报告工作,并用俄文署上自己的名字,这是成仿吾随身带的唯一凭证。

吴焕先派出一支数十人的便衣队,计划先护送成仿吾到孝北地区,然后由当地的红七十三师二一九团负责将他送上火车。但由于敌人的严密封锁,成仿吾等人始终无法靠近车站,只好骑着毛驴,辗转游击于大山之中。

吴焕先获悉后，决定采取紧急行动，由特务四大队一个班负责护送，终于把成仿吾送上了去武汉的火车。

成仿吾经由武汉到达上海后，通过日本友人内山完造找到鲁迅，通过鲁迅，找到茅盾与瞿秋白，同党接上关系。后于1934年1月到达中央苏区瑞金，向党中央汇报了红二十五军的斗争情况，后随中央红军长征。

值得关注的是，护送成仿吾上火车的特务四大队这个班，走出了三位共和国的将军：时任班长的陈先瑞被授予中将军衔；两位战士韩先楚与刘震则成长为共和国上将。

2. 走出三位共和国将军的陈先瑞班

陈先瑞将军

身为班长的陈先瑞，时年不过18岁，却已是久经战阵的红军战士了。他出生于河南省商城县金刚台南面的大闫家湾（现隶属于安徽金寨县），家境贫寒。他幼时只念过三个月的《三字经》，八九岁就给地主家放牛，饱尝生活的艰辛，15岁时参加红军，先后给团长、师长当勤务员、通信员，以及特务大队的特务员。三年的战争环境考验，使他更加机智勇敢，灵活多变，英勇无畏。1932年10月，他随红四方面军主力撤离苏区，向西转移，在豫陕边界突发高烧，不省人事，被部队留在一座土地庙里。

等他清醒后，发现只剩自己一人，部队早已转移。他有心追赶部队，但不知部队去向，又不熟悉周边环境。无奈之下，他决心孤身一人返回鄂豫皖苏区，继续革命。他找了个讨饭篮子，挂着打狗棍儿，踏上了返程。一路上，他避开大路，专走小路，不进村庄，晚间常常在破庙或柴草堆里过夜，绕过敌人设置的重重关卡。遇到有人盘问，就说自己为国民党军挑行李，因病流落在此，现在返回家乡。就这样，走了半个多月，终于回到了苏区，找到鄂东北游击总司令部，见到了时任中共鄂东北道委书记兼游击总司令的郑位三。

郑位三详细询问了陈先瑞的出身经历,以及红四方面军西征和他返回途中的情况后,大加赞扬他对革命的坚定,夸奖说:"年龄小,出身好,能够随机应变,对付各种复杂情况,是个执行特务任务的战斗骨干!"随即将他分配到特务四大队,并指定为班长。

刘震出生于湖北省孝感县东北的小悟乡刘家嘴,贫寒的家庭环境,使他在 15 岁时参加赤卫军,走进了红二十五军的队伍。因为说话口音地道,熟悉活动区域情况,作战勇敢,被挑选到特务四大队。他被编入了陈先瑞班。

刘震将军

韩先楚是在半路上被刘震拉入陈先瑞班的。他出生于湖北省黄安县一个贫苦农民家庭,当过放牛娃,学过篾匠,做过短工。14 岁时,在黄麻起义中参加革命队伍,后任排长。有次,上级领导让他处决一名被认定为"奸细"的人,他经过盘问后,发现此人根本不是什么"奸细",而是一名普通的当地老百姓,就偷偷把他放了。领导发现后,批评他心肠太软,不适合带兵,撤掉了他的排长职务,调到营部管伙食。在一次与敌人的遭遇战中,他与部队失掉联系,被迫逃进山林躲避起来。

后来威震敌胆的旋风司令韩先楚,此时却处境不佳,在山林里躲避多日,缺衣少食,两腿浮肿,双脚溃烂。不久,遇到了经过此地的陈先瑞班,韩先楚赶紧招手求援。刘震跑过去,把他拉入了队伍。收容进韩先瑞班后,先是被严格盘问,后被派去当伙夫,背行军

韩先楚将军

锅，每天为大家做饭吃。

历史的机遇如此凑巧，把未来共和国的三位将军就这样安排进了同一个班。

陈先瑞所在的特务四大队，主要任务是搜集情报，截获敌人物资，袭击敌人。韩先楚与刘震在执行任务中机智勇敢，很快就成为班长陈先瑞的好助手，屡次出色地完成上级交给的任务。

肩负鄂豫皖省委特殊使命的成仿吾，到达孝感以北地区后，因为敌人封锁很严，无法靠近车站搭乘火车，只好骑着毛驴在附近游击。吴焕先得知情况后，当即决定派特务四大队陈先瑞班接替护送任务，尽快送成仿吾上火车。

陈先瑞班由于长期活动于孝感至信阳之间的铁路线附近，对敌军的防守情况很了解，知道用正常的突袭和隐蔽行动都难以奏效，怎么办呢？

陈先瑞将军后来回忆说："要想把成仿吾安全送上火车，猛打猛冲不成，偷偷摸摸也不成，必须采取极其大胆的特殊手段，大模大样地行动，出奇制胜，一举获得成功。"

当时，他们发现孝感以北的花园车站上下旅客较多，虽然敌军盘查很严，但只要胆大心细，就可应对敌军的封锁，安全地把成仿吾送上火车。他们觉得，让成仿吾骑毛驴进车站，或步行到车站，都显不出权势和派头，容易受到国民党军警的纠缠和怀疑。他们决定，要造出些声势，大模大样，在敌军的眼皮底下大胆地行动。

陈先瑞率领战士们经过周密的筹划和部署，从一户大土豪家找来一顶阔气的轿子，将成仿吾打扮一新，戴上崭新的礼帽，换上长袍大褂和新鞋，再加上成仿吾的书生气质，一看就是一位有派头有文化的乡绅。陈先瑞让成仿吾安心地坐在轿子里，自己则和几名战士轮流抬着，让刘震和韩先楚跟在轿子旁边充当"书童"和"家丁"。其余成员两人一组，保持一定距离，紧随附近，为成仿吾保驾护航，随时做好应对突发事件的准备。

一行人大摇大摆地走向花园车站，刘震、韩先楚在轿子前后不断吆喝，让行人避让。路上盘查的国民党军警都被这派头和阵势唬住了，没人敢上前盘问，只是随便看了一眼，就放行通过。

他们顺利进入车站，终于把成仿吾安全地送上了火车。

机智勇敢的陈先瑞班,随后被编入红二十五军手枪团,该班经常跟随在军长吴焕先身边,哪里危急就冲向哪里。

3. 用生命写就的报告

送走成仿吾后,沈泽民知道留给自己的时间不多了。在一盏残破的油灯下,他忍受着病痛的折磨,熬了几个通宵,给中央起草了一份长达 1.3 万字的书面报告。在报告中,他进行了沉痛的检讨:"我们的省委书记沈泽民同志,实在还是一个书生,在政治知识上是一个杂货店,不能够好好地领导实际工作。"

沈泽民

他诚恳地指出反"围剿"的失败与缺乏有力的军政干部有关,请求中央派人来主持军政工作。

沈泽民总结说:"在郭家河、潘家河之战轰轰烈烈胜利后,到现在弄得如此局面,完全是过去错误所造成的。读到中央指示信后,更加痛自追悔,我们真成了工农的罪人,但我们并不认为前途没有出路,生死存亡只有在一个问题上来决断,即是对群众的关系。"

报告还决定实现斗争方针的转变,以游击战的方式来进行斗争,主力红军在游击队的配合下,深入到敌人占领区去打击敌人。报告的最后表示,要"洗心革面,重新做起",以"万死的决心来转变"。

这份报告虽然还没有充分认识到错误的本质和根源,但在当时"左"倾错误还在全党占统治地位的情况下,提出实现斗争方针的转变,并提出比较正确的思路,实属难能可贵。

写完报告,已耗尽心血的沈泽民于 1933 年 11 月 20 日病逝于老君山东北的刘家湾。

当时一直守在沈泽民身边的郑位三回忆说:"泽民同志把这一报告起草后,没几天就病死了。"郑位三亲自料理了沈泽民的后事,用两扇门板做棺材,埋在他曾经战斗过的这片热土上。

沈泽民去世后,鄂豫皖省委书记一职由徐宝珊代理。

4.彻底改正我们的错误

徐宝珊，1903年生于湖北省汉川县许家村。其父徐菊清，系清末进士，由于痛恨官场腐败，弃职返乡从教。徐宝珊师从其父，秉性好学，追求进步思想，以优异成绩考入省立第一中学，积极参加并组织进步学生运动。1926年毕业后，他回乡组织农民协会并入了党，第二年参加南昌起义，后历任县委书记、道委书记、代理省委书记等职。

徐宝珊主持鄂豫皖省委工作后，进一步深入总结经验教训，贯彻斗争方式转变的新方针。他于1934年1月2日发布《省委通告一一〇号》，提出"彻底改正我们过去的错误"，"红军主力有计划地打击和消灭敌人"，"地方武装和便衣队要到敌人侧后活动"，"加强对民团和白色士兵的工作"，"有区别地对待伪保甲长"，"对富农的粮食只征不没收"，解决群众吃粮和生产问题等。将地方工作、红军行动方针、党的建设等各项工作都向前推进了一大步。

5.仰天窝突围战

为贯彻鄂豫皖省委《通告》精神，吴焕先率领红二十五军巩固和扩大天台山革命根据地，决定向北发展。

1934年1月15日，是农历腊月初一，在一个名叫仰天窝的地方，红二十五军突然遭到敌人3个团的围攻。敌人来势凶猛，狂妄地叫喊"消灭吴焕先，过年也心安"，扬言要在腊月间把红军消灭干净，好收兵回营过新年。

当时的红二十五军刚刚遭受重大挫折，部队人员锐减，只剩下1000人左右，粮食弹药奇缺，指战员们经常饿着肚子，使用刺刀、长矛与敌人战斗。

在仰天窝被敌军围困后，经过五六天的苦战，已是十分疲惫。敌军四面合围，放火烧山。军长吴焕先决定部队分多路实施突围。为掩护部队突围，吴焕先亲率交通队和陈先瑞班共约一个排的兵力，占据山头险要高地，吸引敌军注意力。战至黄昏，部队先后突围而去。

此时，敌军已攻上山头阵地，红军战士与敌军搅在一起，展开了白刃战。蜂拥而至的敌军，直向吴焕先扑去。吴焕先急中生智，把随身携带的一袋银元撒向敌人,乘敌人争抢银元之际,在陈先瑞班的掩护之下,夺路而去,才得以脱险。

摆脱敌军后,吴焕先清点身边随行人员,发现陈先瑞班成员一个不少,都从敌军重重围困中杀了出来。吴焕先不禁高兴地说:"马克思在天之灵保佑,我们突围成功了。"

突围后,吴焕先向全体指战员指出:此次突围的胜利,证明英勇的红二十五军是打不垮、拖不散的,只要继续发扬这种精神,就一定能取得革命的胜利。并宣布,继续向外线发展的方针不变,今后要更深入地到敌人后方去打游击。

倍受鼓舞的战士们唱起了自编的歌谣:

> 仰天窝,
>
> 像口锅。
>
> 中间破庙一座,
>
> 四周居民不多。
>
> 日月当头过,
>
> 昼夜受折磨。
>
> 敌人搜山又放火,
>
> 红军突围如穿梭。

突出重围后,神出鬼没的红军在吴焕先率领下,插入孝感与罗山交界地区,三天之内,以极其神速的动作,奇袭敌人,连连取胜,相继攻下铁铺、三里城、大新店、双桥镇四个敌军据点,缴获不少粮食和物资。

在红军攻占过的乡镇墙壁上,写下"吴焕先到此游击"的标语,使敌人四处告急,腊月之内消灭红军的企图化为泡影。

6. 首提突围西征

1934年3月中旬,红二十五军打下了三里城,河南省委派出的秘密交通员闻讯赶到了这里,转来党中央的重要文件,题为《鄂豫皖苏区战争经验的研究及今后作战的建议》,署名为"中革军委的一个同志"。

《建议》的开头即写道:"根据最近鄂豫皖苏区的报告和苏区代表的详细谈话"——据此说明《建议》的依据是成仿吾的汇报和鄂豫皖苏区的报告。

在这份《建议》中，党中央提出了一个至关重要的重大战略方针问题，即红二十五军应当实施"有战略退却的试验计划"，建议红军主力转向平汉铁路以西的桐柏山区，去创建新的苏区，建立新的革命根据地。

因时间紧迫，与中央的联系又十分困难且时间漫长，吴焕先当即决定以个人和高敬亭的名义向党中央写一份书面报告，汇报三方面的情况：一是敌情动态，二是红军的作战行动和策略，三是鄂豫皖省委的组织领导状况。这份报告仍委托河南省委的交通员转交中央。

7. 遭敌重兵围困

敌情已是越来越严重。此时，蒋介石又任命张学良为"鄂豫皖三省剿总副总司令"，抽调大批自"九一八"事变后撤入关内的东北军，参与围攻鄂豫皖苏区，使围攻红军的国民党军总兵力达到 16 个师又 4 个独立旅。

在此形势下，鄂豫皖省委在徐宝珊主持下，于 1934 年 4 月 10 日召开常委会议，就中央的《建议》认真地进行了讨论。

省委认为："桐柏、厉山、随县等地在平汉铁路之西，过去比较困难，同时离我们原区域较隔远。"在不了解外地的情况下，又有敌人严密设防，再加上远行到桐柏山区，将难以支援根据地的斗争。因此，鄂豫皖省委认为，还是在接近鄂东北地区或皖西北地区，寻找地点较好的边沿地区设法开辟新区、恢复老区。

会议提出了两处新的区域目标：一是豫南地区的光（山）、罗（山）、息（县），二是皖西北地区的英（山）、罗（田）、霍（山）。

省委的这一决定，反映出一种美好的心愿，想就近寻找和开创新的区域，但毕竟还是跳不出"死守"根据地的圈子。

多年以后，郑位三回忆当时的决定时说："因为都是土包子，不敢走远！"

有关红军主力的行动方针，省委认为，"不论是在中央建议所指出地域为新区域目标，或在别地较更适宜的区域，首先有集中鄂豫皖全体红军主力之必要"，以加强对敌斗争。

为此决定，红二十五军利用东北军布防尚未就绪的有利时机，马上到皖西北去会合徐海东率领的红二十八军，并一同返回鄂东北。

与此同时,省委还决定将两军"完全编为红二十五军","在可能之下编成两师单位",并决定"刘得利同志任红二十五军军长,吴焕先任军政委"。由吴焕先率部去皖西北会合红二十八军。

吴焕先之所以担任军政委,是他根据革命斗争形势的需要,主动向省委领导提出的。他说:"我们都是打游击的出身,没有跨入过黄埔的门槛。现在就是筷子里面拔旗杆,也应当多拔上几根出来,挑挑红二十五军的旗子!八仙过海也好,九死一生也罢,多几个领兵打仗的指挥人才,挺身而出,各自显显神通!谁在军事指挥方面高出一招,就推举谁为军事上的中心人物!"

这个意见,在初任军长之前,他就曾对沈泽民讲过不止一回。现在他再次着重提出,省委于是采纳了他的意见,决定由他担任红二十五军政治委员。

4月16日,吴焕先率领红二十五军在商城东南部的豹子岩与徐海东率领的红二十八军会师。此时才得知,拟决定担任军长的刘得利,已于战斗中壮烈牺牲。吴焕先经过再三考虑,并与郭述申交换意见后,决定推举徐海东任军长。

就在这一日,吴焕先在写给中央的报告中,着重写下了"红二十五军军长徐海东"。

第二天,两军合并为新的红二十五军,军长徐海东,政委吴焕先,下辖两个师,共计3000多人。

4月18日,红二十五军起程重返鄂东北。20日、25日、30日,鄂豫皖省委连续三次开会,讨论红二十五军的行动方针和反"围剿"问题。会议做出了两个决议:一是总结了反"围剿"初期失利的经验教训;二是决定红二十五军暂不离开鄂豫皖根据地,而是沿边界地区开展活动。

会议也认真分析了东北军的情况,认为东北军不同于国民党的中央军,有思乡情绪,不满蒋介石出卖东北,积极要求抗日,不愿打内战,因此要积极开展政治瓦解工作。

会后,红二十五军政治部印发新的标语,提出"打回老家去,不当亡国奴"、"起来,收回东北失地"等口号;同时还印发《哗变士兵优待条例》,强调对东北军的宣传和重视俘虏政策。

1934年6月下旬,张学良制定了7月~10月的3个月"围剿"计划,计划动用 70 多个团,实施划区"驻剿"的方针,"一面用竭泽而渔之方,作一网打尽之图",企图消耗尽鄂豫皖苏区的人力和物力,在 3 个月内将红军"完全扑灭,永绝后患;彻底肃清,以竟全功"。并宣布说:"蒋委员长下令,活捉徐海东者,赏大洋十万块。张榜缉拿!"

8. 打垮东北军——五师"姚二愣"

1934 年 7 月 1 日,鄂豫皖省委收到党中央的指示和中革军委的《给鄂豫皖苏区的军事训令》。《训令》表示:"原则上同意省委提议红军主力仍留在原来苏区继续行动。"同时又指出:"只有积极地向外发展才能打破目前封锁局面。"末尾还表示:"中央苏区准备派军事干部来帮助你们工作。"

鄂豫皖省委和红二十五军面对新的情况,决定在避实击虚的原则下,设法在游击战中创造主力红军的战机。

7 月 17 日,红二十五军在从殷家冲转移的途中,行至长岭岗附近时,发现敌一一五师姚东藩部 2 个团在山岭上架设了几门迫击炮,正在朝四下盲目射击。但晚间住宿的帐篷也未及拆下,未修筑工事,戒备疏忽,敌人并未发现红军的行踪,红军所处的位置也十分有利。

军长徐海东与政委吴焕先商议后,决定抓住有利战机,歼灭该敌。

战斗打响后,红军以迅猛的动作将长岭岗的敌人拦腰斩断,使其首尾不能相顾,很快陷入混乱。

活动在附近的地方革命武装罗山独立团和游击队,也赶来参战。

红二十五军瓦解东北军的政治攻势也发挥了重大作用,整个山冈上红旗招展,喊声震天:"缴枪不杀,红军优待奉军兄弟!""中国人不打中国人,调转枪口,收回东北失地!"

红军战士唱起了自编的歌谣来瓦解敌军:

> 张学良呀张学良,
>
> 看你成了什么样?
>
> 丢了东北和家乡,
>
> 国民心中好悲伤。

据姚东藩事后说，一一五师的六四三团，"当红军'穷人不打穷人'、'兵不打兵'的喊声四起，全团仓皇混乱，四散溃逃"。

在红军的四面攻击和强大的政治攻势下，敌军很快仓皇逃窜，战斗至下午胜利结束。此战，红二十五军将敌一一五师2个团全部打垮，歼敌5个营，抓获和投降的东北军俘虏有400多名，缴获捷克式机枪60多挺，步枪、马枪800余支，还有其他众多的军用物资，不少战斗连队每个班都配备了一挺机枪，大大地改善了部队的武器装备。全军上下，杀敌斗志十分旺盛。

对于被俘的东北军人员，吴焕先政委发动各级政工干部，采取灵活多样的方式，对他们进行说服教育，晓以民族大义。愿意走的，发放路费，予以释放；愿意参加红军的，被分别编入连队，有的人还担任了红军的机枪教官。

长岭岗战斗给张学良3个月"剿灭"红二十五军的计划当头一棒，打了败仗的一一五师残部被调往孝感休整，绰号"姚二愣"的师长姚东藩也被撤职查办。

事过几年后，张学良仍念念不忘此事，说一一五师在湖北一伸手，"姚二愣"就垮了！

9. 奇袭太湖县

长岭岗战斗胜利之后，徐海东率领红二十五军采取"飘忽"的游击战术，大踏步地周旋于罗山、黄陂、孝感等地区。

8月初，在敌人即将形成对红军主力合围之际，红二十五军又迅速跳出包围圈，转向皖西北地区。

8月25日，在独山郝集，红二十五军打退敌十一路军独立旅的进攻，毙敌100多名，俘敌400余名，缴获枪支300多支及大批军用物资。

红二十五军军旗

为扩大红军的政治影响,解决部队物资匮乏问题,8月30日,鄂豫皖省委决定攻打英山县城。红二十五军在试探性进攻中,就伤亡了20多人。

军长徐海东经过周密的侦察,发现英山城内驻有敌四十七师上官云相部的一个主力团,还有十几个民团。城内碉堡林立,工事坚固,防守严密,如果冒险进攻,势必造成重大伤亡,且难以取胜。因此,他建议省委改变作战计划,改为奔袭100多千米外的太湖县城。他认为,从距离上看,是远了些,但正是因为距离远,是敌人的后方,防守兵力薄弱,可以出其不意,有较大的胜利把握。一旦攻下该城,政治影响比打下英山更大,且该城储存着敌军不少的物资,可以解决红军物资缺乏的问题。

鄂豫皖省委经过激烈的争论,徐宝珊最后决定采纳徐海东的意见,远袭太湖城。红军部队为达到出其不意的效果,采取"昼伏夜行"的方式,急行军两个晚上,于9月4日夜抵达太湖城下。

驻守这里的敌军做梦也没想到红军会兵临城下,很快乱作一团。至天明,红军以伤亡4人的代价攻占了太湖城,缴获了大批军用物资。战后,红二十五军全军人手一把雨伞,这对于饱尝露宿之苦的红军将士无异于雪中送炭,指战员们都高兴地说:"一把伞就是一间房啊!"

政委吴焕先下令赶印了一份他亲自撰写的"红军攻占太湖县城"战斗捷报,派人满城散发张贴,发动群众分粮、分盐、分衣物,太湖城内外的群众一片欢腾。影响所及附近各县,群众也纷纷起来开展斗争。

奔袭太湖城之后,红二十五军转战到太湖与英山交界的陶家河地区,两个师分别展开活动,广泛发动群众,创建新的革命根据地,经过一个多月的努力,建立了纵横几十余平方千米的根据地。

10. 突破四道封锁线

1934年10月下旬,当张学良指挥大部队扑向陶家河地区时,红二十五军再次采取飘忽的游击战术,迅速离开陶家河地区,北上南溪、葛藤山一带。

11月4日,在向葛藤山进军的途中,徐海东收到了中共鄂东北道委书记郑位三派陈锦秀化装送来的亲笔信:"宝珊、海东、焕先同志:中央派程子华同志带来重要指示,已到我处。请你们接信后,火速率领红二十五军到鄂东北来找我们。"

中央终于派人来了! 得知这一消息,对于远离中央单独开展斗争的鄂豫皖省委来说,真有说不出的高兴。徐宝珊、徐海东、吴焕先等人立即对皖西的工作进行了布置,成立红二十五军留守处,当日即决定率红军西进。

从葛藤山到鄂东北,敌军设置了四道封锁线。

第一道封锁线设在从商城到麻城一带,红二十五军 11 月 6 日晚出发,向西猛进,于 7 日以迅猛的动作将第一道封锁线上敌一〇九师牛元峰部 4 个连全部歼灭,突破了第一道封锁线。

第二道封锁线设在从商城到新集一带,红军发扬连续作战的精神,于同日在商城西南的大柳树与敌一〇七师激战,消灭敌两个团,突破了第二道封锁线。

第三道封锁线设在从新集到双柳树一带,经过短暂休整的红二十五军于当天下午 5 时出发,于当夜 10 时,在白雀园以北突破敌第三道封锁线。

长征中的徐宝珊

第四道封锁线设在白雀园与仁和集之间,红二十五军在当夜边走边战,强行越过潢麻公路,突破了第四道封锁线——

两天一夜之内,红军急行军 200 余里,与敌数次激战,突破敌人四道封锁线。

11. 朱家坳生死战

8 日天亮后,红军已到达光山县东南 50 里外的扶山寨。极度疲劳的红军将士们在此刚刚休息了两个小时,敌"追剿"部队的 10 个团已紧紧地跟踪而至,从扶山寨的东面、南面对红二十五军发动猛烈进攻。敌"追剿队总指挥"上官云相乘飞机飞临战场上空亲自督战，敌机也疯狂地轮番轰炸、扫射。

红二十五军仓促应战，此时，一个团已陷入敌军重围，另一个团被压在朱家坳的一片洼地里，情形极度危险，红二十五军面临着生死存亡的决战。

徐海东和吴焕先认为，此种情形下，如果突围转移，全军刚刚经过长途行军，身体疲劳，可能无法摆脱敌人重兵的尾追，势必更加被动，很可能遭到覆没的危险。不如以决死的战斗，打垮或消灭敌人的进攻，方能争取到生存的希望。

看准"势在必打"的情势，两人定下了"以打取胜"的决心。决定由吴焕先率3个营扼守扶山寨高地，从正面吸引、牵制和消耗敌人，由徐海东率1个团，隐蔽迂回到敌人的侧后，以突然的进攻各个击破。

敌一〇七师和一一七师连续对扶山寨制高点发动6次猛烈进攻，但都被吴焕先击退。当他们准备再次进攻时，已经迂回到敌人侧后的徐海东率部突然发起猛攻，打得敌人措手不及。

"两军对垒勇者胜"，这是徐海东训练时的口头禅，也是每个红军战士的座右铭。军长和战士们一起厮杀，又极大地鼓舞了士气，红军将士个个奋勇当先，前赴后继。激战从下午一直打到黄昏，红军终于从被动转为主动，扭转了危急局面。

敌军终于相继溃退，空中虽有上官云相在督战，也无济于事，军心大乱，夺路溃逃。上官云相的飞机在空中盘旋两圈，留下4000多死伤者及被俘官兵，灰溜溜地飞走了！

这次激烈的战斗，红军以伤亡数百人的代价，毙伤俘敌4000余人，打破了敌人的尾追计划，为红二十五军顺利进入鄂东北，开展下一步的战略行动，创造了条件。

为争取东北军抗日，红军打扫战场后，当场释放全部俘虏，减少了行军不必要的麻烦。

三

决策长征

1. 党中央派来了程子华

朱家坳生死战之后,红二十五军继续西进。又经过一天一夜的急行军后,于 11 月 10 日傍晚,胜利到达光山县西南的花山寨,与鄂东北道委会合,见到了道委书记郑位三和党中央派来的程子华。

红二十五军的将士们高兴地唱道:

> 隔山隔水不隔音,
>
> 穷人红军心连心。
>
> 党中央派来程子华,
>
> 周副主席关心穷哥们……

程子华,1905 年出生于山西省解县一位姓苏的人家,因母亲的妹妹家没有孩子,母亲就把他过继给姨母家,改姓程。他入山西模范国民小学时,取名程世杰。这所学校充满爱国主义氛围,教室中挂有岳飞、关羽、戚继光等著名武将的画像。程世杰因戚继光是抗倭英雄,选定他为自己学习的楷模。高小毕业后,程世杰考入阎锡山创办的国民师范,开始受到革命思想的影响。1925 年的五卅

运动,他积极参与;次年 6 月,在太原加入中国共产党;
1927 年年初,考入黄埔军校武汉第一分校,在大革命的
高潮时期,虽然只学习了半年多的时间,但从政治、军
事到实践上都有了很大提高。大革命失败后,他辗转
多处寻找党组织。1927 年年底,回到广州叶剑英领导
的教导团,参加了广州起义。起义军撤出广州后,他参
与了保卫海陆丰的战斗,在敌人的重兵围攻下,战斗失
利。程世杰再次到上海寻找党组织,未果,只好辗转返
回山西老家。

程子华

在熟人的帮助下,他到河南确山县岳维峻部队的一个营当副官。这个营中
有许多人是中共党员,这时,他把自己的名字改为程子华。在这支部队中,程子
华和其他中共党员一起秘密发展党的组织。

1929 年 12 月 14 日,在与中央军委联系后,他们利用部队被派往进攻红军
的有利时机,在大冶领导了起义,拿下了大冶城,与何长工率领的红军第五纵队
胜利会师。这次兵暴,产生了很大的影响,中央军委称它为“模范的大冶兵暴”。
兵暴部队合编为红军第五纵队第二支队,陈奇任党代表,程子华任支队长。从
此,这支由白军改编而来的红军,踏上了保卫鄂东南根据地的征途。

1930 年夏,程子华因伤赴上海治疗,见到仰慕已久的周恩来。1931 年 4
月,他到中央苏区工作,历任红三十五军三〇七团团长、独立三师师长、红五军
四十师师长、四十一师师长兼政委、十四师师长、二十二师师长、粤赣军区代参
谋长等职,参加了第二至第五次反“围剿”斗争。

1934 年年初,程子华入“红大”学习。这时,成仿吾到了中央苏区,并要求中
央派军事干部到鄂豫皖苏区去。中央决定派程子华去,原因有二:一是程子华
是军事干部,有丰富的军事指挥经验;二是程子华是大冶兵暴的主要领导人,兵
暴后的部队加入了当地红军,程子华比较熟悉这支部队的情况。

2. 周恩来的嘱托

1934 年 6 月,中革军委副主席周恩来亲自找程子华谈话,决定让程子华立

即起程赴鄂豫皖苏区。

程子华后来回忆说，周恩来临行前向他作了四点指示：

一是鄂豫皖苏区的形势。周恩来告诉他说，目前，敌人在鄂豫皖地区占绝对优势，敌人用碉堡、封锁线把根据地不断压缩并分割成几小块。敌人有"驻剿"和"追剿"部队，对红军交替地进行攻击、堵击、追击，根据地缩小了，人力、物力发生了严重困难。红军不断伤亡，难以得到补充。如果红军继续削弱，以至于被消灭，那么根据地也就没有了。

二是鄂豫皖苏区斗争的出路。出路是什么呢？鄂豫皖苏区红军主力要作战略转移，去建立新根据地。这样，部队就能得到发展，同时也就能把敌军主力引走，减轻鄂豫皖根据地的压力。根据地的敌军减少了，留下的部分革命武装就能长期坚持，也就能够保存老根据地。

三是新根据地建立的原则要求。红军主力去建立新根据地，应选择什么地区呢？根据地要选择在敌人力量较为薄弱的地方；共产党在群众中有革命影响，或者那里的群众易于争取；具备便于红军作战、防御的地形和较丰足的粮食及其他物质条件。

四是对程子华的职务安排。要求程子华到苏区后，任红二十五军参谋长。

带着中央的指示，程子华历尽艰险，辗转到了上海，见到鄂豫皖省委派来接他的交通员石健民。

3. 传奇的地下交通员

石健民，1905年出生于河南省新县箭河乡石岗一个贫苦的农民家庭。1926年在大革命的风暴中，他由党的早期领导人吴行筹介绍参加了中国共产党，后来担任过紫云区农民协会的组织委员，参加过著名的黄麻起义。

在鄂豫皖红军初创时期，他做过军队的后勤工作，多次化装打入当时华中敌人的中心武汉，通过各种渠道，买枪支弹药运回根据地，有力地支援了红军，为鄂豫皖红军武装斗争的扩大起了极为重要的作用。他曾多次从鄂豫皖苏区到党中央（当时中共中央机关在上海），又从党中央到鄂豫皖苏区，迎接和护送党的重要干部，传送党的重要文件，使党中央和鄂豫皖苏区加强了联系，沟通了情况,便利了工作。

每次接受任务,石健民都披星戴月,风餐露宿,受冻挨饿,越过关山,闯过险隘,使被迎接或护送的干部平安无事,使上传下达的机密文件完整无缺。一位老干部回忆说:"一个任务来,交给了他,天大的困难也能完成。"

这次,鄂豫皖省委把迎接中央代表并护送至苏区的任务再次交给了石健民。他穿过崇山峻岭,越过敌人岗哨,神不知鬼不觉地到达上海后,很快按秘密联络方法与中央代表程子华接上了头。

经过周密准备,他俩乔装成普通商人,带着简单的行李,登上开往武汉的客轮。轮船逆水而上,风浪很大,危险更多。一路上敌人岗哨重重,盘查很严。石健民机智大胆,从容自若,掩护程子华顺利地通过了一道道险关,安然直抵武汉。二人从武汉乘火车在柳林下车后,步行到了鄂豫皖苏区,1934 年 9 月,才遇到迎接他们的红军便衣队,把他们护送到鄂东北道委书记郑位三处。郑位三当即给鄂豫皖省委写了信。

程子华在等待鄂豫皖省委和红二十五军到来的 40 多天里,对鄂豫皖苏区的情况进行了充分调研,与鄂东北道委的郑位三、刘华清等人对红军下一步的行动取得了共识。

4. 花山寨会议五项决定

鄂豫皖省委、红二十五军与鄂东北道委会合后,又收到了中共中央《关于组织抗日先遣队的通知》《致鄂豫皖省委训令》等文件。鄂豫皖省委于 11 月 11 日连夜召开会议,史称花山寨会议。省委常委除高敬亭去皖西北接替郭述申的工作任道委书记外,其余的常委徐宝珊、吴焕先、徐海东、郑位三、戴季英都参加了会议。程子华不是省委委员,没有参加会议,由郑位三转达他带来的中革军委副主席周恩来的指示。

会议研究了战略转移问题。从 1934 年 3 月接到中央要求红二十五军转移的建议起,半年多的斗争实践使鄂豫皖省委很快统一了认识,做出了五项重要的决定:

一是定下了战略转移的决心,决定省委立即率领红二十五军实行战略转移,为发展红军和创建新根据地而斗争。

二是在转移方向上,以平汉路以西鄂豫边界的桐柏山区和豫西的伏牛山区为初步目标。

三是红二十五军对外称"中国工农红军北上抗日第二先遣队"。

四是对红二十五军的领导成员进行调整。会上,徐海东高风亮节,主动提出由程子华担任军长,他改任副军长。省委同意这一建议,决定由程子华担任红二十五军军长,并补选程子华为鄂豫皖省委常委,徐海东任副军长,吴焕先任政治委员,政治部主任戴季英。

会议结束后,由省委秘书长郑位三向程子华传达了会议精神。程子华同样谦逊地表示,周副主席派他来是担任参谋长的,他不当军长,请省委改变决定。但省委仍坚持原决定不变。

会议还决定:远在皖西北的高敬亭留守鄂豫皖苏区,以红八十二师和地方武装为基础,再次组建红二十八军,坚持鄂豫皖苏区的武装斗争。

5.留下高敬亭

省委会议结束后不久,省委书记徐宝珊亲自给高敬亭写信,内容主要是因为敌情严重,主力要转移,执行中央北上抗日先遣队的任务,留下的人,要坚持斗争,争取胜利的前途。信中指示以高敬亭为书记,重建红二十八军,将来,红二十五军也可能再转回来。

高敬亭

高敬亭原名高志员,河南省新县董店人。1927年参加革命,1929年3月加入中国共产党,同年9月当选为光山县弦东区第一乡苏维埃武装委员,不久任乡苏维埃主席。1930年底,任鄂豫皖特区苏维埃粮食委员、特区主席。1931年,任中共中央鄂豫皖分局委员、省委组织部长,同时兼任光山县委书记,1931年7月当选为鄂豫皖省苏维埃政府主席。张国燾率主力红军西征后,高敬亭任豫东南道委书记。红二十五军重建后,高敬亭任七十五师政委。1934年4月,在皖西重建红八十二师,高敬亭任师长。

高敬亭是在艰苦斗争中成长起来的出身于农民的干部,瘦高个头,穿着邋里邋遢的,腰里时常别着个旱烟锅儿,脸面又黑,完全是一伙夫班长的模样。别看其貌不扬,但是个天不怕地不怕的人物,除了军长吴焕先。

据红二十五军的老战士回忆说,部队晚间行军作战,是绝对禁止吸烟的,可高敬亭烟瘾犯了时,总会忍不住偷着抽上几锅。有次被吴焕先发现,吴焕先毫不客气地当着全师指战员的面警告他说:"你个杀猪的,一点儿都不遵守规矩!从今往后,你再敢随意抽烟,我就下掉你的烟袋。"

从不知害怕的高敬亭这次老老实实地听着,一句话也不敢说。此后,只要他偷着抽烟时,一旦听到吴焕先咳嗽声,就像老鼠见了猫儿似的,慌忙把烟锅子磕净,把火星子踩灭。

高敬亭有多方面的工作经验,机智勇敢,当时正在皖西,不及赶来,因此,让他留下坚持根据地的斗争是个合适的人选。留在鄂豫皖根据地坚持斗争的高敬亭按照省委的指示,于1935年2月3日于太湖县凉亭坳召开紧急会议,传达中央和省委的指示,决定重建红二十八军,高敬亭任政委(未设军长),统一领导鄂豫皖边区党政军。

此时围攻鄂豫皖苏区的国民党军队,并未因红二十五军的西去而减少,依然集结了17万人的重兵,实施划区清剿的策略,严密封锁,扬言3个月内全面消灭根据地的红军。

为粉碎敌军的围困,高敬亭提出"四不打"原则,即:敌情不明不打,伤亡过大不打,地形不利不打,缴获不多不打。

以此为原则,实施灵活的游击战术,部队"化整为零"以隐蔽行踪,发动群众;"化零为整"以集中兵力,打击敌人。

6. 红色火种又燎原

中共鄂豫皖党组织由高敬亭领导红二十八军和红军游击队,在鄂豫皖边区坚持了艰苦卓绝的三年游击战争。

鄂豫皖边游击区位于湖北、河南、安徽三省交界的大别山区。主要包括河南的固始、商城、潢川、经扶（今新县）、罗山、信阳；湖北的黄梅、广济、蕲春、浠水、黄冈、英山、罗田、麻城、黄安（今红安）、黄陂、孝感、礼山（今大悟）；安徽的霍邱、六安、立煌（今金寨）、霍山、舒城、岳西、潜山、太湖、宿松等近30个县（其活动区域曾扩大到45个县）。

鄂豫皖边游击区东接江淮平原，西扼平汉铁路，南临长江，北连淮河，大别山脉雄峙中央，地势险要，扼水陆交通要道。可北镇国民党河南省南大门信阳，南遏国民党湖北省府武汉，东迫国民党安徽省府安庆，具有极为重要的战略地位。

以大别山为中心的鄂豫皖边游击区是南方8省15个游击区主要的游击区之一，鄂豫皖边三年游击战争是南方三年游击战争的重要组成部分，也是南方三年游击战争期间，唯一保留军级建制红军部队的游击区。其他游击区，有的是独立师、独立团，还有不少是游击队。

红二十五军长征后，中共鄂豫皖省委常委、皖西北道委书记高敬亭，根据鄂豫皖省委的指示，重建了红二十八军，下辖红八十二师和手枪团。红二十八军以灵活的战略战术，依托大别山区，与"清剿"鄂豫皖边游击区的国民党军队作战，坚持了三年之久的游击战争，直至1937年全国抗日战争爆发。

鄂豫皖游击区是南方三年游击战争中游击区域最广阔的游击区，跨鄂、豫、皖三省近30个县，也曾一度扩大到45个县境的地域。其他游击区最多的十几个县，有的游击区只有几个县，还有游击区仅一两个县。

鄂豫皖游击区是南方三年游击战争中牵制敌人最多的游击区。鄂豫皖游击区先后挫败了国民党军四次大的"清剿"，牵制国民党正规军最多时达68个团，约17万人，歼敌18个营、15个连和大量反动民团武装，有力地在战略上配合了主力红军的长征和其他游击区的斗争。

鄂豫皖游击区是南方三年游击战争保存力量最多的游击区。在国民党军的重兵"清剿"下，在艰苦卓绝的斗争中，鄂豫皖游击区造就了一批忠于党和人民、英勇善战的军政干部，锻炼出了一支打不散、拖不垮的红军部队。南方三年游击战争结束时，鄂豫皖游击区保存下来的红军和游击队1800余人，后编入新四军四支队,扩建到3000多人(包括鄂豫边红军游击队改编的新四军第八团)。

因此,对鄂豫皖边三年游击战争的历史地位和作用,应给予充分的肯定和客观的评价。以大别山为中心的鄂豫皖边游击区,在三年游击战争中立下了不朽的功勋,主要有:

在大别山地区牵制和吸引了大量国民党军队,有力地掩护和策应了红二十五军和中央红军等主力红军的战略转移,并给进犯大别山区的国民党军以打击,挫败其多次重兵"清剿"。

在大别山区极其艰苦的斗争中,保存了红二十八军和一些红军游击队的骨干力量,锻炼出一支党领导下的坚强的革命武装,坚持大别山红旗不倒。

在鄂、豫、皖三省保存了革命的战略支点,在大别山地区扩大了共产党的政治影响,为之后在大别山地区开展革命斗争,准备了最重要的条件。

全国抗战爆发后,坚持大别山斗争的红二十八军和红军游击队改编为新四军之一部,成为驰骋长江以北抗战的重要力量,为坚持华中抗战做出了重要贡献。

以大别山为中心的鄂豫皖边三年游击战争,积累了宝贵的游击战争经验,丰富和发展了人民军队的革命游击战争的战略战术。

高敬亭是红二十八军政委,是鄂豫皖边游击区的主要领导人。在中共鄂豫皖省委率红二十五军长征后,高敬亭临危受命,根据省委临行前留下的指示,重新组建了红二十八军,同时很快将分散的各级党组织统一起来,勇敢地承担起全面领导边区党政军坚持武装斗争的重担。

他领导鄂豫皖游击区军民积极开展游击战争,并在斗争中不断地总结经验教训,制定了正确的游击战争原则和灵活的游击战术,利用大别山区重峦叠嶂、沟深林密的有利地形,往返穿插,忽南忽北,与国民党军队周旋,坚持游击战争。

他还提出"敌情不明不打,地形不利不打,伤亡过大不打,缴获不多不打"的正确作战指导原则和"拖垮二十五路,相机打十一路和东北军,向保安团要补给"的斗争策略。

他创造性地建立了"主力红军、地方武装、便衣队"三结合的武装力量体制,与数十倍于己的国民党军队作战,挫败了敌人的反复"清剿",消灭了大量的国民党军队和地方民团。

抗日战争全面爆发后，在与党中央失去联系的条件下，他以抗日大局为重，主动提出与国民党当局谈判，经过斗争，使谈判成功，保存了革命力量。客观地说，鄂豫皖边三年游击战争的胜利，与高敬亭的正确领导和指挥是分不开的。

7. 大别山精神

红二十八军和游击队在以大别山为中心的鄂豫皖边区坚持三年游击战争所体现出来的革命精神，不仅是南方三年游击战争精神的重要组成部分，而且丰富了大别山精神，成为大别山精神的重要组成部分。它不仅是红四方面军在鄂豫皖苏区时初步形成的大别山精神的延续，而且为大别山精神在抗日战争和解放战争时期的发展，提供了重要的历史基础。

大别山精神的主要内容有以下几点。

坚定的革命理想和信念。在国民党军队的重兵"清剿"和严密的经济封锁中，在极其艰难困苦的环境下，在鄂豫皖党组织领导下，鄂豫皖边红二十八军和游击队指战员忠诚于党，坚信中国共产党领导的革命事业是正义的事业，正义的事业总是要胜利的，革命的前途是光明的。所以，不管形势如何险恶，斗争多么残酷，生活多么艰苦，他们始终如一地在大别山坚持斗争，使大别山红旗不倒。

艰苦奋斗，不怕牺牲的精神。在三年游击战争艰难困苦的日子里，鄂豫皖边红二十八军和游击队被围困在大别山的深山密林里，昼伏夜行，风餐露宿，饥寒交迫，但他们不畏艰难困苦，与国民党军队的军事"清剿"和经济封锁进行顽强的斗争。他们在大别山区浴血坚持，英勇奋战，表现了不畏强敌、不怕牺牲的革命英雄主义精神。

独立坚持，百折不挠的意志。中共鄂豫皖省委率领红二十五军长征后，留在鄂豫皖边的红军和游击队，与党中央、省委和主力红军失去了联系，被国民党重兵包围、分割、封锁，但他们独立坚持，自主作战。在国民党军队的反复"清剿"下，红二十八军和游击队虽然遭受了重大损失，但他们以百折不挠的意志在大别山顽强地坚持斗争。

依靠群众,善于斗争的精神。鄂豫皖边三年游击战争,是群众性的游击战争,没有人民群众的支援,红军和游击队就不能生存和发展,游击战争就不能坚持。鄂豫皖边红二十八军和游击队,在极端残酷的反"清剿"斗争中,依靠人民群众,运用灵活的游击战术,打破国民党军的"清剿"。在国民党军的严密经济封锁下,红军和游击队依靠人民群众,采取种种巧妙的办法,打破敌人的经济封锁。人民群众舍生忘死支援、接济红军和游击队,使红二十八军和游击队在大别山艰苦的环境中得以生存和发展。

在三年艰苦卓绝的游击战争中,鄂豫皖苏区与党中央失去了联系,但高敬亭始终渴望着党中央的指示。1935年7月16日,在艰险的转战途中,他请人代笔给党中央写了一份报告,在汇报完红二十八军的组建和发展情况后,他诚恳地希望:"省委同红军走了,大半年无上级指示","省委会只留我一个在此苏区……","望党中央急派一人来领导","望派人指示"。

高敬亭的这封信后来辗转到了毛泽东的手里,毛泽东才知道,在鄂豫皖的大山里还战斗着一支红军队伍,领导人的名字叫高敬亭。

抗日战争爆发后,高敬亭遵照党中央的指示,把已经发展为3100余人的红二十八军与豫南游击队合编为新四军第四支队,他任支队司令员,投入了伟大的抗日战争。

令人扼腕叹息的是,高敬亭于1939年6月24日被错杀,直到1977年才予以平反昭雪。

8.何家冲誓师长征

红二十五军在花山寨会议后,为争取迅速地实施战略转移,开始西移至何家冲一带,加紧进行出发前的准备工作。全军进行轻装整编,安置伤病员,筹备行军物资。整编后的红二十五军,撤销师一级编制,军直辖3个步兵团、1个手枪团。这次大转移,部队从上到下采取了许多保密措施,在部队中只进行了"打远游击"、"创建新苏区"的动员,一般的战士和干部并不了解这次行动的方向。

何家冲,北距罗山县城52千米,西距信阳35千米,这个地处豫鄂交界处的大别山的深山小镇由此成为中国工农红军长征四大出发地之一。

在何氏祠堂,鄂豫皖省委召开了出发前的准备会议。会议决定和通过了《中国工农红军北上抗日第二先遣队出发宣言》。

会后,这份宣言由军政治部组织科科长刘华清负责刻印,同时还刻印了其他一些传单、布告、标语等,对战士进行宣传动员,使每个人都树立起革命必胜、长征必胜的信念。

红二十五军长征出发地——何家冲

这份宣言指出:"日本帝国主义占领我东北四省已经几年了,今年日本帝国主义更大伸强盗的血手,进占我整个华北和内蒙古,并从南方进攻我福建。卖国的国民党政府不但没有出一个兵、花一文钱去抗日,并且法西斯的蒋介石所领导的南京政府,已经和'满洲国'通了邮通了车,减低了日货的进口税,使整个中国成为日本的市场,把北方几个主要铁路的权利交给日本去了。另一方面,国民党蒋介石、张学良把北方军队统统调到南方来进攻真正抗日的红军和群众,为帝国主义瓜分中国清除道路。中国工农红军虽处在反对五次'围剿'保卫苏区的严重任务之下,但为不能坐视国民党将中国出卖给日本,特调动一部分队伍组织北上抗日先遣队,领导并组织群众去打日本帝国主义,收回华北失地。我红军北上抗日第一先遣队前几个月由福建出发北上,日本帝国主义走狗蒋介石随即调动他的军队阻拦红军抗日第一先遣队北上。本军现在开始出发,卖国的国民党一定是要调动他的队伍阻拦我们的,本军当然要沿途扫除国民党的阻拦。"

这份宣言号召一切不愿意做亡国奴的中国人,不分政治倾向,来进行如下六项反日工作:

一、欢迎广大的群众武装起来,或者参加本军,或者组织抗日义勇军、抗日游击队,同我们一路去打日本帝国主义。

二、国民党任何部队执行三个条件——停止进攻苏区和红军,武装群众抗日,保障群众言论结社之自由,欢迎和我们订立抗日作战的协定,和我们一路去打日本。

三、动员一切海陆空军和日本帝国主义作战,不许一兵一卒一个飞机留在后方屠杀压迫本国群众和进攻苏区。

四、兵工厂和军器库的一切武器,以及正在制造和从外国买来之武器,来武装全体群众去打日本帝国主义。

五、解决抗日战争军费的具体办法:

(1)没收日本帝国主义的一切财产和商品;

(2)停止日债一切本息;

(3)没收一切卖国贼的财产;

(4)实行财产累进所得税;

(5)在国内人民和国外华侨以及一切同情中国劳苦群众民族解放斗争的人们中,进行广大的募捐运动。

六、动员广大群众组织抗日会,组织民族武装自卫委员会,进行一切反日反帝的工作。反对日本和一切帝国主义!

1934年11月16日,鄂豫皖省委及红二十五军全军2980名指战员,在罗山县何家冲一棵白果树下,高举"中国工农红军北上抗日第二先遣队"的旗帜,高唱:

> 红色的青年战士志气昂,
>
> 好比那东方升起的太阳。
>
> 不怕牺牲,英勇杀敌如猛虎,

冲锋陷阵，无坚不摧谁敢挡！

……

红二十五军的年轻将士们就是唱着这首激动人心的《红军青年战士之歌》，走上了漫漫征途，迈出了长征的第一步，开始向桐柏山区进发。

红二十五军长征出发地何家冲的红军井

9.根据地老人忆出征

如今，在何家冲古老而苍翠的千年银杏树前，具有400多年历史的何家祠堂，青砖瓷瓦，绿苔片片，屋檐下红底的"红二十五军军部旧址"在夕阳下闪耀着光芒。

后来，据在红军时期参加支前的赤卫队员何国忠老人描述当年的场景：1934年11月16日，红军离开的那天，下起了大暴雨。那场大雨比平时格外大，瓢泼一样。红二十五军的干部战士集中在这棵银杏树旁，站在"中国工农红军北上抗日第二先遣队"的大旗下。每个连队前面由掌旗兵举着本连队的旗帜，战旗后面是威武的方阵。

根据省委的行动意图，军政委吴焕先向指战员传达了当前的斗争形势，提出两个明确而又巧妙、同时不至于泄露军事秘密的动员口号：一是"打远游击"，二是"创建新苏区"。吴焕先、徐海东站在银杏树下，迎着风雨宣读《中国工农红军北上抗日第二先遣队出发宣言》。

何家祠堂

"反对日本和一切帝国主义！""收回华北失地！"红军战士们振臂高呼，头上响彻的惊雷与红军战士铮铮的誓言一同作响。

"出发！"一声命令，浩浩荡荡的队伍顺着山沟向西开去，奔向桐柏山区。"那时，大家都没有想到这是一次远征。"

山间小路上的那盘"红军碾"静静伫立。何国忠说："这盘碾，就是当时全村300多口人和2000多名红军战士的粮食加工厂。"

在何家冲，流传着吴焕先、徐海东和他们的大刀片与枣红马的故事，但更多的是像"何大妈"这样普通百姓的故事。

"何大妈"是一个普通的农家妇女，她在自家后面的山洞里先后救活了12名红军伤员。有一次，一名红军伤员被敌人清剿队抓获，她用自己的亲生儿子冒险换回这位红军伤员。还有一次，一名叫余占海的红军伤员被敌人抓住，为了证明余占海是自己的亲人，她起了毒誓，用眼睛做担保，当众刺瞎了自己的右眼……因为余占海亲切地叫她"何大妈"，后来人们都叫她"何大妈"。新中国成立后，余占海成为武汉军区的一名将军。

"爱护老百姓，买卖要公平，不拿乡亲一针线……"直到70多年后，何国忠依然清晰地记得当年那首每天都要响彻何家大院的红二十五军军歌。

每天早上，何国忠总要跑到何氏祠堂附近听红军战士唱军歌。"红色的青年战士志气昂,好比那东方升起的太阳……"

岁月的风霜,依然没有磨灭何国忠老人对红军的记忆。"红军吃的用的,都是用钱向村民们买来的,借谁家的东西,都一定会打好借条,红军是咱的亲人。"

"我给红军送过信,帮他们买过东西。"说到那时的这段经历,何国忠老人脸上露出微笑。

1932年以后,何家冲作为游击战争的主要地区,不少村中的年轻人都自愿帮助红军传递消息和信件,何国忠也是众多年轻人中的一员。

红军踏上了征途,给何家冲的乡亲们留下了深深的思念。红军出发前,没有把消息告诉何家冲的乡亲们。

"红军大哥挨家挨户地把借的锅碗都还给了我们。"何国忠回忆说,"红军队伍离开时,村里鸡不叫,狗不咬,他们都是亲人哪!"

和村里许多乡亲一样,何国忠的家也是一个红色的家庭,家中6人有4人参加了共产党。一天晚上,他们冒着生命危险,将一名红军侦察员藏在家中,躲过了敌人的搜查。红军走后,国民党部队进入何家冲,为了报复帮助过红军的村民,他们砍完了村民满山的果树,烧光了村里的草房,也杀害了何国忠的4位亲人。

战争年代,罗山县有近10万人参加革命,3.6万优秀儿女献出了宝贵的生命。

10.长征路上的"七仙女"

在红二十五军的长征队伍中,只有周东屏、戴觉敏、曾继兰、曹宗楷、田喜兰、余国清、张秀兰7名女红军战士。她们都是随军医院的护士。打仗时,她们跟着部队向前冲,一见战士受伤,立即背着伤员转移到安全地带,进行包扎、护理,悉心照料,丝毫不顾及个人的安危。她们常常把饭让给伤病员吃,缺少粮食时,就到山野寻找野果、树皮,掺上米糠,为战士们充饥。缺少药品,她们就千方百计收集、购买,或者采集中草药,为战士们疗伤。

她们由于英勇无畏地抢救伤员,又能耐心、热情地带着阶级感情护理伤员,被红二十五军指战员们称为"七仙女"。

她们中的5位坚持到了红二十五军长征的终点——陕北延川永坪镇。另两位曾继兰(班长)、曹宗楷壮烈牺牲在长征路上。

当时,红二十五军在程子华、徐海东、吴焕先的率领下,为了迅速实施战略转移,部队一出发就是急行军。11 月 17 日,在击退敌"追剿队"第五支队后,部队已接近平汉铁路。这时,军政治部考虑前有阻敌,后有追兵,军情紧急,怕 7 名女同志在急行军中掉队出危险,就派医院政委苏涣清来动员她们留在根据地,并给她们每人发了 8 块大洋。

面对这突如其来的决定,她们手里攥着沉甸甸的大洋,心情十分沉重,有人急得都哭了。她们不愿离开部队啊!

突然,年龄稍大的曾继兰说:"不行,我们不能留下,我们死也不离开红军,要随部队走。"

这时,向来胆大泼辣的周少兰(后改名周东屏)把大洋往地上一甩,跟下达这一命令的军参谋长戴季英吵开了:"回去,回到哪里去?我是逃出来参加革命的,难道还要我重新去当童养媳吗?你没有排斥女同志革命的权力!"

见周少兰带头,其他几个人的胆子也大了,一个个都把大洋往地上一甩,上前和戴季英讲理。

"事情已经决定了,再说我也是对你们的安全负责。"戴季英解释说。

她们不管戴季英讲多少理由,就是原地一坐,谁也不动。

就在这时,副军长徐海东骑着马过来了。女红军们深知徐海东这位窑工出身的将领平易近人,对部下有一副热心肠,就像见了救星似的,不约而同地围了上去,七嘴八舌地诉说事情的经过,表达自己的决心。千言万语一个主题:当红军,走革命路,就是死在路上也决不离开红军。

徐海东就问戴季英:"就她们几个?"

"对,就她们 7 人!"

"不多,不多。这些女孩子,都经历过最艰苦的考验,她们既然有决心,就给她们一个锻炼的机会吧,有何不可呢?"

听徐海东这么一说,女兵们七嘴八舌地向他表示:"当红军,走革命的路,就是死在前进的道路上,也决不向后转!决不当逃兵!"

看到她们如此坚决,徐海东高兴地说:"呵,革命性蛮坚决的嘛!"然后,他果断地把马鞭向前一指:"快追赶队伍去吧!"

顿时，姑娘们个个破涕为笑。

11.活是红军的人，死是红军的鬼

部队出发以后，为了甩开敌人，跳出敌人的追堵合击圈，每天都要急行军四五十千米。为了隐蔽，部队常常夜间行动，7名女战士就把绑腿解下来，结成一条长长的带子，互相牵引着摸索前进。为了防止掉队，每天行军，她们都提前出发，最后到达宿营地，一天下来，全身就像散了架一样。尽管这样，她们还是坚持给伤病员送药，争着去做护理工作。

鉴于敌情日益严重，军首长见7名女同志身体很弱，时而会掉队，就又一次动员她们离队，各自找可靠的人家当干女儿，待形势好转后，再接她们回部队。

有了上次的经验，她们不怕了。在部队领导找她们谈话时，她们一致坚决表示："部队走到哪里，我们就跟到哪里。我们活着是红军的人，死了是红军的鬼，叫我们离开部队，坚决不走。"

她们的决心再次感动了领导，于是她们得以继续随部队前进。

1934年12月10日上午，鄂豫皖省委的同志在庾家河开会，突然枪声大作。警卫人员进来报告：敌人占领了东北坳口。由于红二十五军的战士们近一个月来长途行军，转战千余里，已疲惫不堪。设在庾家河东面的排哨，大部分人都睡着了，直到敌人打到眼前才发现。

于是，全军从炊事员到军长立刻全都投入战斗。从中午打到黄昏，经过殊死奋战，反复冲杀20多次，终于转败为胜，化险为夷。

这次战斗虽然击毙敌人300多名，但红二十五军也付出了沉重的代价，伤亡190余人。营以上干部大部分负了伤，军长程子华、副军长徐海东也都负了重伤。

一颗子弹从徐海东的左眼底下打进去，又从颈后穿出。他这次负伤比以往哪次都重，失血很多……

徐海东整整昏迷了四天四夜，直到第五天才醒了过来。在这几天里，护士周少兰一直守护在他身旁。

徐海东醒来后便问道："现在几点钟了？部队怎么样了？"

周少兰眼里闪着激动的泪花,答非所问地说:"首长可醒过来了,四天四夜不省人事,一句话也没说,把人都快急死了!"

徐海东开玩笑地说:"我可没着急,倒是睡了一场好觉。"

周少兰怕徐海东刚醒过来太劳累,打着手势,不让他多说话。她知道徐海东已四天四夜滴水未沾,粒米未进,就去找来一碗面条,细心地一口一口地喂给他吃,生怕触痛他的伤口。

徐海东吃了面条,精神好了许多,就向周少兰问这问那。

当徐海东听说程军长伤势很重,便对周少兰说:"你不要管我,去好好照看程军长。"

在庾家河战斗中,许多指战员身负重伤,7名女战士日夜守护在伤员们身边,精心照料。她们细心观察伤病员的病情,耐心帮助伤病员解除伤痛,细心照料他们的膳食等。重伤员吞咽困难,她们就亲自煮面条,一口一口地喂。

经过近一个月的转战,部队消耗很大。特别是独树镇、庾家河两次殊死恶战后,7名女战士看到一些伤病员因没有药品医治而结束了生命,内心极为痛苦。强烈的责任心和战友情,促使她们不顾自己虚弱的身体,同医院的战友们一起收集缴获的药品,想办法买药品,乘空隙找偏方,采草药。两个多月的时间里,她们用盐水和自制的高锰酸钾天天给伤病员们消毒,有时边行军,边把采来的药用树枝、树根熬成水,给伤员清洗伤口。她们通过这些办法,弥补药品的不足,挽救了不少战友的生命。

12. 一路征战一路歌

红二十五军进入陕南后,蒋介石调兵遣将,从 1935 年 1 月起,连续两次派重兵对鄂豫陕地区进行疯狂"围剿",企图把红二十五军消灭在这里。红二十五军奋力反击,在反"围剿"斗争中,连战皆捷,以战斗的胜利为建立和巩固根据地创造了条件。

同时,部队一面作战,一面派遣部分干部和战斗连队到地方发动群众,建立地方武装和基层政权。

医院随部队行动,7名女战士的任务相当繁重,她们既要抢救和看护伤病员,又要当宣传员。长征路上,"七仙女"编新歌,演新戏,医护宣传一肩挑。她们在庆祝解放大会上演出节目,向群众宣传党的政策和主张,宣传红军是穷人的队伍,动员群众起来打土豪分田地,建立苏维埃政权,号召青年踊跃参加红军等。军政治部根据这些内容编排节目,有时她们还自己编些新词配上老调,连夜进行排练,然后登台演出。

唱歌、跳舞、演新戏,她们并不擅长,都是现学现演,但每次演出,总是人山人海,老百姓特别喜欢看。群众渴望听到共产党和红军的声音,群众的情绪鼓舞着每一个红军战士,也激励着他们自己。

在红军没有到达之前,地主们时常散布谣言,说共产党"共产共妻",要杀所有的人,掠夺一切财产,并且强迫所有的人跟着他们逃跑。7 名女战士的宣传,收到了很好的效果,很快便打破了国民党反动派和地方豪绅的造谣欺骗。因此,红军每到一个地方,最初当地的人非常稀少,但经过三四天的宣传之后,大批的群众就回来了。

1935 年 8 月 15 日,红二十五军进入甘肃静宁县回民聚居的兴隆镇。为尊重回族人民的宗教信仰和风俗习惯,部队在进入兴隆镇之前,进行了党的民族政策教育。红二十五军的民族政策得到回族同胞的拥护,回族群众像迎接亲人一样欢迎红军的到来。尤其是这几位女战士,更受到了回、汉妇女的特殊优待。她们热情地将女战士们拉到家里去吃饭,像对待亲姐妹一样。

女战士们还在医院院长钱信忠的带领下,深入到群众家里,热心为病人治病。她们的行动使当地回族人民深受感动,连声夸赞"红军好"。三天后,部队离开兴隆镇时,男女老幼站满街道两旁,敲锣打鼓,鸣放鞭炮,端着点心油馃子,为红军送行。

在战斗频繁、工作紧张、宣传任务繁重的压力下,曾继兰、曹宗楷倒下了。她们默默地长眠在漫漫征途上,像大别山一样朴实无华。山风吹拂着她们,绿水环绕着她们,草木四季陪伴着她们。曾继兰、曹宗楷的倒下,没有吓倒其他 5人,她们继续走在长征路上。

道路坎坷,征途漫漫。红二十五军转战到达陕甘边境的黄土高原时,发生了严重的粮荒。没有粮食,战士们经常挨饿,只得向当地群众购买一些土豆和作马饲料用的黑豆来充饥。当地缺水,土豆就连皮带泥蒸熟吃。部队翻山越岭走了几天,许多战士甚至饿得昏倒在路上。

5名女战士以坚强的意志战胜了艰难困苦,于1935年9月15日,随着大部队来到陕北延川县永坪镇,同刘志丹率领的红二十六、红二十七军胜利会师。

"七仙女"不仅在医疗卫生、战场救护方面做出了贡献,而且在做宣传工作和群众工作方面,也起了很大作用。部队指战员喜欢听她们唱歌,看她们演节目。每到一地召开群众大会,她们也是必须登台的"演员",很受群众欢迎。

当时,这7名女护士大都不过十七八岁。最小的才十五六岁。周少兰、曹宗楷、余国清都是安徽人,很小就参加了红军。周少兰7岁时随母亲外出讨饭,13岁被人贩子抓去以50块钱卖给人家作了童养媳,是共产党和红军救了她,1932年,她不满16岁就参加了红军。戴觉敏也是很小就参加了红军。她的哥哥戴克敏,是鄂豫皖苏区和红军的创始人之一,"肃反"中被张国焘杀害。她的父亲戴雪舫,也是共产党员,担任过列宁高等小学的校长,在敌人空袭时为掩护学生转移而壮烈牺牲。戴觉敏从小就在列宁小学读书,还曾作为少年儿童的代表,参加鄂豫皖苏区召开的少共儿童代表大会,当选为少共儿童委员会的常委。1932年春天,她参加了红军,在箭厂河总医院当看护。

长征出发时,吴焕先叫供给部给她们一匹小马,以便路上驮行李,有病时换着骑骑,这在当时是极大的关怀照顾了。但是,她们很少骑马,而是凭着自己的两只脚,有的还是缠过足的"解放脚",穿着草鞋,扎着绑腿,一步一步地挣扎着,跟部队一起翻山越岭,涉水过河,谁也没有掉队。

在开创陕南革命根据地的日子里,战斗极为频繁紧张,她们每天随军转战,还要救护伤员,照顾病员。这一时期,省委书记徐宝珊患了重病,军长程子华、副军长徐海东身负重伤,她们时常随着三副担架,奔前跑后,忙个不停,十分辛苦。每当打下一座新的县城乡镇,她们更是忙得不可开交,又要上街宣传演出,又要收购筹集药品,还要安置伤病人员,有时还参加群众工作,没收地主恶霸的财产,分配给贫苦群众。军供给部曾把打土豪得来的一些妇女衣物分给她们,可她们谁也不穿不用,随手又转送给当地群众。

西征北上途中,从天水附近渡过渭河时,只搞到一条小木船,因为水流湍急,军领导决定让"七仙女"和几个重伤员乘船过河,部队其他人则攀着牵在河面上的几条白布绳索,把武器弹药顶在头上,徒涉而过。

回想起当时的情况,亏得参谋长戴季英从两当县城请了一位照相师,沿途拍下几张珍贵照片。"七仙女"乘坐木船过渭河时的一幅历史照片,至今仍依稀可辨,陈列在中国人民革命军事博物馆。

征途是漫长的,也是坎坷艰难的,有胜利也有挫折,有痛苦也有欢乐。她们曾背着捆草作为坐垫,坐滑梯似地溜下满地泥泞的王母宫塬,也曾抓着骡马的尾巴,漂浮过山洪猛涨的泾河。在泾河岸边的郑家沟,她们淌着眼泪,含着悲痛,为军政委吴焕先擦拭遗体……在艰苦卓绝的漫漫征途上,因为沿途人烟稀少,无粮可筹,她们同样也处在严重的饥饿威胁之中。但是,她们还是忍着饥饿,拖着疲惫不堪的脚步,一步一步地走向陕北,胜利完成了长征。

到达陕北时,"七仙女"只剩下 5 名,共青团支部书记曹宗楷和共青团员曾继兰两位同志,在长征路上倒了下去,为革命献出了宝贵生命。戴觉敏、周东屏、余国清等同志,到了陕北后都加入了中国共产党。这 7 名女同志不愧为鄂豫皖苏区的巾帼女英雄。

"七仙女"中的五位到达陕北后与其他部队女战士合影

四

血战独树镇

1. 完成第一步战略目标

1934 年 11 月 17 日，隐蔽西进的红二十五军在朱堂店以南的罗古寨，击退了敌军"追剿"队第五支队的进攻。当晚在信阳城以南的东双河与柳林之间，越过了平汉路，继以两天的急行军，经由青石桥、黄龙寺、月河、金桥等地，神速地进入桐柏山区，完成了战略转移的第一步目标。

在此征程中，听闻红二十五军长征行军要路过月河、金桥，桐柏当地的地下党组织为了迎接红军的到来，提早进行了大量的基础工作。红二十五军从何家冲开始长征行至月河镇时，粮草已经消耗殆尽，解决部队的给养，成了红二十五军最为迫切的需要。

在路过金桥村时，有一个数十平方米的晾晒场。后来当地群众回忆说，红军当年来到金桥的时候，正是 11 月，当时村里晾晒场晒满了玉米棒子，红军来得急，老百姓没有来得及收。可红军战士围坐在晾晒场附近，直到离开，场上的玉米棒一个也没有少。

当时的月河镇，地主与村庄都有自己的武装，山寨林立，最少的地方武装也有几百条枪。当地群众说:"如果这些山寨与红军发生冲突,那么红二十五军也许根本就出不了桐柏地界。"

于是,协调同地方武装的关系与征集粮草的任务,落在了桐柏地区地下党组织的肩上。桐柏山地区,党组织活动较早,尽管有着较好的群众基础,但红二十五军初到,不少群众因为没有接触过红军,心里难免有些担心。后来,看到红军军纪严明,都很快打消了顾虑。

在红军出月河时,不少老乡都主动拿出了家里藏的粮,要送给红军,为红军下一步的转战提供了许多物质帮助。

蒋介石利用他的侦察机和庞大的特务机关,在获悉红二十五军的动向后,惊呼自己太大意。张学良也自觉难辞其咎,决定追究有关人员的责任。

时任东北军第一二九师六八四团三营营长的王理寰称:"红二十五军西去,应由一二九师负责。"张学良大怒,勒令一二九师周福成押送六八四团团长赵靖民到武汉总部法办。后因该团第三营在云雾山下大水池内,摸出长筒捷克式步枪 700 余支,重机枪 4 挺,以此才解除团长赵靖民的罪过。判断此武器系红二十五军缴获的一〇七师、一〇九师等的武器,因太多行动不便,投入水池内。

蒋介石和张学良急忙调兵遣将,进行围追堵截。他们命令"鄂豫皖三省追剿队"5 个支队 40 多个团和东北军一一五师跟踪追击;同时命令驻豫西南南阳、方城一带的第四十军庞炳勋部和驻湖北老河口一带的第四十四师萧之楚部,迎头堵截,阻挡红军西进;又调派驻开封的第六十师火速开往卢氏朱阳关,控制入陕的门户,企图为红二十五军布下天罗地网。

国民党驻豫特派绥靖主任、河南省政府主席刘峙于 11 月 17 日给庞炳勋部发出电令:"11 月 16 日,赤匪两千余人,由信阳县属柳林相距 30 里处铁埠、九里关一带窜来,今日晚 8 时,由顺河店等处,越铁道窜至信阳县 30 里处之青石桥一带,饬属注意堵剿。"

庞炳勋部接到命令后,即电令骑五师李师长福和,在唐河、泌阳注意戒备及堵截,并令南阳一一六旅旅长刘运通、方城一一五旅旅长刘世荣、瓦店补充团团长李振清、叶县骑兵团团长史振京,均饬所属准备协剿。

同时命令:"桐柏、唐河、泌阳各县,令团队固守城寨,确侦匪踪,随时报告,以备令各部迎头截击。"

红二十五军进入桐柏山后，中共鄂豫边工委书记张星江来到军部，向鄂豫皖省委介绍了当地的情况。又经过两天的实地考察，鄂豫皖省委认为，从地理位置上看，这里"太接近平汉线和襄樊线，敌人容易运动兵力压迫"，同时，"群众情形以及地理物质条件都不适宜"。省委果断决定，鉴于这里战略回旋空间太小，难以立足发展，应放弃在此地建立根据地的计划，继续向伏牛山挺进，实施第二步战略目标。

2. 兵马未动，政策先行

为隐蔽红军的战略意图，鄂豫皖省委决定声东击西，派少数部队佯攻湖北枣阳，红军主力则西抵桐柏县城以西25千米的洪仪河、太白岭、界牌口地区，使敌军误判红军有"西窜入川"的企图，纷纷扑向枣阳一带。红军主力则于11月22日突然从枣阳县城以北的韩庄地区掉头东返，在击退敌军"追剿"队第五支队的进攻后，转向东北方向前进。

当晚宿营时，徐海东意外获悉，当天下午，国民党军队已经到了湖阳镇，距红二十五军不足15千米，西面驻老河口的萧楚之部已经进到枣阳县城附近，东面尾追的东北军到达桐柏以西地区，北面庞炳勋的第四十军正由叶县、方城一线向南推进，红军即将陷入敌军的四面围困之中。

鄂豫皖省委决定立即行动，跳出敌人的包围圈，在张星江的带领下，星夜奔向驻马店方向，天亮到达平氏镇。隐蔽休息后，在黄昏时分继续转移，绕道泌阳城南和城东的马谷田等地，准备快速越过平原地带，穿过许(昌)南(阳)公路，进入伏牛山区。

这一地区，地势平坦，沿途的许多村寨都有相当数量的地主武装，且筑有寨墙，挖有壕沟，各围寨之间还遥相呼应，相应支援。红军针对这种情况，当即决定以政治攻势为主，不随便进攻地方武装固守的围寨。即使受到火力袭扰，也不可多加纠缠，一切为了争取时间，迅速摆脱敌人的围追堵截。

军政委吴焕先召集连以上干部会议，号召全军都要发动政治宣传，高举北上抗日的旗帜，严格遵守党的政策和群众纪律。对村寨的寨主头目，晓以民族大义,对普通群众,宣传红军主张,以唤起群众的支持。

省委秘书长郑位三说:"兵马未动,政策先行。"他亲自给沿途的寨主头目们写信。当地的地下党也及时发动群众,帮助红军解决困难。这些细致的政治工作,使红军在穿越围寨区时,没有与地方武装发生冲突。军政治部的宣传队每经过一座围寨,都要喊上一段郑位三编写的顺口溜:

老乡老乡,不要惊慌,

我军所向,抗日北上。

借道通过,不进村庄,

奉劝乡亲,勿加阻挡。

红军红军,炎黄子孙,

北上抗日,意志坚贞。

出发宣言,宗旨在先,

收复失地,还我河山!

看到红军军纪严明,有的围寨主动在外面摆上桌椅,放上慰问品,迎接红军过境。有的围寨还热情地向红军打招呼,并擂鼓助威。

3.千钧一发独树镇

红二十五军于11月25日早晨到达驻马店西北山区的土凤园一带,当晚,跟踪而至的敌"追剿"队第二支队对红军发动进攻。红军在打退敌人进攻后,连夜赶到北面的王店。

26日天明时分,敌"追剿"队再次跟踪而至。此时,红军距许南公路还有20多里,过了公路才能进入伏牛山东麓。为快速穿过公路,红军决定由徐海东率一个团为后梯队,占领王店、赵庄,依托有利地形,阻击尾追之敌,掩护全军前进;由吴焕先率领其余部队为前梯队,争取时间穿过公路。

是日,天气突然转冷,天寒地冻,雨雪交加,这对于衣着单薄、饥寒交迫的红二十五军指战员,无异于雪上加霜。为摆脱敌军,全军指战员不畏艰险,勇往直前,一些红军战士甚至赤脚前进。

午后时分，吴焕先率领的前梯队进至方城独树镇，准备由七里岗穿过公路时，突然与敌四十军庞炳勋部一个整旅和一个骑兵团遭遇，红二十五军在这里经历了长征途中第一次极为险恶的战斗。

敌四十军在红二十五军由桐柏山声东击西转而北上时，就曾在给国民政府的报告中判断，红军"似有经象河关及方城、叶县间独树镇、保安寨西窜企图"，认为方城以北防务空虚，"非大迂回不为功"。狡猾的庞炳勋基于这样的判断，故而急忙调整兵力部署，让一一五旅刘世荣部由唐河北返独树镇、七里岗一带，修筑工事，准备堵截红军，驻叶县的史振山部的骑兵团，南下保安寨配合行动，一一六旅刘运部由新野北上南召，阻止我军进入伏牛山地区，其余部队紧紧尾追。

敌人的一一五旅和骑兵团先我两小时到达独树镇一带，占领公路沿线的几座村庄。因为当日是雨雪天气，能见度很低，且敌人据于村庄中，红军发现敌人较迟。当敌军向红军先头部队猛烈射击时，许多指战员仓促应战，因天寒手指僵硬，一时拉不开枪栓，被迫后撤。

此时，一个名叫薛平阶的参谋主任，贪生怕死，骑着一头大黑骡子，惊慌怪叫："我们被敌人包围了，公路过不去了，大伙儿各自逃命吧！"使本来就混乱的局面更加失控，自乱阵脚。

敌军见状则乘机发起冲击，并从两翼包抄过来，敌军的骑兵部队也飞奔而来。

在这危急关头，军政委吴焕先闻讯赶到先头团，立即稳定住正在后撤的部队，指挥部队就地抵抗。他向战士们大声疾呼："同志们，就地卧倒，坚决顶住敌人，决不能后退！"看到军政委赶来，战士们立即趴在冰冷泥泞的地上，利用有利地形地物顽强抗击敌人，赢得了决定性的几分钟时间，迅速地扭转了濒于溃散的危险局面，终于抵抗住两翼敌人的进攻。

这时敌人的骑兵部队又冲了过来，吴焕先立即命令曾担任过他警卫员的二二五团二连连长张海文，率全连抢占一座土窑，利用周围有利的地形地物，坚决打退敌人骑兵部队的进攻。

在打退敌人骑兵部队的冲击后，吴焕先马上指挥两个团的兵力，乘机向敌人发起反击。他一把把身边交通员的大刀抽了出来,大声喊道:"同志们,现在是生死存亡的关头,决不能后退! 共产党员跟我来!"他高举大刀,率领部队迎着敌军密集的火力,奋不顾身地冲了上去,与敌军展开了激烈的搏斗。

红二十五军战斗遗址

战斗激烈进行时,后梯队的徐海东率团赶了上来,立即加入战斗,经过一番恶战,终于打退敌人的进攻。

4. 刘华清眼中的独树镇之战

当时跟在吴焕先身边的刘华清,后来回忆这场战争时说:

独树镇战斗是红二十五军长征途中生死攸关的一次恶仗,应该与飞夺泸定桥、激战嘉陵江等著名战斗并列长征史册。我经历了这次血战,至今记忆犹新。那是 1934 年 11 月 26 日,我们来到了驻马店西北的象河关一带,这里离许昌到南阳的公路还有 30 多千米,过了这条公路就到伏牛山区了。这天正好来了寒流,气温陡降,寒风怒吼,雨雪飘飘,天地间一片混沌迷茫。我们的衣服被雨雪打湿透了,当时饥寒交迫,行进十分困难。许多人的鞋子被烂泥粘掉了,我脚上的鞋子也没有了,只好光着脚板走路。我们知道后有追兵,前有堵截,必须抢在敌人的前面穿过公路。因此,当时什么也顾不得了,就一个念头:走,走,快点走。

　　我们只顾埋头疾进,丝毫没有察觉大批敌军已经抢先占领独树镇附近的七里岗及周边的有利地形,构筑工事,布下罗网。我随军直属队走在第二二四团的后面,刚进独树镇,忽然枪声大作,敌人发起猛烈进攻,我军立即陷入十分被动的境地,前面的队伍潮水般地退了下来。由于天冷,枪栓都冻得拉不开了,没有办法实行有效的反击,慌乱中只得后撤。就在这千钧一发之际,军政委吴焕先抽出大刀,像战神般屹立着,大声命令:"坚决顶住敌人,决不后退! 共产党员跟我来!"边喊边冒着弹雨冲上前去,与敌人展开了白刃战。当时我就在吴政委的身边,看到吴政委的壮举,也举枪高喊"冲啊",跟着向前冲去。

红二十五军独树镇战斗纪念碑

　　独树镇是平原地带,没有什么遮蔽物,我在向前冲锋时,正跑着突然感觉左腿被重重地敲击了一下,身子一歪就倒下了。我赶紧爬起来,一看左脚腕骨上被子弹穿了一个洞,鲜血直流,当时也不觉得痛,还要继续冲锋,但刚刚站起来就又摔倒了,被后面的同志抢救下来。

　　这一仗真危险,由于天气太坏,能见度很低,没有及时发现敌情,敌人开火后,前卫部队完全暴露在敌人的火力之下。加上寒流袭击,枪栓拉不开,打不响,零星打响的火力又不管用,只能被动挨打。幸亏吴政委及时赶上去,顶住敌人的进攻,赢得了短暂的时间,使后续部队投入战斗,一番血战,终于将敌人打退。

这次战斗后,为了使部队迅速摆脱敌人,军领导决定让我和部分伤病员留在当地养伤,可是我不愿意离开部队,便坚决要求跟随大部队转移,军政治部主任戴季英才同意让我骑马走,得以跟上大部队安全转移。这件事情令我终生难以忘怀。

……独树镇战斗是红二十五军长征初期的关键性一仗,也是给我留下深刻印象的一次战斗。这次战斗关系全军的生死存亡,在两军"狭路相逢"之际,红二十五军作为具有顽强战斗作风的"勇者",以压倒一切敌人的英雄气概而立于不败之地,充分显示了红二十五军英勇顽强的战斗作风。

独树镇战斗非常惨烈,近百人英勇牺牲,200多人负伤。此战的形势之险恶,战斗之惊心动魄,使我终生难忘。当地政府后来修建了"红二十五军独树镇战斗纪念碑",我为纪念碑题写了碑名。纪念碑高25.34米,意为红二十五军的番号和战斗发生在1934年。我很感谢当地政府的这一纪念活动,很怀念在这一战斗中牺牲的战友。

5. 王诚汉救了吴焕先

后被授予上将军衔的王诚汉也对独树镇战斗留下刻骨铭心的记忆,他在回忆录中写道:

(1934年)11月26日,天刚蒙蒙亮,敌人的"追剿队"追上来了,与我后卫部队接上了火。本来没有睡好觉的战士们一听有枪声,又来了精神。军部命令第二二三团在副军长徐海东亲自指挥下就地阻击,负责殿后,其他部队迅速北进。那天的行军,我所在的红二二四团作为全军的前卫,在吴焕先政委的带领下,走在全军的最前面。程子华军长带第二二五团、手枪团居中,依次行军。在以往,多是手枪团走在最前面担负侦察探路任务,今天由我们团担负前卫,也许军首长有别样的考虑。前卫团以一、二、三营、团直的顺序行军,我当时所在的二营四连处在本团行军队伍中间稍靠前的位置。

这天,恰遇寒流,气温陡降,呼呼的北风中雨雪交加,天气是出奇的冷。也许是昨夜没有睡好觉,早饭也没有吃,肚子里空空的,真是感到全身从里到外都像结了冰似的。风雪中,指导员文明第同志微笑着边走边说:"今天这早饭、午饭大概又是要合在一起吃了,大家现在抓紧时间吃点干粮吧。人是铁,饭是钢,吃点东西下去,就有力气了!"他边说边掏出干饼子向嘴里塞,吃完了到路旁小水沟边趴下,喝几口冷水冲下。指战员们绝大多数都是南方人,不习惯吃杂粮做的饼子,这大冷天中的饼子更是硬邦邦的,很难咬动。我看到许多战士拿出饼子龇牙咧嘴地啃不动,又放回到干粮袋里。我是紧皱眉头,在指导员的影响下,为了给战士们做个榜样,硬吞下了半个巴掌大的一块饼子,也学着指导员的样子,到路边仰着脖子灌了几口冷水。你别说,这冷的东西下肚,却也很快产生了一些热量,感觉上要比先前好多了。

因为敌情紧急,一路都是急行军。强劲的顶头风中,衣服单薄的红军指战员忍着饥寒不停地走。正如文明第同志所说,已经没有时间停下来吃饭,不仅是早饭、午饭合在一起吃,而且是早饭、午饭、晚饭也要合在一起吃了,甚至说今天能不能吃上饭都成问题。已过中午,军首长仍然没有发出停下来休息片刻的命令,更别说是生火做饭了。军情异常紧急!我看到雪地里有不少体弱的战士在战友们的搀扶下向前挪动,部队已经出现掉队的情况。

大约是下午1时多,我们先头团进至方城县独树镇之北的七里岗,高岗下以西几十米外就是许(昌)南(阳)公路。风雪弥漫,天昏地暗,由于能见度太低,我们先头部队根本没有发现几十米外已经埋伏下了敌人。当我们正准备穿越许南公路时,突然遭到先我到达的敌第四十军第一一五旅和驻叶县骑兵团的猛烈阻击。我军处于平坦的地形上,几乎完全暴露在敌人的火力之下。部队猝不及防,再加上天气寒冷,很多战士手被冻僵,连枪栓都拉不开,手榴弹扔不出去,零星打响的火力不能有效地反击敌人。敌人的火力却非常猛烈,我看到敌人的重机枪吐着火舌从一座小石庙中打出,到处都是枪声,我们面前似乎是突然间矗起了一道火墙。我团顿时伤亡极大,特别是走在最前面的一营,许多人被击中倒在地上,紧跟其后的二营以及三营由于也已处在敌人的包围圈中,左右都遭到敌人火力的猛烈扫射,队伍全部被压在河沟中。

也就是仅仅半分钟的时间,我身边倒下了许多战友。我前面有几十个战士试图进行还击,但刚半立起身子,就被敌人的重机枪打倒。随我团行动的军参谋部主任薛平阶(外号"大金牙")被吓破了胆,惊惶失措,竟然大喊大叫:"我们被敌人包围了,公路过不去了,大家伙儿各自逃命吧!"先头部队一下子乱了阵脚。

敌人见有机可乘,立即发起冲锋,并沿河道从两翼包围过来。

情况万分危急!就在这时,军政委吴焕先从后面跑到队伍前面,指着"大金牙"怒喝一声:"把薛平阶捆起来!"然后,抽出一把闪着寒光的大刀,向我团干部战士大喊道:"同志们!跟我上!"

红二二五团这时也从后面冲了上来,及时投入战斗。混战中,我军仍然处在敌人的火力网下。

我挥舞着大刀,率领全连战士跟着吴政委冲入敌群,用大刀奋力砍杀。刹那间,七里岗上一片刀影血光,阵阵杀声。敌骑兵居高临下,明显占据优势,我们的部队伤亡很大。但由于雾色太重,满地泥泞,敌骑兵的作用也难以充分发挥。我在混战中大声喊着:"同志们,先砍马腿,再杀敌人!"战士们找到了和敌骑兵拼杀的方法,被砍伤的马重重摔倒在地上,骑兵大部分摔伤,有的当场摔死,敌人的嚎叫声减弱了一些。

这时,吴焕先政委突然腿部负伤,鲜血直流,他站立不住,踉跄了一下,敌人嗷嗷叫着向他围过来。在这千钧一发之际,我和二班长王东挥舞着大刀冲过来,与敌人拼命厮杀,救出了吴政委。5个敌人送了命,我和王东也成了血人,身上多处挂彩。

敌人的进攻势头仍然很强。红二二五团由于也处在敌人的包围圈中,伤亡也很大。就在这时,徐海东副军长率后梯队第二二三团赶了上来,从七里岗左侧向敌人发起猛烈进攻。经过一番血战,把刚才企图包围上来的敌人反击下去。我军指战员浴血奋战,一次又一次地顶住了敌人。黄昏时刻，战线终于相对稳定下来。两军形成对峙状态后，我军以二二三团为主向敌阵地发起冲击，力图打开一个缺口，冲过公路。由于敌人凭借坚固的工事抵抗，我军的三次冲击均没有成功。

天色渐渐暗了下来，刚才还是雪花飘飞，转眼间成了瓢泼大雨。趁此时机，军首长命令我军主力后撤到 10 里外的村庄中休整，抓紧时间吃饭，另想办法突围。说起吃饭，我突然想起了连指导员文明第同志，我端着一碗开水，连喊了几声"指导员"，没有人应声。有位战士突然抽泣出声，对我哭诉道："副连长，别喊了，指导员他已经牺牲在河滩上！"

我浑身哆嗦了一下，碗中的开水倾洒在身上全然不知。我的好战友呀！你怎么就这样悄然离去了呢？大概是战斗一打响时，走在最前面的他就倒在了敌人的机枪下。

由于军情太紧张了，我们无法收拾烈士的遗体，否则，就会全军覆没在这大河滩上。

在我另打了一碗开水还没有能凉一下喝下去时，部队紧急集合，军首长只一句话：必须抓紧时间尽快突出去！全军调集了各连队的轻机枪 60 多挺，由军首长亲自带领，组成突击队，走在最前面。风更大了，雨雪铺天盖地，道路泥泞不堪，平道上哗哗流水淹过脚背。敌人万万不会想到，红军会在这么短的时间里就把部队收拢完毕，在如此恶劣的天气里能如此高效地迅速组织突围。我们在地下党同志的带路下，向右绕道到敌人空虚的叶县保安寨以北沈庄附近，越过许南公路，于 27 日拂晓，进入伏牛山区。

6.终生难忘独树镇

1937 年春，毛泽东同程子华、徐海东谈话时，讲道："独树镇战斗，红军以一打十，甩掉敌人，胜利转入陕南，这是你们打出的一个以少胜多的经典战例。这是一个可与历史上的昆阳之战、火烧博望坡之战相媲美的经典战例。"

独树镇战斗，是红二十五军的老战士们终生不能忘怀的一次战斗。多年以后，徐海东回忆起当时突围的情景，还是深有感触："独树镇战斗中，我军首尾受敌，部队初战受挫，十分混乱。部队疲惫不堪，又冷又饿，派通信员去催促大家出发,从团长、政委到战士,都睡着起不来。我找了条棍子,先从团长、政委打起来,在一个村里撵出二百多人。"

一个当时从睡梦中被叫起的干部,多年之后仍心存感激:"那一夜,幸亏他一顿棍子,要不,我们睡着不起,肯定被敌人抓去了。"

当时国民党军已在砚山铺、七里岗、马庄、焦庄、铁李寨园、前三里河、屈庵、小稻田一线,构筑了工事,防止红军突破。国民党军追堵部队亦向独树镇方向集中,只等天亮后向红军发起攻击。胜败悬于一念之间。

程子华说:"独树镇战斗是红二十五军长征途中的恶战之一。天时地利都不好,敌几万步骑兵前堵后追。"

刘震在回忆录中写道:"独树镇战斗,是我军长征途中一次极为险恶的战斗。在地形平坦和气候恶劣的条件下,遭敌突然袭击和堵截,能否击退敌人进攻,突出重围,关系到全军生死存亡。"

刘华清更是记忆深刻,因为他在这次战斗中腿部负伤,幸亏时任军政治部主任的戴季英说了话,他才能够随军行动。他在回忆录中详细描述了当时的情形:"军领导决定连夜突围。部队紧急集合,而这时绝大多数人还没吃上饭,大家感到极度疲劳和饥饿。战士们很大一部分还只是十六七岁的孩子,有的更小,听说又要出发,就不乐意,待在群众家里不出来。干部们只好挨家挨户叫,总算把部队拉了出来。最不好办的是伤员,风大雨大,道路泥泞,要迅速摆脱敌人,就不能带伤员走。军领导决定把伤员就地安置,多留一些钱,动员群众保护伤员安全。独树镇之战,关系到红二十五军的生死存亡,情势之险恶,战斗之惊心动魄,至今历历在目。"

独树镇一战是红二十五军长征中的一场恶战。国民党军自认为大胜,指挥此战的庞炳勋则更是红极一时。他把此战结果添油加醋地报给顶头上司国民党豫皖绥靖公署主任、河南省政府主席刘峙。

刘峙马上复电:

"贵军连日围剿该匪,大获胜利,非吾兄胜算在握,指挥敏活,不克臻此,拜读佳报,不禁起舞。现该匪丧胆,消灭可望,唯盼贵军再予围击,竟此全功。"

刘峙还为他向蒋介石请功:

特急。武昌总司令蒋(介石)、副总司令张(学良):

前据南阳罗专员感(27日)巳(9时至11时)电称:此次赤匪窜至方城之砚山铺、七里岗一带,经我庞军长令刘世荣旅痛剿,毙匪二百余名,俘匪五十余名,得枪甚多,请予嘉勉等情,查该军长庞炳勋此次督剿,颇有新获,不无可嘉,可否予以嘉奖之处,谨电呈核示。

五

拼杀庾家河

1. 突围入伏牛

红军本来决心趁敌军后退之际,一鼓作气,攻下七里岗,就可以越过许南公路,但一连发动三次攻击,都被敌人疯狂阻击,没能成功。据庞炳勋后来在战斗情况报告中说:"各部准备向该匪进攻,以期一举歼灭,不意天候已晚,且又降大雨,岗地泥泞特甚,各部运用维艰,乃改令各部在砚山铺、七里岗、马庄、焦庄、铁李寨园、前三里河、屈庵、小稻田之线,构筑阵地,防其突越。"

红军鉴于这种情况,只好命令部队乘着夜色,转移到杨楼一带集结整理,进行紧急动员,决心趁天黑夜暗,秘密突围。在地下党的带领下,部队穿过叶县保安寨沈庄附近敌人防御的空隙,越过许南公路,于 11 月 27 日晨,进入伏牛山东麓。

当看到起伏连绵的伏牛山时,徐海东指着不远处的三座山峰说:我们的援兵到了,这三座山就是 3 个团的援兵。他还常说:"蒋介石靠飞机、大炮,我们靠的是山头和老百姓。"

这日上午,敌四十军第一一五旅和骑兵团又尾追而至,红军占领有利地形,将其击退。

28日,当红军前卫部队正由拐河镇东北的孤石滩通过沣河时,敌四十军的追击部队又从南北两面向红军夹击。徐海东和吴焕先当即指挥部队抢占有利地形,控制入山要道。后来成为一代战将、此时尚是一名连长的韩先楚率本连迅速抢占了山上的一个围寨,打退了敌人的进攻,掩护部队渡河继续西进,深入伏牛山的腹地。

八百里伏牛山,坐落于豫西南境内,东南遥接桐柏山,与湖北搭界,西北靠近熊耳山,与陕西交界。国民党军队的将领级人物刘镇华、樊钟秀、张钫等人,都是在此地当土匪、拉杆子起家,成为一方军阀后被国民党军队整编的。"内乡王"别廷芳,也是在这里发迹,势力范围扩展到南召、卢氏境内,成为当地的"土皇帝",后蒋介石封他为南阳13县联防司令。

程子华早在幼年于山西解县读书时,就曾听说过土匪樊钟秀在这里发迹的故事。在到达鄂豫皖苏区,与郑位三讨论战略转移方向问题时,程子华又多次说起这一话题。他认为,作恶多端的土匪尚且能够依托伏牛山拉起一支队伍,我们共产党领导的工农红军,也一定能在伏牛山建立一块根据地。

2. 做"见不着群众"的群众工作

红军一进入伏牛山地区,就着手准备在此创建根据地。由程子华和徐海东负责军事,吴焕先把全部的心思和精力用在了从事社会调查上,他多方了解当地风土人情,开展群众工作。在他看来,伏牛山地形复杂,纵横交错的重峦叠嶂有利于红军游击作战,只要实施党的土地革命的政策,让老百姓明白什么是红

1935年红二十五军部分干部合影(郑位三前排左一、徐海东前排右一、程子华后排中)

军,了解红军的性质、宗旨、任务和纪律,就可以迅速地发动群众,取得立足

之地。

伏牛山的现实情况却并非想象的那么简单。该地区由于土匪长期盘踞,兵匪不分,老百姓吃尽了苦头,当地的封建武装势力也建起了防守严密的围寨,常常在红军到来之前,老百姓都相互呼应,逃之夭夭,村村都空无一人。要发动群众,让群众了解红军,这在短时间内确非易事。

面对这种情况,吴焕先依然要求部队切实做好"见不着群众"的群众工作。雁过留声,人过留名,红军从当地路过一回,就要以模范的行动,在当地留下好的影响。

红军在这里仅仅赢得两天的休息时间,敌"鄂豫皖三省追剿队"总指挥上官云相也由信阳到达许昌,指挥第一、二、三支队,总计6个旅10个团,尾追红军到了鲁山县城,一部已直抵伏牛山腹地。当地的反动武装也蠢蠢欲动,占据有利地形,准备堵击红军。

鄂豫皖省委原定在此建立根据地的战略意图,根据此时的紧急情况,必须改变。省委决定,红二十五军继续西进,转向陕南境内另谋出路。

3. 红军布告

11月30日,红二十五军以中国工农红军北上抗日第二先遣队司令部、政治部的名义发布布告。

布告指出:我们是工人农人的军队,在中国共产党的领导之下,受苏维埃政府的指挥。我们的宗旨是要打倒帝国主义,实行土地革命,推翻国民党统治,建立全中国的苏维埃政权。我们作战是要打帝国主义,打国民党军队,打豪绅地主的民团。我们眼见日本帝国主义占领了东北四省以后,今后更实际地占领了整个华北,想把我们中华人都变成亡国奴。国民党蒋介石投降日本,帮助帝国主义把我们中华人变成亡国奴。我们眼见陕西的工人农人,以及一切穷苦人受冻受饿,受国民党民团豪绅地主层层捐税的剥削,受豪绅地主、富农重租重利的剥削,受国民党匪军的骚扰抢夺。因此,我们调动队伍北上,一方面去打日本帝国主义,一方面来帮助陕西的工农穷苦群众弄吃的、弄穿的,解除一切痛苦。

布告号召："欢迎一切不愿做亡国奴的人来参加我们的队伍,欢迎一切军队、围寨和我们订立抗日协定,同我们一路去打日本帝国主义,扫除阻碍我们抗日的反动武装。"

"欢迎各处的穷人来当红军,穷人当红军当给安家费并优待其家属。"

"欢迎穷人来报告豪绅地主的罪恶,红军帮助群众严办。"

布告甚至明确宣布："我们的队伍有什么错误,欢迎当地人来报告,立即纠正。"

布告宣传了红军制定的各项政策措施："我们队伍所到之处,希望一切人都各做各的职业,莫惊莫走,特别欢迎穷人、工人、农人和我们见面谈话开会。我们马上就去开豪绅地主的仓分粮食给穷人,没收豪绅地主、军阀官僚的财产、衣服、家具分配给穷人。马上不交一切捐税,马上不交一切租课,红军帮助穷人打收捐税、收租课的人。"

"红军帮助保障工人立刻增加工资"、"红军帮助群众没收豪绅地主、军阀官僚的土地,分配给农民耕种。不交租课,焚烧豪绅地主的契约债据。红军帮助群众解除压迫剥削农民的反动武装。"

"红军保证商业的自由,凡是没有做反革命事业的大小商店和行走商人,红军保证他们仍然各做生意。"

"红军帮助白色士兵组织士兵委员会,为士兵的利益而斗争,哗变来红军的士兵允许他当红军或者给路费回家。士兵有分得土地的权利。"

布告最后宣告："红军此来,是要帮助陕西穷人进行上面的事业,帮助穷人武装起来,推翻豪绅地主的统治,建立陕西的苏维埃政府。"

布告颁布后,鄂豫皖省委决定红军立即西行入陕,同时决定跟随工作的张星江返回鄂豫边区,通过他们的交通关系,向中央报告红二十五军长征入陕的情况。

4.声东击西

红二十五军向伏牛山地区的进军动态,使西安绥靖公署主任杨虎城十分担心红军入陕。他在11月23日,即向西安绥靖公署参谋长韩威西和国民党第四十二师师长冯钦哉发电说："此次该匪企图或在于择兵力单薄地域，谋一时之扰，以达成国军进剿川匪之顾虑。查我商洛地形极繁杂，盖以安康等处防务尤为单薄，殊极可虑。"因此，他命令"四十二师准备两团至三团兵力，以备必要时之需"。

红二十五军从伏牛山出发后，日夜兼程向陕西南部前进，于12月2日经由嵩县境内的车村、孙店、栗树街等地，进入卢氏县的栾川地区，遭到当地号称"十大连"的李腾蛟所部千余人的堵击。

这伙土匪占据险要的名为十八盘的地区，妄图阻击红军过境。红二十五军手枪团连夜摸上十八盘，采取奇袭手段，快速地打垮了这伙不自量力的土匪。千余土匪一战即溃，抱头鼠窜，闻风丧胆，作鸟兽散。

12月4日，红二十五军将袭扰阻击的土匪、民团击溃后，抵达叫河一带，准备直插西南方向的朱阳关，进入陕西商南县境。这是一条入陕大道，约40千米山路，红军一天就可以通过。但此时红军获悉，入陕要冲的朱阳关，包括南北两地的黄沙镇和五里川，已被从开封赶来的敌第六十师陈沛部占据。该部有3个团七八千人，严密封锁了入陕的几处大小隘口，已经在险要处构筑坚固工事，以逸待劳，专门在此堵截红军入陕。

据敌第六十师堵截红二十五军入陕的作战计划中称："本师以截击歼灭该匪之目的，第一步严密阵线，使匪不得越堵剿雷池半步；第二步侦匪所在，出其不备，迅雷不及掩耳，猛力迎击，以期一鼓荡平，永除匪根。"

红二十五军再次陷入前有敌军、后有追兵的险境，军领导当即决定改变入陕路线。这时恰好找到一名叫陈廷献的年轻货郎，这个小商贩经常在豫陕边界走乡串户，对当地的大道小路了如指掌。经过说服教育，他愿意为红军带路，另选一条小路入陕。

为隐蔽行动，红军于12月5日晨派出一部分手枪团组成小分队，向朱阳关前进，并虚张声势地"号房子"，造成红军主力部队即将到来的假象，红军主力则从别处迂回前进。

敌第六十师果然上当，在该师的"作战详报"中记载："5日上午11时，第三六〇团报称：'魏王坪前面小河街之民众，向我阵地逃避，皆云匪向朱阳关前进。'"

但此时的红军主力在货郎陈廷献的带领下,已经掉头北上,沿着一条"七十二道文峪河,二十五里脚不干"的深山小道,直奔卢氏县城。在距县城十多里的地方,据侦察发现,城内敌人兵力空虚,只有地方民团驻防,军领导决定在当夜通过卢氏县城。

当晚,红军迅速从卢氏城南与洛河之间一里多宽的狭窄小道,悄然西去。守城的地方民团紧闭城门,未敢轻举妄动。

天亮后,红军已经将敌第六十师甩在侧后。

经过两天的长途行军,途经仓房、官坡、兰草等地,于12月8日一举攻占豫陕交界的铁锁关,击溃当地堵截的民团,乘胜进入陕西洛南县境。当日下午,红军又紧急行军15余千米,经大石河进至三要司。

此时,由潼关、华阴调来的陕军第四十二师冯钦哉部3个团已奉命开赴洛南、景村、古城、三要司一带,企图在这一地区"堵剿"红军。

在三要司,红军与陕军1个营遭遇后,即展开勇猛的攻击,战斗到黑夜,全歼守敌1个营。次日,红军翻越蟒岭,到达洛南县的庚家河。

5. 什么是红军

庚家河在陕西省是个名不见经传的山中小镇,当时仅有几十户人家,一条狭窄的拐弯小街从中穿过,用当地的俗语说:"一泡尿也就撒到头了!"

但它的地理位置十分重要,是当地南北通商的必经之地。向南经过商县的龙驹寨,可以抵达湖北郧阳、郧西地区,向北可以抵达潼关、华阴、西安等地。南来北往的客商行人,经过时都在此歇脚住宿,这使当地山民在拐弯小街的两面开起店铺,街面上还有五六家骡马大店;阴历每月逢一、四、七是集市之日,附近几十里的山民都在此聚集,买卖物品。

1934年12月9日,在红二十五军进入之前,当地的居民受到谣言蛊惑,流传红军都是"血脸红头发的怪物",长着"两尺长的手指甲","能上天也能入地","见了娃娃就抓吃",因此都纷纷逃避了。

鄂豫皖省委和军部的领导人住在小街拐弯处的一家中药铺。这家名为"春永茂"的中药铺是三间两层楼房，里面还有天井小院。药铺的掌柜杨春荣，在红军进入小镇之前，就听信谣言逃入山中，当晚被红军战士捉住。看他穿着打扮像个"大土豪"，战士们认定他家庭富裕，就把他扣押起来。

军政委吴焕先听说此事后，经过深入了解，才知道此人早年在药店当过学徒，懂点医道，后在此开了这个中药铺，为人老实厚道。因此立即予以释放，并亲自向他表示歉意，做了解释。

杨春荣通过此事，对红军有了直接的认识。他感激地拿出家里的食物给红军，并特意配制了专治枪伤的药物，还掩护和医治红军的伤员。

此事在小镇引起很大反响，也引起吴焕先的思考。他决定与郑位三连夜起草传单，使群众真正了解红军队伍，以澄清谣言。

12月10日，是农历的十一月初四，恰逢庚家河赶集之日。军政治部的战士们一大早就忙活起来，把以"中国工农红军北上抗日第二先遣队政治部"名义编印的题为《什么是红军》的传单广为张贴宣传。

这份400字左右的文告，把中国工农红军的性质、宗旨、任务以及有关政策，作了通俗而有力的宣传。其中提到：

"红军是工人农人的军队，红军是苏维埃政府指挥的军队，红军是共产党领导的军队。"

"红军里面的人，都是工人农人贫民士兵出身。"

"红军一到那地就没收土豪的粮食东西分配给穷人，帮助穷人免除一切捐税。"

"欢迎国民党军队的士兵到红军中来。"

最后指出："中国有红军已经八年了。现在中国的红军总计有好几十万，全国红军的总司令是朱德同志！"

6. 庚家河阻敌

12月10日上午，鄂豫皖省委在春永茂药铺召开第十八次常委会议，研究在此建立新的革命根据地问题。

中午时分，会议正在热烈讨论时，突然从庚家河东北方向传来激烈的枪声。

　　原来,在卢氏县朱阳关修筑工事、等待阻击红军的敌第六十师发觉上当后,跟踪追入陕南,经由鸡头关方向,沿着七里荫、庚家河之间的山路迂回奔袭而来。事前,省委的领导成员们,都以为陕南是西北军杨虎城的地盘,谁也没想到第六十师居然越省追击。

　　红军设在庚家河东面的排哨,由于连续的行军,疲惫不堪,没能及时发现敌军,直到敌人摸到东山坳口时才发觉,但已经晚了。

　　战斗一开始,敌军先头部队的第三六〇团就抢占了东山坳口的有利地形。

　　红二十五军手枪团闻讯立即赶到,一面投入战斗,阻击敌人的进攻,一面向正在开会的省委报告。

　　省委立即停止开会,程子华、徐海东、吴焕先等人,都抢先奔出,指挥部队实施反击,一场极其壮烈的反击战在这个小镇的山坳口上展开了。

庚家河战斗纪念碑

副军长徐海东率领二二三团跑步赶到东山坳口时，发现敌军正在山坳口上凭借有利的地形向红军猛攻。如果不能阻止敌人的进攻，红军就会被压到山沟里，陷入极其不利的境况，因此，战斗的关键是夺回东山坳口。

徐海东立即率领二二三团向敌人发起了猛攻，随后赶到的二二四团和二二五团，也向坳口南北两侧的高地发起进攻，协同二二三团夺取坳口。

敌六十师其余的两个团也紧跟着增援而至，轮番向红军发起冲击。

一时间，枪炮轰鸣，杀声震天，一次次的猛烈冲锋，一次次的用刺刀格斗，战斗进入了白热化。

红二十五军如果在这里不能打垮敌六十师，就无法在陕南立足。红二十五军的命运再一次到了生死存亡的关头，全体指战员，从军首长到炊事员都拿起武器投入战斗。

敌我双方经过 20 多次的反复拼杀，战至黄昏时分，敌军伤亡 300 多人，终于不支，借大雾掩护向卢氏方向逃去。

整个战斗，红军指战员打得异常艰苦顽强。程子华、吴焕先、徐海东和各级干部都亲自出马，迎着猛烈的炮火带头冲锋。

军长程子华两只手都被子弹打穿，伤着了骨头，左手腕的动脉血管破裂，血流不止，伤势很重，双手从此落下终生残疾。他的警卫员李克回忆说："程子华左手成了一个伸不开的拳头，右手四个手指不能弯曲。"程子华还告诉他，以前自己脾气很大，以后因为受伤总要人照顾，所以，就不好再发脾气，慢慢地变成了人人都夸的好脾气了。

副军长徐海东也负了重伤，一颗子弹从他的左边脸颊进去，又从颈后穿出，这是他第 9 次负伤了。由于失血很多，他昏迷了四天四夜，第五天才醒过来，听觉神经严重受损，也给他留下了一块鲜明的标记。作家周立波后来描写道："左眼下的枪伤，像是生在上颊的一个酒靥。"

……

此战，红军伤亡约 200 人，营以上干部大都负了伤。但此战的意义非常重大，在红二十五军长征史上留下了浓重的一笔。庚家河这个微不足道的山中小镇，由此在红二十五军战史上占据了头等重要的位置，成为红二十五军将士怀念的战争圣地。

这里,成为红二十五军长征入陕后的第一个立足点,成为红二十五军在第一阶段长征中最后一次打退敌军追堵的激烈战场,也成为红二十五军创建新的革命根据地的起点。

庚家河战斗,结束了红二十五军历时 20 多天、长驱 900 多千米、挺进陕南惊险万分的战斗历程。红二十五军以不足 3000 人的兵力,在敌军近 10 万大军的围攻中,杀出一条血路,保存了红军的有生力量。

此后,红二十五军暂时摆脱困境,获得立足之地,进入实施战略方针转变、创建鄂豫陕革命根据地的斗争新时期。

7. 王诚汉忆庚家河存亡战

后来,成为共和国将军的王诚汉将军曾回忆过这场战斗:

庚家河街上有一个中药铺"春永茂",老板名叫杨春荣,中共鄂豫皖省委和红二十五军领导人就住在这家药铺里。

12 月 10 日是红军进驻庚家河镇的第二天,庚家河街正好逢赶集日。红二十五军宣传队在街头宣传"什么是红军",张贴安民告示。各连队在军政治部的统一安排下,有的向群众宣传政策,有的帮助老百姓干些农活,有的在休整。

中共鄂豫皖省委第八次常委会议在"春永茂"里召开。省委书记徐宝珊抱病

王诚汉将军

主持会议,参加会议的有军政委吴焕先、军长程子华、副军长徐海东、参谋长戴季英、政治部主任郭述申、郑位三等领导同志。大家围着火盆,进一步研究讨论在鄂豫陕边创建新苏区的具体问题。会议最后讨论通过了《关于创建新苏区、新的革命根据地的决议(草案)》,做出了"将鄂豫皖改为鄂豫

陕（省委领导原班人不变），红二十五军继续北上"的决定。撤销"鄂豫皖省委"，建立"鄂豫陕省委"，这一字之改，意义非常重大，也就是说会议决定在这一地区开始着手创建鄂豫陕革命根据地。会议的另一项重要内容是部队进行整编——鉴于第二二四团在独树镇七里岗伤亡严重，再难以形成整体战斗力，故将该团人员分别编入第二二三团和第二二五团。我被分配到第二二五团二营四连担任副连长。但是，这个改编还未来得及落实，一场恶战突然而至，我仍在红二二四团编内参加了战斗。

约正午时分，镇北岭头上突然传来激烈的枪声。原来，在河南卢氏朱阳关一带堵截红二十五军入陕的国民党军第六十师，突然跟踪追到了陕南，由鸡头关方向奔袭而来。由于红二十五军长途行军、打仗，过度疲劳，国民党军第六十师先头部队从炉道七里荫上岭，突袭了哨卡，很快占领了庾家河岭头，控制了制高点，呈居高临下之势。敌人以有利地形，以大于我军20倍的兵力，妄图把红二十五军歼灭在庾家河这条狭窄的山沟里。

刹那间，枪声大作，险象环生。

正在召开的省委会议立即停止。军长程子华、政委吴焕先、副军长徐海东等军首长抢先直奔山头，指挥部队实施反击，阻止敌人进攻。一场壮烈、残酷的争夺庾家河岭的反击战展开了。

战斗一开始，国民党军第六十师先头部队第三六〇团，依据占领的岭头有利地形，接连不断发起猛攻，妄图把反击中的红二十五军压下去。在这紧急关头，徐海东副军长亲率主力红二二三团从正面强攻，以猛烈的反击，夺回阵地。与此同时，我们红二二四团在程子华军长率领下从右侧山头迂回，红二二五团在吴焕先政委率领下由左侧山头迂回，迅速夺回了东、西两侧高地。然后，协同主力红二二三团，以猛烈攻势实施反击，将敌人赶下了岭头。但不一会儿，敌人的兵力突然增强，他们的武器装备也相当好，小炮也抬了上来，又把我们赶下了岭头。

我们长途跋涉，连遭险战、恶仗，到庾家河还立足未稳，更谈不上休整，此战真是在硬撑着打。战后，听说我们的轻机枪打坏了10多挺。各营的重机枪是轮换着打，一挺打热了，打坏了，就把另一挺修好的换上去，来回换了许多次。

令人担心的是,我们的子弹非常有限,没有后援补充,打一发就少一发。军首长命令说,不到万不得已的情况下就不开枪。所以,在当地老百姓听来,整个战斗打得热火朝天,实际上却是敌人打的子弹多,我们放枪少。为了节省弹药,我们就等敌人冲到跟前时,用石头砸,进行拼刺刀肉搏战。我们团在独树镇战斗中遭受严重伤亡,几乎不再成建制(庚家河战斗后即散,编入其他团队)。而在此战中,也是硬撑着拉了上来。我团以七连为突击部队,我所在的八连稍靠后一些。我作为副连长,带一个排冲在本连的最前面,这个排伤亡算是小的,最后也仅剩下七八个人。七连最后仅剩下10多个人。这是红二二四团在长征路上撤编前的最后一仗,我们用鲜血和生命捍卫了她的尊严和光荣。

战斗中,有多名营、团以上干部英勇负伤。率领我们从东面山头冲上去的军长程子华,在前沿阵地上手持望远镜指挥战斗时,被敌人子弹击穿双手,打断三根手指头,左手腕动脉血管被击伤,血流不止。

副军长徐海东在战斗最紧急关头,手端轻机枪,冲锋在前,把敌人又一次压下阵地。突然一颗子弹从他左眼底下打进去、右耳根穿出,身负重伤。程军长和徐副军长负伤后,政委吴焕先继续指挥战斗。红二二三团团长叶光宏与敌争夺岭头阵地时一条腿被敌炮弹炸断,但他以惊人毅力,忍受极大的伤痛,不下火线,继续指挥部队作战。

军团领导的英勇顽强精神,极大地感染和鼓舞着全体指战员。红二二三团七连一挺机枪与敌火力对射时,接连牺牲了3名射手,一个倒下去了,第二个接着上来。终以猛烈的火力压倒了敌人,又夺回岭头阵地。跟随徐海东副军长的司号长程玉林在激战中,下巴被子弹打穿,不能吹冲锋号,他利用岭头垭口小土地庙作掩护,向敌人接连投出几十颗手榴弹,一个人接连击退敌人9次冲锋,最后壮烈牺牲。我所带领的那个排,有一个七班长,非常勇敢顽强,他多次用石块把敌人砸下阵地,身上多处负伤,最后壮烈牺牲在山垭口上,死时双手还紧抱着一块石头。

激战从中午12时左右开始,一直打到下午3点多。我们刚夺回岭头制高点,战局稍微稳定时,国民党第六十师第二五五团、第二五七团前来增援,轮流向我军阵地发起猛攻。一次又一次的冲击与反冲击,在岭头上如拉锯一样一来一往,一上一下,山头上反复地变换着青天白日旗或红旗……

地势险要的庚家河岭两侧,硝烟弥漫,冲锋呐喊声、厮杀声震动七里荫山谷。在那个岭头垭口上,我们脚下的子弹壳已经铺满了地。战后据当地老百姓讲,有的农民在岭头阵地不大的一片地上捡了三四担子弹壳。当然,这些子弹壳绝大多数是敌人的,也可见战斗之惨烈。

我军全体指战员在政委吴焕先指挥下,英勇反击,殊死搏斗,以大刀、刺刀、手榴弹与敌人面对面厮杀。敌人后退时,我们就抓紧时间从敌人的尸体上寻找枪支、弹药,并到处搜集石头,以准备下一轮的战斗。战至黄昏,经过 20 多次的反复冲杀,终于把 20 余倍于我之兵力的敌第六十师击退。

战斗以红军的最终胜利宣告结束。

庚家河战斗,是继独树镇七里岗战斗后的又一场苦战、恶战,也是一场关系到红二十五军生死存亡的决战。血战中,敌军伤亡 800 余人,我军伤亡 200 余人。

傍晚,北风怒吼,鹅毛大雪铺天盖地,满山遍野一片雪白,好像身穿白衫专来为烈士们送行。军政委吴焕先带领我们站在洒满烈士鲜血的山地上,大家站立了很久很久,一身雪白,怀着极为悲痛的心情,就地掩埋烈士,向长眠在这块土地上的烈士默哀、致敬、告别。

天全黑了,我们凭着白雪的反光,怀着沉重的心情,下山返回庚家河街。

8.《红军青年战士之歌》

长征路上,红二十五军战士们唱得最为响亮的一支进行曲,就是《红军青年战士之歌》。歌词也是很鼓舞斗志、激动人心的:

红色的青年战士志气昂,

好比那东方升起的太阳；

不怕牺牲，英勇杀敌如猛虎，

冲锋陷阵，无坚不摧谁敢挡！

回顾长征途中的无数次战斗，特别是独树镇和庚家河两次恶战，在那生死存亡的危急关头，广大共青团员和青少年们，同全军指战员一起，舍生忘死，浴血奋战，用生命的最强音谱写着青春进行曲。

不光是独树镇和庚家河的浴血奋战，后来，在红二十五军开创鄂豫陕革命根据地时期，有不少年轻的共产党员、共青团员，先后被派到地方开展工作，同样也出色地完成了党交给的各项任务。

部队到达陕南时，为了开辟新区工作，决定成立中共商洛特委，由手枪团政委宋兴国担任特委书记。军政治部干事张勤和少年宣传队队长程启文同志，都被派到特委工作。同时决定以手枪团二分队为骨干，与当地农民刘实通等人领导的一支"大刀会"武装，组成陕南抗捐第一军，有两三百人，直属特委领导，就地开展斗争。

谁知抗捐第一军成立不久，就在一次战斗中被敌人打散了，只有红军小分队30多人，在宋兴国带领下杀开一条血路，突出重围。

小分队安全转移后，宋兴国看到部队垮了，作为特委的主要领导，心里愧疚，感到不好向上级交代，趁着大家不注意的时候，开枪自杀了。宋兴国死后，一时群龙无首，同志们情绪都很低落，不知如何是好。张勤同志也在战斗中牺牲了，特委的领导成员，就剩下程启文一个。

在此危难之时，他挺身而出，把同志们召集起来讲道："同志们，我们走了几千里路，来到商州这个地方，就是要建立一块立足之地。我们虽然吃了败仗，受了挫折，可困难是暂时的，是可以克服的，大家不要灰心丧气，宋政委的做法是错误的，我们都要记住这个教训。现在，我们要打起精神，坚持斗争！"这才稳住了小分队的情绪，大家一致推举他担任小分队的队长。同志们也都习惯地喊他"少队长"。当地群众以为他姓"邵"，称他为"邵队长"！

从此以后，"少队长"就领着这支红军小分队，在孙家山一带发动群众，组织贫苦老百姓抗粮抗捐，闹得热火朝天。在地下党的帮助下，"少队长"曾只身到龙驹寨与民团头子进行谈判,还曾化装进入商州城内侦察敌情,带领小分队东入卢氏边界,施巧计冒充敌军,收缴民团的数十条枪支。这些带有传奇色彩的故事,在当地群众中广为流传。1935年4月,红军主力打下洛南县城以后,"少队长"和他带领的这支小分队,胜利回到主力部队。

1935年8月,当红二十五军西出秦岭,北过渭河,翻越六盘山,直逼平凉城下时,敌三十五师马鸿宾以为红军都是些"娃娃兵",没有放在眼里。他在给骑兵团长下命令时说:"你是天上飞的老鹰,红军是些地上跑的小兔子,好抓着哩!"

可就是这支"娃娃兵",纵横驰骋于陇东高原,截断西(安)兰(州)公路,直捣敌三十五师的布防区域。当时,坐镇于平凉城内的马鸿宾,亲自率部追击,在马莲铺被我军打得落花流水,马鸿宾险些被红军生擒。

8月21日,在泾川县四坡村战斗中,敌三十五师二〇八团1000余人,被我军全部歼灭,敌团长马开基也被当场击毙。击毙敌团长的二二三团二营通信班长周世忠,领导上还奖给两块银元。到达陕北以后,周世忠光荣地加入了中国共产党。

长征路上,尤其是转战到了陇东高原一带,正如《中国红军第二十五军的远征》一文中所叙述的那样,以"儿童军"著称的红二十五军,"像雄鹰在那里盘旋一样,使敌人布防于此的雄厚兵力,都惊得心胆俱寒"!

六

创建鄂豫陕根据地

1. 创建新苏区

1934 年 12 月 10 日召开的庾家河中共鄂豫皖省委常委会议,虽然由于敌六十师的进攻而中断,未能充分讨论,但仍不失时机地研究了在鄂豫陕边区建立根据地的问题。鄂豫皖省委正确地分析形势,认为鄂豫陕边区是敌人统治的薄弱环节,做出了《关于创建新苏区、新的革命根据地的决议(草案)》,解决了新区选择和当前方针任务等重大问题。

《决议(草案)》认为,省委当前的任务是保全实力,保全队伍,创造新苏区、新的根据地,整理、锻炼、巩固力量,创造新的主力红军;同时扩大开展游击战争,为恢复原有苏区而斗争。这是在目前形势下唯一正确的路线。《决议(草案)》正确地分析了创造新的根据地的条件,认为在目前民族危机严重,全国经济浩劫、苏维埃制度和红军有了全国群众拥护的大背景下,创造大块新苏区和新的红军主力是有极大可能性的。

鄂豫陕边界地区,主要包括陕西省东南部、湖北省西北部和河南省西部的部分地区。该地区北靠秦岭,南濒汉江,地势险要,敌人统治薄弱,群众生活困苦,容易发生斗争,在川陕苏维埃运动与红军宣传配合上、在地势的条件上,适合创建新的革命根据地。

事实上,红二十五军到来之前,这一带就受过党和红军的影响。1928年5月,参加渭华起义的部队曾在蓝田、洛南地区组织过农民协会,打击豪绅地主。1932年11月,徐向前率领红四方面军由鄂豫边进入陕南,过汉水越巴山进入四川;贺龙也曾在此时率红三军从随县北越桐柏山,经豫西南进入卢氏县境,继经陕南武关,取道旬阳,过汉水,沿川鄂边境南下湘鄂边区。1933年5月,陕北红二十六军南下来到此地。这些对当地老百姓都造成过一定影响,适合红军立足发展。在这里建立根据地,可以牵制敌人大量兵力,对西南的川陕苏区、北面的陕甘苏区以及长征中的中央红军,都可以起配合作用。

《决议(草案)》提出目前的工作任务,是要加强红二十五军,积极争取群众的工作,首先打破敌人的追击和堵击计划,迅速创造新苏区,并提出了六项主要任务:

一是加强红二十五军,建立政治工作系统,切实加强政治部的工作。特别是要改造和加强党的支部工作,与忽视党的工作观点作无情的斗争。

二是猛烈地扩大红军。这是创造新苏区最首要、最根本的任务。这个工作的成绩是衡量革命事业发展的尺度。

三是党要集中大力量来进行革命的群众工作。决定在省委领导之下,立即组织群众工作委员会,要求每个党员、团员以至于动员每个战士进行群众工作;在准备长期工作的地方,红军部队一到就召开群众大会,没收、分配土地。分土地、增加工资、肃反、组织群众、武装群众、解除民团的武装、消灭境内的国民党匪军、建立苏维埃政府等工作一齐加紧进行。

四是彻底执行苏维埃的《土地法令》《劳动法令》及经济政策,坚决与忽视工人利益的倾向及与没收富农、资本家过早的做法作无情的斗争。

五是立即建立鄂豫陕省委,为创造鄂豫陕苏区而斗争。决定把"鄂豫皖"省委改为"鄂豫陕"省委,成员还是原班成员,虽是一字之差,但反映了当前形势与所担负任务的要求,是一个重大的转折点。建议中央将鄂豫陕边区各县党的组织划归省委领导,动员当地的力量配合红二十五军行动。

六是必须进行关于党的路线的解释工作,开展党内的思想斗争和自我批评。在目前暂时的困难面前,既要反对那些在失败面前垂头丧气、对困难投降屈服而悲观失望、消极退却的"右"倾机会主义,也要反对那些已经给事业造成极大危害的"死守"拼命情绪。要求每个党员坚定意志和信心,为着党的路线坚决斗争,正确开展党内思想斗争和自我批评,党才能坚固地团结一致,才能为着当前的光荣的事业和任务而斗争。

为坚决执行省委的决议,红二十五军在庚家河战斗结束后,开始全力投入创建新苏区的斗争。

2.活神兵

此时,陕西是杨虎城十七路军的势力范围,他与蒋介石矛盾很深,蒋介石还未能统一鄂豫陕三省边界地区军队的指挥,追堵红二十五军的部队,大都没有进入陕西。

郑位三

红二十五军抓住这一有利时机,在集中主力歼灭敌人有生力量的同时,多次抽调领导骨干和部队去做群众工作,广泛发动群众,建立地方武装和基层政权。

1934年12月11日,红二十五军在洛南蔡家川进行整编,将二二四团分别编入二二三团和二二五团。军领导人也作了个别调整,原军政治部主任戴季英改任军参谋长,省委秘书长郑位三任军政治部主任。

随后,红二十五军以"飘忽"的游击行动,在湖北郧西,陕西洛南、蓝田,河南卢氏等地,展开大踏步地前进,摧毁当地的反动武装,动员和发动群众,扩大红军的影响。红军与当地农民自发的武装"大刀会"、"红枪会"建立联系,教育和引导他们走上革命道路,通过他们了解当地的情形。

在行动中,红二十五军虽然自身异常困难,但严格执行群众纪律,打击反动的豪绅地主,将没收的财物首先分配给穷苦农民。一些"吃饭照影影,睡觉看星星"的贫苦群众分得了粮食,许多"白天钻草窝,晚上去干活"的人家分得了衣物。一些人家由于担心将来会受到地主的迫害,不敢公开接受物品,红军就在夜里将衣物、粮食悄悄地送去。

商县孙家山有一个叫"狗娃子"的农民,由于全家没裤子穿,白天出不了门,晚上才能去干活。经红军救济后,才穿上了衣服。群众高兴地说:"红军来了,狗娃子一家,能出门见人了!"

中共鄂豫陕省委及红二十五军郧西驻址

广大受苦受难的群众从食不果腹、衣不蔽体的苦难中解放过来,感受到了红军是自己的队伍、是穷人的救星,到处传说红军是"活神兵"!

为进一步发动群众,鄂豫陕省委决定首先在鄂陕边界南部的镇安、山阳、旬阳、郧西四个县发动群众,为满足群众反捐抗税的迫切要求,提出"五抗"口号——抗捐、抗债、抗粮、抗夫、抗丁。

12月20日,红二十五军仍以中国工农红军北上抗日第二先遣队的名义,印发了《关于商业政策问题》的布告。布告再次明确了省委庾家河会议提出的"与没收富农、资本家过早的做法作无情斗争"的方针政策,进一步规定:"凡军阀官僚、卖国汉奸、民团首领以及一切反革命分子所开之商店一律没收";"凡没有参加反革命（即使是地主）的商店，如能遵守苏维埃的法律，仍保证继续营业"，为保证正当的经商行商，准其"在红军行动境内运输行走"，对"资本在 300 元以下者"实行免税。总的政策原则是：保证贸易自由，反对奸商，取消一切苛捐杂税、厘金关卡。

这个布告有利于稳定民心，保护个体经商者和小商贩的正当权益，扩大红军的影响，促进物资商品的流通，活跃当地经济。

3. 就地下种

不久，在镇安县的九甲湾（今属山阳县），吴焕先亲自安排时任二二三团政治处主任的陈先瑞，让他带一个连留在当地开展工作，部队称为"鄂陕游击师"，由陈先瑞任师长。部队任务是在了解边界地区民情地形、熟悉和掌握地方情况的基础上，以"五抗"为斗争口号，广泛发动群众，镇压土豪劣绅，摧毁保甲组织，消灭反动民团，团结改造当地农民自发的"刀会"武装，建立基层苏维埃政权，扩大红军队伍，并与主力红军保持密切联系，及时报告活动情况和敌情动态，配合主力部队活动。

陈先瑞当时年方 20 岁，安徽金寨人，家境日益穷困。15 岁时就参加了红军，一直转战至此，留在当地开展工作，很快打开了局面。

他在鄂豫陕边领导两年独立的游击战争期间，成长为当地的传奇人物，成为一名著名的红军将领。他的名字也引起了国民党当局的关注，西安出版的好几种报纸，误把他的名字写为"陈光瑞"，常以"陈光瑞股匪"为题加以报道。中共中央在 1936 年 10 月 26 日发布的《红军将领给蒋总司令及国民革命军西北各将领书》中，陈先瑞名列以毛泽东为首的 46 名红军将领之列。

这种派出得力干部率小分队创建根据地的做法，被吴焕先形象地称为"就地下种"。12 月 28 日，红二十五军返回洛南，消灭景村民团后，再次派出手枪团政委宋兴国率领手枪团第二分队，与当地的农民武装组成陕南抗捐第一军，就地开展群众工作，创造新的根据地。

4.龙驹寨肃军纪

胡继成将军在他的回忆录《穿越硝烟的年月》中,清楚记录了当年红二十五军在商洛的战斗岁月。

胡继成1915年12月出生于安徽省金寨县古碑镇,1931年2月参加中国工农红军。先后任皖西北游击队战士,红二十五军七十四师保卫连连长,红二十五军七十三师二一九团三营七连连长,红二十五军野战医院救护连连长,红二十五军二二三团三营五连连长,红二十五军二二三团作战参谋,红十五军团七十五师作战科长和红一方面军第十五军团作战参谋。

胡继成将军

据胡继成回忆,他在鄂豫皖期间,因战斗成为伤员,结果在掩护连做出了奉献,结束了大半年的苦难生活,任二二三团五连连长。但归队不久,他在组织连队上山砍柴时,不慎把刀刃砍卷了,"左"倾肃反组的人认为胡继成有抵触情绪,应当算是"改组派分子",便被关押,被罚做苦力随部队背粮食。胡继成说,当时没掉脑袋就确实算是很幸运的事情了。二十五军副军长兼七十三师师长廖荣坤、政治部主任陈启波,独立第六师师长姚家芳、皖西北游击司令吴保才等许多将领被杀害了。后还是徐海东军长发现他被抓,才放了他。

庾家河战役前,胡继成是二二三团作战参谋。部队撤出战斗,转洛南县蔡家川掩埋烈士、安置伤员,给每个伤员发30块大洋养伤费,给接收伤员的群众每人发10块大洋,很快安置好伤员。与此同时,军部下令撤销二二四团,将二二四团战余人员分别编入二二三团和二二五团。后从此南下,经湖北郧西,北返洛南,东入河南卢氏,西转蓝田。在大回旋期间,部队扫除陕南各地的民团武装和反动武装,镇压恶霸地主,将没收的大批财物分配给贫苦农民,很快在陕南造成了很大影响。

胡继成将军回忆,他们在经过红岩寺、凤凰嘴,打下镇安县时,部队一天就增加300多新兵。这一带很穷,部队途经山阳县小河口时,一群十六七岁的大姑娘没衣服穿,跪在路边喊:红军行行好,我肚子饿坏了,求求赏我几个钱,大兵升班长,班长升排长,排长升连长,连长升营长,营长升团长,团长升师长,师长升军长……许多战士见这场面,都像见了自己的亲妹妹落难一样难受。可惜身上都没有几个钱,因为红军规定,5个铜板以上的浮财就要交公,许多战士将衣服裤子脱下,穿在那些小妹妹的身上。红军在那儿又收了300多新兵。

省委见这儿各方面条件都好,下决心在这儿建立根据地。省委首先派二二三团政治处主任陈先瑞带领七连,在镇安、山阳、旬阳、郧西4县边区发动群众,展开创建新区的工作。

当时,龙驹寨是西安通向陕东南荆紫关去湖北公路干线上的一个大镇,有500多户人家。在这里,部队发生了一件违纪之事,在群众中影响很大。这个镇上当时有许多穷女人卖身,有两个不懂事的战士去了。部队知道后,开群众大会将这两名战士当场枪毙了,这事对老百姓震动很大。

荆紫关一角

"龙驹寨两头尖,街上王八起串串",卖身的女人大都家境贫寒,战士不懂,老百姓都认为不应该杀。可部队向群众宣传说,红军必须严正纪律,红军应该打富济贫,不应该乘人之危去欺负受穷的女人。许多伤员转到这里养伤,被群众收了当女婿不放行,部队去人做了许多工作,他们才笑着放人归队。

5. 曹植甫说服陈师长

红二十五军北上后成立的中共鄂豫陕特委和红七十四师,在坚持根据地的斗争中,一些斗争方针和具体做法明显发生了变化。他们不再成立新的苏维埃政权,不再没收分配田地,打土豪的主要目的也是为了解决部队的给养问题。他们努力克服"左"倾思想的影响,在对极少数坚持与人民为敌的反动分子进行镇压的同时,对一般地方官员、开明地主和军官则进行教育和争取,利用他们解决粮草、寄养伤病员等,同时,团结他们共同抗日反蒋。

如在红军的影响下,曹植甫先生就曾巧妙地做国民党十九路军第六十师师长陈沛的统战工作。陈沛为了炫耀自己,收揽人心,曾在朱阳关搭了个戏台,并在戏台旁边师部里,设了一场宴会,特地请来了本地的主要官员、豪绅及名流。戏开演前,宴席上酒杯撞击,叮叮当当,大家高谈阔论,议论纷纷。唯见席上一位苍须飘飘的老者低头不语,闷闷不乐。这个老者是谁呢? 他就是革命翻译家曹靖华的父亲,在镇上教书的曹植甫先生。

曹先生身居深山教书,却是个学识渊博、主张正义、热爱国家和民族的人。他曾援助过红军,反对过地主恶霸的横行,救济过不少穷苦学生,也十分赞成共产党的抗日主张。他清楚地知道跟前的这支军队,是曾在上海"一·二八"战役中浴血奋战的抗日队伍,可不知现在为什么来到这里追剿红军,卷入内战的旋涡? 怎样才能说服陈师长停止同室操戈,走上抗日道路呢?

他沉思良久,终于想出了妙计。曹植甫先生很幽默地对陈师长说:"贵军的英勇善战早有传闻,但今日舞台的装点,却略失体面。"

陈师长随即问道:"这舞台的布置有什么不周之处,请先生指点!"

曹植甫先生立即命人取来了文房四宝,挥毫写下了一副对联:

> 舞台即是世界世界便是舞台
>
> 演员在演大家大家都是演员

遒劲刚毅的笔锋顿时刺醒了陈师长,他脱口说道:"好!好!新颖!深刻!"

接着,他又问曹植甫先生道:"从你这副对联上可以看出,先生是个了不起的人,相信对时局定有高见,望能当面赐教。"离席后,陈沛邀曹老先生到住室密谈。

曹老先生捋了一下飘在胸前的银须,严肃而认真地说道:"目前日寇侵华,大厦将倾,全国同胞应举国团结,万众一心,将士同命,同仇敌忾。若是同室操戈,国将不国,民将不民。若能体察民意,改弦易辙,勿兄弟阋于墙,外御其侮,何患不能转危为安,转弱为强?四万万人一条心,定能众志成城,使极弱的中华跻身于强国之林,演出举世瞩目的戏剧。那么举国上下,军民人等,不都是这出戏的演员吗?至于每个人要扮演的角色,那还得自己选择……"

曹植甫热情洋溢的一番肺腑之言,使陈师长甚为钦佩,频频点头称是。从这以后,六十师虽仍驻扎在豫陕边一带,但从未和红军发生过大的冲突,边区的各项工作也都开展得比较顺利。

6. 站稳脚跟

陈先瑞领导的鄂陕游击师,经过20余天的游击活动,已经在鄂陕边界站住了脚跟,熟悉了情况,跟主力红军取得了联系。

吴焕先根据这一情况,把红军主力带到山阳、郧西、旬阳、镇安交界地区,深入地发动群众,很快在镇安县的大、小米粮川,店垭子,茅坪一带,郧西县的大、小新川,四峡口,丁家坪等地,首先建立了第一批区、乡、村苏维埃政权。对于活跃在当地的农民武装"红枪会"等组织,都派出红军干部加强领导,改编为旗帜鲜明的"抗捐军"。

群众高兴地唱道:

> 打土豪,斗老财,
>
> 穷苦百姓喜开怀。
>
> 旧世道,翻了个,
>
> 庆祝建立苏维埃。

这一时期,红军主力也抓紧时间进行休整,吸收了400多名新战士。到

1935 年 1 月底,红二十五军已在这里创建出了第一块革命根据地,站稳了脚跟。

7. 红军参谋当长工

1935 年冬天,卢氏西南山区的天气格外的冷,西北风打着呼哨卷过河滩,把正在垒坝、整地的人们纷纷"撵"回了家。可是,冯保长家的"长工"却能顶风冒雪,汗一把泥一把地苦干两个多月,一个人打了一道三十多丈长的大石堰,给保长新开出几块河滩地。小伙子的踏实和毅力不仅感动了淇河上下几十里内的穷百姓,就连保长冯一珍也暗暗高兴,觉得自己使唤了一头便宜的"牛"。

冯保长看小伙是个实在人,便把他当贴心伙计使唤,想和他拉家常,可小伙子话不多,光知道干活。保长正好让他把牲口驮回来的粮食,一袋袋背到楼上贮藏起来,遇到其他重要的事,也都交给他办。闲下来时,冯保长还教他怎样用大斗收租,小斗放债,他嘴上答应蛮好,真办起事来,却又不那样干。因此,冯家上上下下,里里外外的人都另眼看他,附近的穷百姓也都喜欢他。只是大家都不知道他的真名实姓,就唤他"小徐"。

1936 年 4 月初,小徐忽然失踪了。

冯保长正在纳闷,忽然听说官坡局子被红军砸了,连局子头儿郭明喜都被撵得不知死活。他忙派心腹爪牙郭世英赶往官坡打探情况。谁知这个平时狐假虎威,专干坏事的家伙刚走到半路,便迎面撞上了红军。山路窄狭,躲也来不及,他想红军怎么会认识他,便硬着头皮让红军过。谁知一到跟前,便被两个红军战士捆起来,稀里糊涂又被带回淇河。

红军派人去抓冯保长,狡猾的冯保长已逃进山林,只抓住保公所书记苏景田。

红军砸了保公所,一下轰动了,几十里外的穷苦人都爬山蹚水过来看热闹。

趁热打铁,红军召开了群众大会。会上,那个带队的王参谋给大家讲话,他说红军是共产党领导的队伍,是专门打富济贫,为穷百姓打天下的。早上我们砸了官坡局子,打垮了保安团,没抓着郭明喜,算他白捡一条命,但他躲了初一躲不过十五。现在咱们就是要打倒压迫、剥削穷人的保长冯一珍,还有他的两个忠实走狗郭世英和苏景田。冯一珍逃跑了,这两个咋办?

王参谋一说完,大家齐声喊:"打死他!""枪毙了,为淇河穷人除害!"

王参谋马上派一个班的战士把这两个帮凶押到附近的拐岔口处决了,并让宣传队员在一旁墙上留下了"打倒土豪和劣绅,平分土地给穷人"等大幅标语,然后带领群众开仓放粮。

王参谋亲自带领红军上了冯家的楼,开了冯家的仓,烧了冯家的账。王参谋怎么对冯家底细了如指掌?穷哥们惊奇不已,仔细一看,原来,王参谋就是冯保长家失踪了的"长工"——小徐!

8. 奇袭官坡局子

1936 年 4 月的一天,天刚麻麻亮,从卢氏县西南山区的火焰沟出来了一群小伙,他们每人一担干柴,要到官坡去赶集。走到官坡岭时被岗楼上的哨兵看见了,大老远就连声吆喝:"站住! 站住!"小伙子互相看看,便齐刷刷地放下了柴担。

从岗楼上下来一老一少两个壮丁,他们看见卖柴的都穿得很烂,也不大像火焰沟人,心里有点犯疑。老兵说:"官坡街做生意的不多,你们担这么多的柴火卖给谁? 你们不像卖柴的,要不,我咋不认识一个?"

卖柴的听了不但不怕,反而都围上来。一个大个子说:"老总,看样子你也是穷人出身,知道咱卖柴的可怜,我们卖了柴还得回家锄地呢,放我们过去吧!"

有的说:"我们都是岭西的,没办法才来受这症。可你们吃皇粮,咋也在这高山上受罪? 还是人家当官的好,在家搂着老婆睡大觉。"

几句话说得老兵直看小兵,小兵不耐烦地说:"叫他们过去算啦,咱们再睡会儿吧。"

卖柴的一听,高兴地担起柴来向岭下走去。没走多远,大个子说:"这俩还好说话。"另一个卖柴的说道:"要不看他像穷人,还不绑他个'老汉看瓜'?"

不一会儿,下到了沟底,大家把柴担放到核桃树下,各人从里面抽出了自己的武器,然后分几路把官坡局子包围起来。"哒哒哒——"一阵枪声,惊醒了局子里的杂牌军和壮丁队。

有的慌着摸衣服,有的找不到枪,有的急得翻墙逃命,乱成了一窝蜂。

局子头郭明喜睡得正死,听见枪声,嘴里喊着:"顶住！顶住！"自己却光着屁股,披了件上衣,掂上枪翻墙向河北村跑去。

大个子料定这是个头目,赶紧追。郭明喜跑着跑着,回头观望,发现只有一箭之地,吓得"扑喳"一下,绊倒在地。大个子扑上去就抓,却不防这匪首从胯下拔出一枪,大个子一闪,这匪首趁机钻进积水很深的石洞里,算是白捡一条命。

这场官坡奇袭战,是由红二十五军七十四师陈先瑞部下的王参谋一手指挥的。他带领五六十名"卖柴的"红军战士,经过一个多钟头的奇袭,砸烂官坡局子,打垮了杂牌军和保安团,打死 7 人,打伤 4 人,给镇守官坡的敌军以沉重的打击。

事后,侥幸逃生的郭明喜专门置办了香裱纸钱,到水洞跟前给自己招魂。

9. 创办《战士报》

新苏区的创建,离不开政治工作。重视思想建设,是红二十五军的好传统。创建新苏区的日子里,军政治部创办了《战士报》。刘华清是宣传科长,《战士报》自然由他负责。

《战士报》报道红军十七勇士强渡大渡河的消息

在一次夜行军中，郑位三对刘华清说："经军领导研究，由你担任宣传科长，仍兼秘书油印科长。原宣传科长郭述申担任军政治部副主任，带小部队去地方开展群众工作，创造根据地。"

刘华清后来回忆说：老实讲，这个调动我并不高兴。我一直在干组织科长的工作，但也一直只是挂名，没有正式宣布。现在仍然不让我当组织科长，我猜想可能是前段时间让我抓人，抓"反革命"，我没同意，因此受了影响。

郑位三见他没说话，接着说："吴焕先政委认为你在独树镇战斗中表现很勇敢，可以到团级领导岗位上去锻炼一下。我看现在部队也没有位置，你的身体又不太好，还是和我们在一起搞政治工作吧。"

刘华清对郑位三一直很尊敬，他们曾议论政治工作如何开展，便谈到了干脆办份报纸，由宣传科负责，不定期地几天一期；当然，也要根据部队作战的实际情况，多一期少一期都可以。几个人对这个想法都很有兴趣。

没多久，《战士报》创刊了。

作为宣传科长，刘华清的工作很多。首先要办好《战士报》，从筹稿、编辑到刻印，都要管；还要负责起草文件、拟定标语口号、组织布置群众大会等等事情；还管政治部的宣传队，管部队的宣传教育工作。工作虽然忙累，但是干得很起劲。

当时，红二十五军刚刚进入新苏区，给养不济，生活异常艰苦，部队产生了各种各样的情绪。他们及时把部队的好人好事收集起来，刊登在报纸上。为了配合群众反抗捐税斗争的要求，又在报上提出"抗捐、抗债、抗粮、抗夫、抗丁"的"五抗"斗争口号。总之，总是围绕部队的工作实际，积极配合宣传。

《战士报》在当时起了很大作用，许多平时没有时间讲的事，通过报纸做了宣传，而且效果不错。军领导也很关心这张报纸，吴政委多次给指示。一天，刘华清正在编稿，吴政委来了，对他说，报纸的稿子要短一些，稿子要到连队去约，要动员部队的干部多写稿子，反映部队的情况。

有时候，吴政委还亲自写稿子，有一篇叫《骑马大王》的稿子，就是吴政委写的。这是一篇批评稿。当时，二二三团团长常玉清喜欢骑马抖威风，一些干部战士对他意见很大，但谁也不敢批评他，吴政委在稿子中对他进行了批评。文章在报纸上刊发后,不仅批评帮助了常团长,而且教育了全军干部战士,密切了官兵关系。

此后,红二十五军批评和自我批评风气很好,党内、部队内的斗争精神很强,对不良倾向也敢于批评和斗争。

郑位三、郭述申等领导也经常亲自写稿。报纸还经常刊登一些政治工作经验、群众工作经验等,短短几句话,就是一条消息,对部队很有指导意义。

《战士报》很快成了全军上下都很关心的报纸。它虽然有些简单粗糙,但很及时也很实际,富有战斗力,对部队创建鄂豫陕新苏区起了积极作用。

郭述申

10. 穷人解放万岁

1935年1月9日,就在中央红军进驻遵义,实现长征和中国革命转折之际,与党中央失掉联系的红二十五军自洛南再度南下,经杨家斜、红岩子、凤凰嘴,攻占了镇安县城,歼敌保安队一部。这是红二十五军长征入陕后攻占的第一个县城。

红军入城后,在这里驻了三天,做了四件大事:

一是释放被国民党县政府关押在监狱中的七八十名"抗捐犯";

二是镇压了一批反动的土豪劣绅,没收了他们的粮食、油盐和衣物等,并在城隍庙召开群众大会,当场把这些财物分给群众;

三是没收了城内几家大商号的棉花、布匹,解决了全军的冬服问题;

四是吴焕先决定以红二十五军的名义发布《为占领镇安县告群众书》,这是自长征以来首次恢复红二十五军的番号,亮出了红二十五军的旗帜。

在这篇300多字的《告群众书》中,号召贫苦的工农群众团结起来,捉拿反动首领,打土豪分田地,生产兴业,建立抗捐队,形成穷人自己的武装,组织自己的政府，建立革命委员会，建设工农贫民自己的镇安县。

在最后，喊出了"穷人解放万岁"的口号。镇安县的人民高兴地唱起了自编的民谣：

> 民国二十三，
>
> 红军到镇安。
>
> 老财心胆战，
>
> 穷人都喜欢。

河南罗山红二十五军旧址

七

驰骋鄂豫陕

1. 郧西二天门会议

2月19日,鄂豫陕省委在郧西二天门召开第二十次常委会,总结入陕两个月以来斗争的经验,分析面临的形势,就红二十五军能否在鄂豫陕边区单独创建根据地的问题,以及针对少数人提出入川会合红四方面军的意见,进行了一场重要的思想斗争。

军政委吴焕先认为,鄂陕、豫陕这两个边,目前只占住了鄂陕这一边,已经建立起几支地方游击武装,创造出几块革命根据地,这就是了不起的胜利。

吴焕先明确表示,坚决反对入川的错误主张。他认为,鄂豫陕边地区战略位置非常重要,打个形象的比喻,是一个"香炉脚",完全可以与川陕和陕北两个苏区互为犄角,撑起一座革命的"香炉"。虽然目前有春荒到来,给部队的行动和补给都增加了困难,但只要占住鄂陕这一边,就一定能创造出豫陕另一个边,这两个边早晚会连成一片,形成完整的鄂豫陕边新苏区。

会议上,经过激烈的争执讨论,初步统一了思想,批评了入川的思想情绪,提出要克服怕苦畏难情绪,看清必然胜利的前途。

会议通过了《为完全打破敌人进攻,争取春荒斗争的彻底胜利,创造新苏区的决议案》。

《决议案》在总结两个月取得七方面成绩的基础上,也看到了工作中的缺点和错误,认为:"最大的错误就是土地没有切实分配,健全党的生活工作没有实际的努力,反帝抗日的斗争没有在广大群众斗争中开展起来。其次的缺点错误就是宣传群众的不深入不通俗,组织更是毫无基础。"

因此,提出红军下一步的基本任务是大大发展群众的武装斗争,开展广泛的游击战争,大量地扩大红军。立刻解决土地问题,组织群众,建立地方武装,建立苏维埃政权,建立至少三个县城的初步根据地。高度地打击敌人,配合川陕红军行动。广泛地开展抗捐、分粮、抗春荒斗争,要明白地向群众解释,春荒不是天灾,不是命运,而是豪绅地主压迫剥削的结果。提出向豪绅地主斗争,组织灾民救济会、抗捐委员会,召开灾民会议,武装灾民,杀反动,打恶棍,消灭民团,分粮食、分田地、分物件等抗春荒斗争的手段和方法。

值得一提的是,《决议案》批评了对少数民族群众的不正确做法。鄂陕地区的四峡口、茅坪等地区,有回族群众的聚居区,不少回族青壮年也要求参加红军,红军中个别的干部以生活习惯不同为由不予接纳。对此,《决议案》要求党与红军政治部,要从日常实际生活上、政治上抓紧这一工作,积极吸收回族青壮年入伍。

《决议案》号召鄂豫陕"全党像一个人一样地起来执行这一决议",完全打破敌人的进攻,争取抗春荒斗争的彻底胜利。为求得部队的发展和物资的补充,减轻人民群众在春荒中的困难,《决议案》还提出了"扩大斗争的区域"、"打到富足地方夫"的口号。

2. 南下入川之争

省委会议后,由吴焕先政委主持建立了中共鄂陕特委和鄂陕游击总司令部,决定由郭述申任特委书记,陈先瑞为游击总司令,以统一领导鄂陕边区工作,深入开展游击战争。已经发展起来的地方武装,分别编为第三、四、五、六、七、九路游击师,共2000余人。

吴焕先还召开回民群众大会，选举和成立了以回民魏茂顺为首的四峡口苏维埃回民游击队，打出了"回回民族"武装斗争的旗帜。

此时，红二十五军忽然得到两条消息：一是朱德和毛泽东率中央红军经过贵州向金沙江前进，二是红四方面军在勉县和宁强获得了胜利。事实证明，这两条消息都是准确的。

2月下旬，省委决定红二十五军由郧西地区向西挺进，主动配合红四方面军发动陕南战役。西进途中，红二十五军连克宁陕、佛坪两座县城，消灭了守城的保安队，发动群众开仓发粮，影响遍及秦岭。

红二十五军西去汉中地区，其战略目的有二：一是进入四川，会合红四方面军，二是从战略上配合红四方面军作战。红二十五军与红四方面军本就是源出同脉，其长征后的行动方向，早在程子华到鄂豫皖苏区时，就曾传达过朱德总司令的指示，可以与四方面军、川陕苏区取得联系。

此时，红二十五军的指战员们听到红四方面军到了勉县，就想西去建立联系。到了华阳地区以后，手枪团曾去汉江边作过侦察，了解情况。

这时，有同志提出入川会合红四方面军的建议，认为留在陕南没有出路，不如找红四方面军去。徐宝珊、吴焕先等人反对入川的主张。认为在与红四方面军无联系的情况下，贸然入川，可能红四方面军早已转战他地，而一路上还要过汉江，翻巴山，前途渺茫，不易实现。到时候四川不能去，又丢掉了陕南，必然陷全军于进退维谷之中。省委经过激烈讨论，否定了入川的主张，认为还是留在陕南可以求得生存和发展，而且陕南地理位置也很重要，可以连接川陕和陕北，还可以连接鄂豫皖苏区。

3. 设伏石塔河

1935年3月8日，红二十五军进至洋县华阳镇时，发现陕军警备第二旅张飞生部由郧西尾随而至。遂决心消灭该敌，以清除后面的威胁，打开华阳的局面。

3月10日拂晓前，红军在距华阳镇东南七八里处的石塔寺设伏，准备在这里歼灭敌警备二旅。

石塔河地形极为险要，山高林密，两边是悬崖峭壁，中间是沟道，是个打歼灭战的有利战场。当将骄兵疲的张飞生旅进入伏击圈时,一些红军战士打扮成砍柴的农民,迷惑敌人。

敌军发现有"农民"在砍柴,就问:"红军在哪里?"

"农民"答:"走远了。"

敌军放心大胆地走入了包围圈。

战斗打响后,红军战士从山沟两翼的丛林中猛冲下来,霎时间,弹如雨下,杀声震天,将敌军截为数段。敌军遭到红军的突然打击,混乱一团。

经过一场血战,张飞生的两个先头团全部被歼,后面的一个团掉头逃窜。

此战打垮敌 2 个团 5 个多营,毙伤敌 200 多名,俘敌团长以下 400 余名,缴获枪支 500 余支、马刀 1000 余把。战斗结束后,华阳街上的枪支、马刀简直堆积如山。敌旅长张飞生也身受重伤,见势不妙,以血涂面,藏匿在路旁沟内的死尸堆里装死,天黑后才乘夜色逃走。

此战之后不久,蒋介石亲自给杨虎城下达"进剿"手令,称:"进剿小匪残匪,应用良兵大兵,不可以其残小而轻视,以致夜长梦多……否则各以为残匪,轻而忽之,则将来成大患者,非徐向前,恐为徐海东也。"

4. 华阳游击队

打退敌警备二旅后,红二十五军按照省委的战略部署,乘胜在华阳地区开展根据地建设的各项工作。

两三天内,建立了华阳、石塔寺、商家坝、吊坝河、瓦子沟、红石窑、小华阳等 7 个乡的革命政权,成立了华阳革命军事委员会。

组建了华阳、茅坪两支游击队和数百人的抗捐军。

群众高兴地唱道:

> 二月初六炮声响,
>
> 警备二旅垮个光。
>
> 华阳建起苏维埃,
>
> 土豪恶霸一扫光。
>
> 分田分财又分粮,

　　　　　　　　　穷人翻身把家当。

　　　　　　　　　吃饭莫忘红廿五,

　　　　　　　　　翻身莫忘共产党。

　　由此,红二十五军建立了第三块革命根据地。

　　华阳镇位于群山环抱之中,地形很好,便于游击活动,距离川陕革命根据地较近,便于与他们的沟通和联系。在这里建立根据地,有利于发展汉中以北、太白山以南山区的游击战争,扩大红二十五军在鄂豫陕边的回旋区域。

　　吴焕先更是把这一地区看作是联系红四方面军和川陕省委的一道桥梁,准备依托这一地区,向汉中前进,打通与川陕革命根据地的联系。

　　但是,当红二十五军行至城固以北的小河口附近时,发现敌军第四十九师已在前方汉中、城固等地严密设防。同时还得知,红四方面军早在2月中旬已经结束陕南战役,回师川北了。

　　红二十五军不得不折返华阳镇,这时主张入川会合红四方面军的思想倾向再次抬头。鄂豫陕省委于华阳召开会议,再次批评了这一错误观点,认为如果冒险过汉江翻巴山,将难在陕南立足,且有覆灭的危险。因此,在鄂豫陕边区建立新的革命根据地的决心不能动摇。

　　会议也认为华阳接近敌军驻兵强大的汉中,不利于主力红军行动,只适合小规模的游击队活动。遂决定组建华阳游击队,由张进浪担任队长,魏文建和洪玉科分别担任副队长和指导员,马文清任支部书记,配备13名战斗骨干和30名新兵,在华阳根据地展开游击行动,主要承担与红四方面军和川陕省委联系的使命。尔后,决定红军主力应向东返回陕东南地区,以此为中心,向豫西、鄂西北发展。

5. 错杀张汉民

　　1935年3月下旬,红二十五军从华阳东返,经老佛坪翻越天谷山,进入柴家关,在此发动群众。后继续东进,打下柞水。经蔡玉窑时,杨虎城的陕军警备第三旅已追了上来,双方在此展开激战。

　　陕军警三旅的旅长张汉民,早在红二十五军刚进入陕南时,就曾派人秘密联系红二十五军,答应给红二十五军提供军用地图,购办无线电台,双方订立互不侵犯的协定。红二十五军由于张汉民无法提供证明其身份的材料,于是要求其提供陕南的军用地图,张汉民却派人送来了两张河南卢氏、灵宝的地图。

据此,红二十五军领导判断这是张汉民的阴谋,目的是企图保存他的实力,麻痹红军,想乘红军不备而攻击红军。

据徐海东回忆,在红二十五军到达蔡玉窑时,张汉民又派出一名姓张的参谋联系红二十五军,吴焕先和戴季英亲自审问了这个参谋。据他供认,张汉民以前参加过共产党,红四方面军经过陕南时,他在子午镇俘获了600多名红军,缴枪400余支,杨虎城因此对他大加提拔,委以重任,派到汉中对付共产党。

戴季英也回忆说,张汉民有个副官,名叫阎赫,陕北人。他曾对红二十五军领导讲,张汉民是个叛徒,曾表示要赶走红二十五军,赶不走就打掉。

其实,这纯粹是信息不畅而造成的误会,张汉民确为中共地下党员。他是山西省稷山县人,1924年入杨虎城部基层军官教导队学习军事,毕业后历任排长、副营长,1925年冬加入中国共产党。大革命失败后,他在杨虎城的西北军中秘密从事党的兵运工作,由于出色的工作能力,深得杨虎城的信任。1930年,张汉民被任命为省政府卫士营营长,一年后升任团长。警卫团拥有3个步兵营和4个直属连,全团官兵达2500余人,其中,共产党员约200名,全团15个连队都建有中共支部,还有一个军官部。营长、连长、排长大都由共产党员担任。杨虎城于1935年2月27日决定将警卫团扩编为警备第三旅,下辖七、八、九团,张汉民升任旅长。

同情共产党和红军的杨虎城知道张汉民是中共地下党人,为此,他让张汉民率警三旅加入到"进剿"红二十五军的战斗序列,"尾追"红二十五军。

张汉民多次派人与红二十五军联系,双方订有互不侵犯协议,该部中共地下党组织也曾做出决定,如果与红军遭遇,共产党员要枪口朝天打空弹。

4月初,红二十五军抵达营盘街时,张汉民一面派出党员与红军接头联系,送交西安绥署有关堵截红军的军事情报;一面率领第七、九团由镇安、柞水石嘴子出发,"尾随"红二十五军。

4月6日"尾随"到财神庙,7日到蔡玉窑。此时,队伍中的地下党员向张汉民建议,派往红二十五军联系的同志至今未归,似应谨慎行事,与红二十五军拉开一些距离,等一等派出同志归来后,视情况再尾随。但张汉民认为已和红二十五军有过联系,双方订有互不侵犯条约,"尾随"并非一日,亦未违约开火,不会有什么问题,于是,仍按计划"尾随"前进。

8日到曹家坪,9日到九间房。此时,第九团团长阎揆要报告:红军已坚壁清野,沟内似有埋伏,部队可在九间房以西村庄宿营,以免发生误会。阎揆要也是中共地下党员(1955年被授予中将军衔),但张汉民再次拒绝了这个提醒,仍命令部队向九间房开进。

此时,在红二十五军内部,却因一系列信息对张汉民产生了极大的怀疑。在张汉民第一次派人前来联系时,中共鄂豫陕省委和红二十五军领导认为是刺探红军情况。于是,带有试探和考验性质地提出索要无线电台、医药器械和军用地图。但这些要求张汉民并未满足,这不能不让红二十五军的领导们对他产生怀疑。

不久,一名名叫崔正山的人前来投军,红二十五军审查出此人曾在张汉民警卫团当过传令兵。在审讯中,此人不知什么情形下,出于何种目的,供认投奔红军的目的"系法西斯党及法西斯党首领张汉民所派",打入到红二十五军内部。

红二十五军副军长徐海东曾看到过一张国民党的报纸,上面有一条"剿赤"消息:"……我张团长汉民督率所部业已到九家湾,并与各路剿截部队切实联络,力谋聚歼……昨特又印刷剿赤标语数条,简练捷当,措辞森严,谓能活捉匪首徐海东、程子华之一者,或杀死首长提头来降者,均赏洋一万。"由此,更加深了对张汉民的怀疑,留下了张汉民是法西斯分子和叛徒的印象。

4月初,当红二十五军由华阳东返路过营盘街时,与张汉民第二次派来的联络人员相遇。红二十五军将这两名联络人员扣押起来进行审讯。其中一人供称张汉民在红四方面军入川时,曾在王曲、子午镇打过红军,这次也曾表示要赶走红二十五军,赶不走就打掉,等等。

红二十五军的领导们在敌军重兵围困中,不可能有时间去详细地核实多种信息的真伪,因而做出了错误判断,认为"张汉民是以叛徒来冒充党的关系名义,同我们订立互不侵犯的协定,企图保存他的实力,又想乘我之不备而袭击之"。为摆脱目前的被动局面,红二十五军决定在葛牌镇以南的九间房设伏,消灭该敌,坚决打掉尾追不舍的张汉民旅。

误会引起的悲剧不可避免地在九间房发生了。4月9日,一场不该发生的战斗在九间房打响了。

中共鄂豫陕省委1935年7月17日写给中共中央的报告中是这样记载的:"东回商洛时……张汉民部在柞水、镇安堵击,我们中途动员准备消灭张汉民,争取开展东方的斗争局面。此时3个支队的敌旅,主要以张汉民一部为主脑。因他狡猾异常,红军采取急退、远走的办法,诱该敌急进至蓝田之九间房,红军由葛牌镇回头40里埋伏着,将敌全部打垮,消灭了4个营,活捉张汉民及叛徒参谋长魏书林,连级以上官佐在逃者数人,战场上死伤狼藉,俘虏1000多名。"

张汉民被俘后,曾表明自己是中共地下党员张汉民,但没人相信。

张汉民为证明自己的共产党员身份,从当时被俘的官兵中点出二十几名党员同志,以便证实他的组织关系。但红二十五军的领导早已认定"张汉民之警卫团干部都是法西斯分子",当然也不会轻信这些人的证明。

这时,一位自称是上海中央局军委特派员、名叫王烈君(即汪锋)的人,找到红二十五军,说明自己是中央派来的寻找陕西党组织线索的特派员,其使命是寻找与联络张汉民部,传达上海中央局的有关指示。

但由于此时联系断绝,无法请示中央,又无其他任何证明材料,在军情紧急的情况下,红二十五军带着张汉民转战到龙驹寨(今丹凤县城),红二十五军将张汉民当作"叛徒"错杀在丹江岸边。

错杀张汉民,留下了沉痛的教训。西安事变谈判期间,周恩来还就红军枪杀张汉民这个问题,以党的"左"倾错误作了解释,说明杀害警三旅旅长、共产党员张汉民是错误的,并代表中共做了自我批评。

1937年初,当徐海东、程子华率红军第十五军团南下商县经过西安时,周恩来将徐海东引见给杨虎城将军。

杨虎城情不自禁地说:"哎呀,你就是徐海东呀? 咱们早些合作就好了! 要知今日三位一体抗日本,你在陕南不把我的三个警备旅……该有多好!"周恩来急忙解释道:"中国有句古话,叫作不打不相识,我们也是不打不成交哪!"杨虎城忍不住也笑了起来。会见后，杨虎城还特意送给徐海东一辆美式中吉普，以表示他对红军的敬意。

1942年12月，中共中央在《关于1935年陕北（包括陕甘边及陕北）"肃反"问题重新审查的决定》中，明确指出"在陕南错误地处理张汉民"。《中国工农红军第二十五军战史》中不无沉重又实事求是地写道："由于当时省委与中共中央失去联系，不了解党在陕军中的兵运工作情况，误将中共地下党员张汉民当作'叛徒'、'法西斯分子'错杀，给党造成了损失和不良影响。这是一个沉痛的教训。1945年4月，中共中央组织部将张汉民列入《死难烈士英名录》，并在中共第七次代表大会上追认为革命烈士。"

6. 神秘来客

那位自称是上海中央军委特派员的人，其实就是汪锋，他受党的委派，具体负责与张汉民部的联系。1935年3月，汪锋受上海中央局指示，翻越秦岭进入柞水县境，寻找张汉民部。九间房战斗的第二天，即4月10日，汪锋恰好抵达蔡玉窑时，与败退下来的警三旅第九团团长阎揆要不期而遇。阎揆要在九间房战斗后，退回曹家坪，于当晚收拢警三旅逃出的官兵，第二天刚回到蔡玉窑，见到了汪锋。阎揆要急忙向汪锋讲了九间房发生的一切情况，汪锋便迫不及待地只身前往葛牌镇，求见红二十五军领导人。

由于沿途国民党的封锁，汪锋未带介绍信及证明，红二十五军领导对他的身份同样产生了怀疑，他也被当作"可疑分子"看押起来，沦为红二十五军的"阶下囚"半年之久。由于汪锋自称受中央委派，中共鄂豫陕省委领导虽然怀疑他的真实身份，但在没有接到中央指示，没有核实清楚的情况下，既不敢轻易处治也不能随意释放。就这样，汪锋这位神秘来客，跟随红二十五军经历了长达两个多月的反"围剿"作战，最后，西征北上，到了陕北。红二十五军到达陕甘边政府所在地甘泉县下寺湾，通过习仲勋等人，才弄清了汪锋的真实身份。

不久，毛泽东在瓦窑堡亲自找汪锋谈话，派他再次肩负秘密使命，出使西安，与杨虎城商谈红军与十七路军共同联合抗日的大事。

1935年12月上旬，汪锋又一次作为中央军委的特派使者，携带毛泽东写给杨虎城等人的亲笔信,去见杨虎城。在第一次会见时,杨虎城就提出张汉民被杀的问题,他说:"警三旅旅长张汉民,他本是共产党员,你是晓得的。南京中央党部为这事多次指责我,陈立夫还亲自对我谈过,要我把汉民抓起来。我认为他有魄力,能干,便没有理他们的指责。可是,徐海东部在九间房打了警三旅,把汉民俘虏后,红军怎么又杀了他,这当作何解释?"

没有救下张汉民,汪锋也深表遗憾,他对杨虎城说:"张汉民被杀,的确是个误会。红二十五军从鄂豫皖到陕南,由于和上级党组织失掉联系,不了解张汉民情况,再加上个别同志受'左'倾路线的影响,执行政策上有错误,所以错杀了张汉民同志。这个事件是我们双方共同的不幸。对我方来说,错杀了自己的同志,这是个沉痛的损失,而且在外界造成了不良影响……"

7. 攻占洛南县城

九间房战斗后,敌军对鄂豫陕边区的第一次"围剿"被粉碎。红二十五军创立的几块根据地连成一片,以袁家沟口、红崖寺为中心,建立了中共五星县委和两个区工委,健全了区、乡苏维埃政权组织,成立了基层农民协会、妇女会等群众组织,建立了后方机关、医院等后勤机构。

1935年4月中旬,鄂豫陕省委在葛牌镇召开扩大会议。这次会议肯定了4个月来取得的成绩,批评了少数人主张入川的错误主张,并做了组织处理。提出了准备粉碎敌军第二次"围剿"和加紧开展各项工作的任务,进一步在全军坚定了在鄂豫陕创建革命根据地的决心。

会议改选了省委领导班子,新的省委常委由11人组成,徐宝珊为书记,吴焕先为副书记。

会后,红二十五军决定攻占洛南县城。洛南县城位于秦岭北侧,靠近关中平原,物产丰富,商业繁荣。镇守此地的国民党保安旅旅长、民团头子尤奉三,狂妄地宣称:"烂杆子红军想坐洛南城,老子让你坐不成!"

红二十五军采取隐蔽行动、长途奔袭的策略,出其不意地兵临洛南城下。守城的敌军惊惶万状,不等红军攻城,就弃城而逃。红军入城前,进行了严格遵守城市政策和群众纪律的教育,并把红军的《关于商业政策问题》的布告分发张贴。

入城后,红军首先释放监狱在押的"抗捐犯",没收反动分子开办的几家大商号。对于正当经商的其他商号加以保护,对店主逃走的店铺则派哨兵看管,防止有人趁火打劫。当晚,部队在街道两旁露宿过夜。

第二天,红军在城隍庙召开群众大会。政委吴焕先亲自到会讲话,讲明了党的政策主张,结合城市情况,特别是讲明了商业政策问题,宣传了红军的宗旨和三大任务、官兵平等等原则,号召青壮年参军,为劳苦人民打天下。

洛南县城的攻克,扩大了红军的政治影响,红二十五军乘胜向豫西发展,创建豫陕边根据地。他们很快在洛南、商南、商县、卢氏等四县边界地区打开了局面,先后在孙家山、北宽坪、留仙坪、庚家河、会仙台、街子沟、七盘磨、腰庄、峦庄、梨园岔、桃坪、灰池子、刘家花屋等地建立了一大批区、乡苏维埃政权,成立了几支地方游击队,形成了第四块新的革命根据地。

为巩固和发展豫陕边根据地,省委决定成立中共豫陕特委和豫陕游击师,统一领导这一地区的斗争。特委书记为郑位三,游击师师长方升普,政治委员曾焜,全师有 4 个大队,500 多人。

到了 5 月初,红二十五军在长征途中,以艰苦卓绝的努力,初步建成了鄂豫陕边革命根据地,开创出一块新的红色区域,独立支撑起一个"香炉脚"。他们创建了 4 块比较巩固的革命根据地,成立了中共鄂陕、豫陕两个特委,5 个县工委和鄂陕边区苏维埃政府,2 个县、13 个区、48 个乡、314 个村的苏维埃政权,苏区人口近 50 万,耕地面积 90 多万亩。红二十五军得以休整,并不断发展壮大,主力红军增至 3700 人,另外还有游击师、"抗捐军"等地方武装 2000 余人。

8. 蒋介石对鄂豫陕边的第二次"围剿"

红二十五军不断取得胜利,队伍不断发展壮大,根据地的建设不断增强,群众的革命斗争轰轰烈烈,使国民党当局大为震惊,惊呼红军"有在鄂豫陕边区造成新的赤色区域,与徐匪向前遥相呼应,牵制国军进剿之企图"。

蒋介石再次调兵遣将,"围剿"红二十五军。他命令原进攻鄂豫皖苏区的东北军第六十七军王以哲部,下辖刘翰东部一〇七师、何立中部一一〇师,周福成部一二九师,驻郑州唐俊德的第九十五师,共计 4 个师开入陕南,与已经进入安康地区的第四十军庞炳勋部两个步兵旅,驻郧西肖之楚部第四十四师,以及陕军警一旅唐嗣桐部、警二旅张飞生部、特一旅孙友仁部和三十八军一部,总共 30 多个团的兵力,向红二十五军发动第二次"围剿",由杨虎城统一指挥,限令在 5、6、7 三个月之内,将红二十五军全部歼灭。

在部署军事进攻的同时,国民党军队还对红二十五军进行经济封锁。王以哲电令商县、山阳、洛南各县对红军区域实施经济封锁:"奸商愚民与不肖之徒,有图利私运米粮、油盐济匪情事,除令所属部队严行查禁外,并于本月 20 日分令该各县长转饬各团队长、各区保甲长,对于米粮、油盐等物资,务须切实封锁,以绝匪食。"

9. 省委书记徐宝珊病逝长征路

鄂豫陕省委早在 4 月的葛牌镇会议上,对敌人的重兵"围剿"已有预料,因为敌人总是不甘于失败的,那时省委已提出做好反"围剿"的准备工作。

1935 年 5 月 4 日,红二十五军攻占了商县与商南之间的龙驹寨。龙驹寨是个四面通达的水陆交通要道,既便于红军整训,也便于红军进退。红二十五军抓紧难得的机会,进行战备整训,开展政治动员、战前练兵,以提高单兵的军事技术和班以上战斗单位的战术动作实战。

5 月 9 日,大战前夕,鄂豫陕省委书记徐宝珊不幸病逝于龙驹寨,年仅 32 岁。他的病逝,使省委和红二十五军失去了一位优秀的领导人。早在鄂豫皖苏区时,徐宝珊就患有肺病,长征中,他不顾自己的病体,尽职尽责地主持省委工作。入陕 5 个月以来,他的病情继续恶化,但徐宝珊始终未离开战斗岗位,躺在担架上随红二十五军四处转战。在生命的最后时刻,他叮嘱吴焕先接替他任书记搞好省委工作,并强调:"我们是靠部队打局面的,一定要做好部队工作",要"注重政策,注重军民关系"。

徐宝珊病逝后,吴焕先料理了他的后事,把他秘密安葬在龙驹寨北面山坡上,还在坟前堆放石头为标记。

10.诱敌深入,先疲后打

这时,敌军已经从四面围攻过来,敌军的第二次"围剿"开始了。敌第六十七军9个团和九十五师3个团在洛南县城以东、以北方向,向南推进;敌第四十四师4个团由南面的郧西县上津向北进攻;敌第四十军5个团、陕军第三十八军4个团、警一旅2个团、警二旅2个团、特一旅2个团,从南到北依次配置于安康、镇安、柞水、蓝田一线,在西面向东推进。

红二十五军在得知这一消息后,于5月11日决定立即结束整训,南下郧西地区。

19日,省委召开了执委会议,通过了《关于完全粉碎敌人二次进攻,为开创新苏区而斗争的决议》。《决议》认为,红二十五军西征入陕的伟大胜利,大大牵制了敌人对川陕和甘陕苏区进攻的兵力,动摇了敌人进攻的后方。因此,"敌人在睡梦中也不忘记也不放松对红二十五军的进攻"。

《决议》判断敌人这次的进攻兵力强大,布置周密,目的是企图最后消灭红军,摧毁开创的新苏区和新兴起的群众运动。因此,"二次战争比一次战争是残酷些,长久些。二次战争就是决定开创新苏区根据地的任务能否完成的决斗"。

《决议》提出了粉碎敌人第二次"围剿"的几项措施:集中力量扩大红军主力;广泛组织群众,配合红军作战;加强红军的军政训练等。

5月下旬,省委再次于郧西地区举行会议,研究在敌十倍于己的优势兵力进攻下,如何作战的方针和计划问题。军长程子华因伤重未愈,不能参加省委会议,他向省委代理书记吴焕先讲述了毛泽东和朱德在中央根据地粉碎敌军第三次"围剿"采取的"诱敌深入、先拖后打"的作战方针。在会议上,徐海东提出"先疲后打"的作战方针。

省委在讨论中,认为当地山多沟深,没有公路,交通不便,接济困难,敌军必然采取速战速决方针。红军在作战中应采用"诱敌深入、先拖后打"的方针,对敌先拖后打,打乱敌人部署,疲劳敌人;坚壁清野,困饿敌人;以运动战和游击战相结合,各个击破敌人。

省委决定,各游击师发动群众,以游击战袭扰敌人;红二十五军主力则趁东北军刚到,争取首先歼其一部,然后拖着敌人长途行进,再寻机歼敌。

11. 奇袭荆紫关

6月初,红二十五军从郧西二天门出发,直奔北面的商县。副军长徐海东不顾尚未痊愈的伤病,扯掉了伤口上的绷带,与吴焕先一起指挥部队。他带着手枪排,走在队伍的最前列。

6月4日夜到5日晨,红二十五军在丹江边的夜村与商洛镇附近,与东北军一一〇师何立中部、一二九师周福成部遭遇。

经过两次激战,红军毙伤敌团长以下200余人,突破了敌军的包围防线,经留仙坪继续北上,跳出了敌人的包围圈,一下转到东北军防线的背后。

之后,敌一一〇师何立中率部跟踪而来,红军在苍龙岭设伏,但被敌军发现,敌3个师以密集兵力掉头北上,尾追而至。红军难以孤立打击一部敌军,只得放弃伏击,向东转移,继续调动、分散、疲劳、迷惑敌军。

6月10日,红二十五军大踏步地向东南急进,13日,包围商南县城,次日攻占富水关,进占青山街,俘敌第四十四师170多人。

红二十五军在东南方向的突然行动,使敌军纷纷尾追而来。为进一步调动敌人,红二十五军决定远程奔袭六七十千米外的荆紫关。荆紫关位于河南淅川县境内,是鄂豫陕边界要地。敌第四十四师肖之楚部的后勤补给基地设在此处,存有大量的物资,且因远离前线,守备兵力只有一个营,疏于戒备。

为达成奇袭效果,徐海东亲率手枪团,于6月15日下午4时,化装成敌四十四师的部队,以急行军的速度,长途行进60多千米,在次日午前到达荆紫关敌外围警戒线时,此处的守敌还"列队欢迎"。红军不费一枪一弹,就将敌警戒分队全部俘虏,尔后,直奔荆紫关城下。荆紫关守敌这才醒悟过来,急忙关闭城门,仓促开火迎战,但为时已晚。红二十五军第二二三团跑步赶到参战,经过短暂的战斗,即占领该城。歼敌第四十四师1个多连和民团1个营,活捉了敌军需处处长,缴获了堆积如山的各种军用物资。

打下荆紫关,是红二十五军第二次反"围剿"中的第一个大胜利,不仅缴获了物资,获得休整的时间,更重要的是吸引、调动了敌人——敌第六十七军、第四十四师、陕军警备一旅,向荆紫关蜂拥而来。此时,敌军的部署已乱,部队已被拖得相当疲惫,这为红二十五军寻机歼敌创造了条件。

12. 善于理财的"张喜财"

兵马未动,粮草先行。红二十五军长征路上的物资保障是大难题。军政委吴焕先在创建鄂豫陕革命根据地的过程中,终于发现了一个善于理财的能手张喜财。光听名字,就十分喜庆吉利,喜财又惜财,而个人不贪财。于是,决定调张喜财任军经理部政委,负责全军的钱财和物资保障。

战士们亲切地称呼张喜财为"喜财政委"。

张喜财是安徽霍邱县人,1931年参加红军,历任红二十五军连政治指导员、营政治委员等职。在长征途中,身负重任,腰部被子弹贯穿,连肠子都露了出来,经过钱信忠院长的精心抢救,保住了性命,但无法随军行动,只好留在老乡家里养伤。

两个月后,张喜财伤愈,立即追赶部队,终于在蓝田县的葛牌镇找到部队。

军政委吴焕先听说后,把他召唤到军部,关切地问:"喜财同志,身上的伤,好利索没有?"

"好利索了! 是不是还让我回营里工作?"张喜财试探着问。

"先别着急! 常玉清同志已经接替了你的职务。我听常玉清同志说,你负伤后,把身上的钱袋子全部移交给营里,里面整整一百块银元,你一块也没留下,是不是这样的?"

张喜财看着吴焕先,不明白军政委为何突然问起这件事,就答道:"是这样的,我把钱袋子都交到营里了。"

原来,他在二二三团一营担任营政委时,身上背着全营的经费,里面有一百块银元,不到万不得已,他轻易不肯动用里面的银元。有人说营政委"死抠",背了这么多钱,都舍不得买头猪,为部队改善伙食。

他负伤后,把身上的钱袋子解下来,交给身边的通信员说:"赶快交给营长,分发给受伤的伤员。对于牺牲的烈士,凡是家在当地,能联系上的,要想办法给他们家里送去几块银元,当作抚恤金。"

通信员说："政委,你也是伤号,留下几块用吧。"

张喜财说："这是营里的钱财,我不能私自留用。"

吴焕先听说这个情况后,感到张喜财是个善于管理钱财的能手。恰好张喜财伤愈归队,因此,吴焕先告诉张喜财说："喜财同志,你身上负过重伤,我看你到经理部当政委比较合适,你有什么意见没有?"

张喜财这才明白,吴焕先政委为何问一袋子银元的事。但他感到没有任何心理准备,就推辞说："我从来没干过经理工作,就怕干不了,干不好。"

吴焕先说："没有谁可以天生就会干,可以一边干一边学嘛! 你的名字叫喜财,喜财而不贪财,还会管理钱财,爱惜钱财。你背的钱袋子的钱,全部用于伤员和烈士,就很好嘛! 只要肯动脑子,多想办法,就没有克服不了的困难。"

接着,吴焕先把军里现有财物的状况,向张喜财大略说了一遍。并且强调说："这些钱财,是我们全军的命根子,也是作战行动的必要保证。目前,军经理部就缺少一位善于管家理财的领导,所以才决定调你去当政委。我把全军的家底,现在全都交给你了,你一定要当好这个家,管理好全军的钱财和物资。如果受到什么损失,唯你是问!"

张喜财立即感到了沉甸甸的责任,表态说："我一定尽职尽责,保管好全军的钱财和物资,保证这些不受损失!"

吴焕先满意地说："保管好钱财和物资,只是职责的一方面,更重要的是,你们还必须多想办法筹集钱财,筹集物资,以保证部队的需要。你们不仅要管好钱财,还要学会如何发财生财,没有足够的钱财物资保证,部队怎么打胜仗?!"

张喜财听了,越发感到责任重大。到军经理部上任后,才知道军经理部经理吴维儒刚被处决,原因是军经理部一名人员卷了一些金银开小差逃跑了,作为经理的吴维儒负有不可推卸的责任,而被处以死刑。

张喜财感到,主管钱财,不能不时时小心谨慎。军经理部部门多,设有财务科、粮秣科、服装科、军械科、管理科,事务繁杂。总人数300人左右,每科室人员不等,极容易出现各种各样的问题。除财务科较为精干外,粮秣科的八九名成员,经常分散,四处奔走,为部队寻找粮食。服装科有缝衣班,有十几名成员,五六架缝纫机,要裁剪缝制军服,还要弹棉花、捻羊毛,行军时,需要抬着缝纫机跟随部队行动。军械科里有修理班，修理枪支，配制零件。管理科无所不包，事多而杂。除此之外，还有两个运输大队，100 余人，负责挑运或驮运钱财、物资。负责安全警卫的连队，有近 100 人……要管理好这么多事，这么多人，张喜财不敢丝毫大意。除了保管，还要考虑如何为部队积累资金和物资。除了战场缴获，就得靠打土豪、没收反动分子的商号，以及向普通商人和百姓购买物资。

红二十五军奇袭荆紫关后，缴获了各种堆积如山的物资，军政委吴焕先高兴地对张喜财说："喜财同志，你们经理部必须想尽一切办法，把敌人补给站连窝端走！实在带不走的物资，可以周济贫苦老百姓。"

张喜财后来回忆说："打下荆紫关，我们可发了大财！经理部上上下下，全都高兴得合不住嘴，也忙得不可开交。缴获了几百匹棉布，因为没有法子驮运带走，我们就发动服装科缝衣班，全都剪成八尺一幅的衣料、丈六一幅的被单，分发给全军指战员背着，每人一两幅、两三幅不等，完全带走了事。整袋整袋的大米、白面、白糖，牲口驮不完，人也背不了多少，许多同志都脱下长裤，把两只裤口紧紧一扎，装成个硬叉叉，搭在肩头上就走。记得到了南化塘一带，我们经理部摸了底儿，看看究竟带走了多少粮食？能够吃多少日子？这一摸底才可笑呢，少说也有一半的硬叉叉，全都装的是白糖！"

在随后的袁家沟口战斗中，红二十五军全歼陕军警一旅，缴获轻重机枪 40 挺、长短枪 1400 多支，各种弹药不计其数。这么多的作战物资，除补充主力、军经理部能够携带外，还配发给了地方游击师。

张喜财带领的军经理部喜气洋洋，扬眉吐气！

13. "万户蜂"领袖阮英臣

当敌军接近荆紫关时，红二十五军决心继续调动、分散、疲惫敌人，挥师西返，诱敌到根据地的小河口、袁家沟口一带，寻机歼灭。

6 月 17 日，红二十五军从荆紫关出发，沿着鄂陕交界的崇山峻岭，经郧西南化塘、商南赵家川等地，以每日 50 多千米的行军速度，急速西进，很快摆脱了荆紫关附近密集的敌军。

22 日，红二十五军在山阳县姚家湾击退敌四十军一一五旅一部的阻击后，于 25 日回到山阳小河口的黑山街。此地处于中心根据地的边缘,附近的袁家沟口地区,农民一向具有反抗精神,曾自发地以锄头、棍棒为武器,与收取苛捐杂税的豪绅地主、反动官僚们做坚决的斗争,号称"万户蜂",是闻名远近的"马蜂窝"地区。国民党的县府衙门如果胆敢来收税,定被"蜇"得鼻青脸肿,头破血流。

"万户蜂"地区的农民领袖是庙沟的阮英臣,他的家被民团抄了,房子被烧了,亲人也被杀了,阮英臣与地主豪绅势不两立,发誓报仇雪恨。红二十五军来到这里后,吴焕先亲自找到阮英臣,与其交谈后,阮英臣表示要跟着红军与国民党反动派战斗到底。吴焕先派红军干部帮助阮英臣建立起一支 300 多人的农民革命武装,命名为鄂陕第四路游击师,阮英臣为司令,红军指导员夏云建为政委。第四路游击师一直活跃在当地,发动群众,打击保安团。

此外,在当地活动的还有第三路游击师和地方党政组织。因此,这一地区群众基础好,便于动员群众侦察敌情、封锁消息,做好后勤保障,配合红军主力作战。

14. 长征路上的文化人

现存红二十五军长征文献史料中,有许多文件、宣传品都是刘华清刻印的,他还主编过红二十五军的《战士报》,还是个"画家"。他可算是长征路上多才多艺的文化人。

后来,刘华清这样回忆:

红二十五军长征时,我在军政治部任组织科长,当时鄂豫皖省委发布的《中国工农红军北上抗日第二先遣队出发宣言》就是我亲自刻印的。同时还刻印了其他一些传单,现在都已经成为宝贵的历史资料了。说到"画家",那是赶鸭子上架的事情。早在鄂豫皖时期,红军各连队就成立了"列宁室",也叫俱乐部,作为文化学习和教育活动中心,要求都挂列宁像。红二十五军到陕南创建新区后,有一天,军政治部主任郑位三递给我一本书,里面有一张列宁的像,他让我照着画一张列宁像挂在俱乐部里。我以前从来没有画过画,拿着书对着列宁像愣了老半天,心想:画好画坏就照着画吧。我找来一块打仗缴获的白布,铺在地上,没有铅笔,也不知道用"九宫格”放大的办法，就用木炭在上面轻轻打稿，画上几笔就站起来瞅两眼，看画得像不像。画得差不多了，就用毛笔在炭稿上慢慢地描，一笔一画地终于把列宁像画出来了。我自己感觉画得不像，拿给军领导看的时候心里很不踏实。可是郑位三主任很满意地说："你还真不简单，叫你画就画出来了，画得还很像的啊！"这时我才长出了一口气。如果说红军长征胜利是个大奇迹，在我的人生经历中，我这次当"画家"也算得上是一个小奇迹。

《三大纪律八项注意》唱了几十年了，但当初这首歌的出现很偶然。当时，红二十五军长征到达陕北后，与陕甘红军合编为红十五军团，接连打了劳山、榆林桥两个大胜仗，部队补充了大批新兵。我当时任宣传科长，与军政治部秘书长程坦同志共同负责新兵的教育。程找我，建议把"三大纪律八项注意"的内容编成歌曲让大家学唱，我完全赞同。程子华同志到鄂豫皖时给我讲过中央苏区"三大纪律八项注意"的条文，具体内容与鄂豫皖红军的纪律条文有些差别，我按他的意思修改后，发给部队，要求天天给战士讲。在长征路上经常进行纪律教育，那时我就感觉很麻烦，当时就有过把"三大纪律八项注意"编成歌曲的想法。但是天天走路很疲劳，没有精力，也没有音乐知识，就没有编成。这次程坦找我一讲，就不谋而合了。程坦也不懂音乐，我们就借用鄂豫皖根据地流行的《土地革命完成了》这首歌的旋律，一唱一和地试试，感觉歌词和曲子很合拍。唱了几遍后，我们就把歌词填到歌谱里，送给军团政治部主任郭述申同志看。郭主任是个大学生，也懂音乐，他一唱感觉很好，完全赞同，并让我在报上刊登，印发部队学习。记得原来的开头一句是"红色军人个个要牢记"，以后改成了"革命军人个个要牢记"。中央红军长征到达陕北后，我们红二十五军编入红一方面军，在庆祝两军会师的大会上，红二十五军部队唱起了《三大纪律八项注意》，立即引起了全场的注意。不久，许多部队都学会了这首歌。可以说《三大纪律八项注意》这首歌是由红二十五军最先唱起来的，当时没有想到会流传得那样快，那样广，影响这么久远。如果说这算是一份成绩和光荣，那主要是程坦同志的功绩，我只是协助做了个"媒人"，把苏区现成的曲调往歌词上嫁接了一下，不值得宣扬。

八

继续北上，主动策应主力红军

1. 转向陕北

7月初,红二十五军从缴获敌军的一些文件中得悉,蒋介石正在调集东北军的3个军相继进入陕西。如果东北军扑向鄂豫陕边区,情况将非常危急,红二十五军将因缺乏战略回旋空间而难以立足,红二十五军又一次面临着关系前途命运的重大战略抉择。

荆紫关战斗结束后,鄂豫陕省委面对新的情况,开始考虑红二十五军的战略出路问题。当时知道能去的只有川陕根据地和陕北根据地。红二十五军曾尝试与川陕根据地建立联系,但发现入川的道路被敌军严密封锁,省委也曾开会批评过入川的主张,这时,就只能考虑去陕北根据地了。

倾向去陕北还有这样几个理由:

一是陕北根据地必定有电台与中央联系,红二十五军没有无线电,到了陕北,便可以接通与中央的关系。

二是这个地区距离外蒙较近,可以打通国际路线,有可能取得苏联的支持。

三是陕北距离张家口不远,过了榆林就可以到张家口,吉鸿昌在那一带进行抗日活动，红军可以建立与吉鸿昌的关系。

2. 吉军到，红军笑

红二十五军的领导对吉鸿昌并不陌生，早在鄂豫皖时期就有过接触和了解。吉鸿昌原是西北军冯玉祥的部下，1930 年 9 月被蒋介石任命为第二十三路军总指挥，在潢川、光山受命"围剿"苏区。当时，思想逐渐进步，倾向革命的吉鸿昌不愿中国人打中国人，其所率部队碰上红军即朝天放枪，在撤退的路上还丢下不少武器。

红军战士高兴地唱道：

> 吉军来打仗，
>
> 枪口朝天放。
>
> 丢下枪和炮，
>
> 送给共产党。
>
> 吉军到，红军笑，
>
> 先丢机关枪，
>
> 后扔盒子炮，
>
> 都叫红军收下了。

1932 年 5 月，吉鸿昌准备在旧军队策划起义，没有取得成功。他便带领随从直奔鄂豫皖苏区，准备参加红军。鄂豫皖省委书记沈泽民与他畅谈了一天一夜，给他讲述了许多革命道理，并安排徐海东、吴焕先、郑位三等其他省委领导陪同他参观红军和根据地建设，让他了解苏区的情况。

但对于吉鸿昌参加红军的要求，鄂豫皖省委因难以及时请示中央，不敢贸然留下，认为对于像吉鸿昌这样的名将，留在苏区外面工作所造成的政治影响比在苏区起的作用更大，因此劝说他离

吉鸿昌将军

开根据地,到外面争取发挥更大的作用。

吉鸿昌听从了劝说,在离开根据地时,沈泽民以省委的名义赠送 3000 元路费,并派得力干部、时任手枪团团长的傅春早护送他万无一失地离开了苏区。

吉鸿昌离开苏区后,到天津秘密加入中国共产党。他按党的指示,联络上级及旧部,于 1933 年 5 月与冯玉祥、方振武在张家口建立察哈尔民众同盟军,出任第二军军长,并任北路前敌总指挥,在长城内外打击日军。

红二十五军的领导吴焕先和徐海东等人,对于吉鸿昌的上述活动是知道的,因此希望率军北上,能够取得吉鸿昌的支持。

然而他们并不知道,在红二十五军从何家冲开始长征出发前后,吉鸿昌已经被国民党军统特务逮捕杀害。

1934 年 11 月,由于国民党军队和日军对吉鸿昌所率领同盟军的夹击,斗争遭到失败,吉鸿昌只好秘密回到天津,9 日被蒋介石的军统特务暗杀受伤后,被逮捕至北平军分会,24 日,被杀害于北平陆军监狱。

虽然,红二十五军的领导研究去陕北根据地的理由带有空想的成分,但北上会合陕北红军的战略方向无疑是非常正确的。后来毛泽东曾感慨地对范长江说:"徐海东部由陕南经陇东到陕北,乃偶然做成中央红军之向导。"

的确,红二十五军的长征传奇史就是在一系列偶然发生的因素中,开辟出了一条让人惊叹的英明、及时、正确的传奇之路。

3. 失而复回的张良庙银鹤

红二十五军在西征北上途中,途经留坝县境西北角的张良庙,相传此处为西汉开国名臣、官封留侯的张良晚年隐居之处,故又名留侯祠。环境幽雅,景色优美。

门前建有飞檐翘角的琉璃瓦门楼,左右门柱书有对联:博浪一声震天地,圯桥三进升云霞。上面镌刻"汉张留侯祠"五个大字。庙内有百余间殿堂房屋,走廊两边,竖立着数十块石碑,多为明清名人骚客所留题。大殿内,有一尊张良的塑像,在香案的两侧,有一对做工极其精细的银质仙鹤蜡台。仙鹤背上,各骑着一个口吹笛子、身背葫芦的小仙童,神情优雅,充满童趣,十分引人注目,这是庙里珍贵的文物。庙里的道人,闻听有部队在此经过,早已逃得不见踪影。

红二十五军在此留宿，进入庙内不久，有人发现，大殿里的那对银质仙鹤蜡台竟然不见了。

军政治部的同志们议论纷纷："哪个吃了豹子胆，敢拿这个古董？"

"吴政委有话在先，要爱护庙里的文物古迹，不准随意破坏。这事，要查，查出来非枪毙不可！"

军政治部立即派人追查，结果很快就水落石出，原来是张喜财政委任职的经理部负责筹款的同志，见这对仙鹤是银质的，认为可以卖很多钱，以解决经费不足问题，就悄悄地搬走了，准备带上留作经费。

事情经过报告给吴焕先政委后，吴焕先十分生气，立即把张喜财叫来，厉声批评道："你个张喜财，真个叫喜财，把经理部变成了喜财部！君子喜财爱财，取之有道。你们打土豪、没收地主的不义之财，那是天经地义的事。可你们把张良庙的文物古董，居然也敢偷偷摸摸收拾起来。不错，这两个银子蜡台是很值钱，可它值钱再多，我们也不能拿走，更不能变卖！雁过留声，人过留名，我们从张良庙路过一回，可能落下个千古骂名！我们红军虽然很穷很苦，但也不能做这种遭人唾骂的事，落下个盗卖文物古董的罪名！你们只知筹集钱财，完全不顾红军的政治影响！"

张喜财马上意识到事情的严重性，立即承认错误："我们错了，错了，都怪我管教不严！要处分就处分我吧！"

吴焕先生气地说："进庙之前，我们怎么讲的？你们把我的动员讲话当作耳旁风了！你说，这是谁自作主张偷的？是追究你的领导责任，还是把当事人拿来治罪？你还想把错误揽下来，掩盖部下的错误？那好，我现在就处决你，杀一儆百！看谁还敢违反三大纪律八项注意！"

张喜财顿时惊呆了，想到经理部老经理吴维儒，因为部下些许过失被追究领导责任，并被处以死刑，而吴维儒还是吴焕先的叔叔。想到这里，张喜财失声痛哭说："要是老经理他还活着，肯定不会发生这种事，我是经理部政委，负有领导责任，全都怪我。"提到了老经理吴维儒，吴焕先沉默了，毕竟都是为了红军而不是为自己。

就在此时，军政治部主任郭述申出面说情，强调要把这件事当作经验教训来汲取。吴焕先这才松了口，从牙缝里迸出两句话："一对银鹤，物归原处。再要乱偷乱摸，决不轻饶！"

事后，吴焕先对张喜财说："喜财同志，你可晓得张良这个人么？他就是你们皖西北亳县人，你也姓张，说不定你们还是一个老祖宗哩！亏你还是'喜财部'的领导，连张家老祖宗的祭器都给没收过，差点断了香火，败家子！"

此后，当有人喊张喜财"喜财政委"时，他总感到不自在，后来干脆改名为"张希才"。

如今，张良庙里那对失而复得的银鹤，依然伫立在张良像两边，仙鹤背上的两个小仙童，依然那么可爱！

4. 六月十三，红军出山

为尽快打退敌军对根据地的进攻，红二十五军的领导决定再次转到外线作战，实施"围魏救赵"策略：北出终南山，威逼省城西安。只有这样，才能震撼敌军，使进攻根据地的敌军不得不回师自保。

"六月十三，红军出山。"这是当时流传于陕西蓝田县的焦岱、长安县的引驾回地区的一句民谣。1935 年的 7 月 13 日，为农历六月十三，恰是焦岱和引驾回的逢集之日。这一天，红二十五军再一次以迅雷不及掩耳之势，北出终南山，一举攻占焦岱和引驾回。

那天，红二十五军在早晨赶到焦岱，手枪队 100 多人化装成赶集人，赶到引驾回，严密控制了当地的反动武装，没费一枪一弹，即全部俘虏当地的民团武装。此时，红二十五军的前锋已到达西安以南十余千米处的韦曲、杜曲地区。

红二十五军这一出其不意的突然行动，使国民党军进攻红二十五军的总后方西安首次感到战争的威胁，引起城内的一片慌乱。西安城内外，顿时罩上了战备的烟云。西安南门戒严，城内的资本家更是闻风丧胆，收拾财物，准备出逃，有的已经奔出潼关，逃往上海等地。

引驾回，是长安县东南沿山的一座大镇，距离西安只有不足 25 千米。传说唐明皇李隆基曾在此射猎，遇大雨在密林中迷了路，被人引驾才回到京城，故命名为"引驾回"。

红二十五军决定在引驾回地区开展轰轰烈烈的群众活动，制造更大的声势。于是，红二十五军在此召开群众大会，由吴焕先政委主持，进行宣传教育，把缴获没收豪绅、民团的财物搬到会场，当即分发给贫苦的群众，把在作战中俘虏的敌旅长也押到会场进行示众，大长了群众的志气，扩大了党和红军的政治影响，并吸收了300多名踊跃参加红军的当地青年，扩大了红军的队伍。

徐海东在区公所抓到敌区长，为给西安守军造成更大的心理压力，徐海东命令敌区长给西安城防司令部打电话，告诉他们，红军已经到了引驾回，让他们来"接驾"。不料，对方回答说，于学忠、毛炳文部都向西开拔了，无兵可派。

这一意外的消息，使徐海东意识到，很可能是西边有红军在活动。恰好这时，红军又在当地找到了一份《大公报》，发现了这样一条消息："松潘西南连日有激战，共军一、四方面军正向松潘方向流窜。"

偶然获得这样两条消息，使红二十五军的领导非常高兴。当天晚上，红二十五军全体指战员沿终南山下，开向了西面的子午镇。

5. 引驾回的喜讯

子午镇是个大镇，位于终南山下的子午峪北口，是进出终南山的必经之地，那些来往于西安、汉中、安康以至四川境内的客商行人，大都经过此地，是个信息的集散地。红二十五军到此，镇压土豪劣绅，发动群众，救济群众，制造威逼西安的声势。更重要的是，希望进一步得到中央红军、红四方面军和陕北红军的确切消息，以明确红二十五军下一步的行动方向。

因此，一到子午镇，红二十五军的领导就忙着收集各种信息。吴焕先通过仔细研究报纸上零星刊登的敌军调动的消息，发现敌军的调动十分频繁：薛岳的两个军开到了成都，胡宗南的部队全面调到川北地区，王均的第三军调入甘肃，从江西调来西安的毛炳文的第三十七军已经出发前往甘肃，东北军于学忠的第五十一军从河北调入西安。3天过去了，却对眼前红二十五军威逼西安的行动置之不理，一直按兵不动，看来另有任务。

同时，吴焕先还从一位来自四川万源县的商人嘴里，听到一首歌谣：

红军过了河，

羊子奔索索，

冬瓜遍地滚，

猴子摸脑壳，

矮子挨鞭打，

刘湘怕活捉。

请问委员长，

看你又如何？

红二十五军在长征中使用的部分武器

吴焕先经过与他深入交谈，知道"羊子"指的是敌二十军军长杨森，"冬瓜"指的是敌二十九军军长田颂尧，"猴子"指的是敌二十八军军长邓锡侯，"矮子"指的是敌新编第六师师长李家钰，刘湘是四川"剿总"司令兼敌二十一军军长，这些人都是"围剿"川陕苏区的国民党军将领。歌谣反映出，红四方面军突破敌人的嘉陵江防线，蒋介石已经把二十九军军长田颂尧撤职查办，杀鸡给猴看。

吴焕先综合以上情况，分析认为，这几十万敌军频繁调动，集中在川陕甘地区，看来是在布防围追堵截，由此说明中央红军和红四方面军正在进行大的行动，有北上的动向。

红二十五军驻子午镇已经 3 天，不可能在此久留，必须赶快做出决策。但仅仅依据几张残破报纸、几条零散的未经证实的消息就得出结论，做出判断，未免有些轻率。红二十五军 4000 将士的命运，不能建立在猜测的基础上，不能只凭碰运气的侥幸心理。知己知彼，才能百战不殆，这是所有军事家的常识。

6. 子午镇来了传奇的石先生

正当红二十五军的领导对下一步行动的战略方向难以抉择时,那位具有传奇色彩、号称"石先生"的原鄂豫皖苏区省委交通员石健民,突然于1935年7月15日下午来到子午镇红二十五军的军部,见到了程子华、吴焕先、徐海东等军领导,带来了文件和报纸。

石健民的到来,对于红二十五军的领导来说,可真如长夜见曙光,久旱逢甘露。吴焕先异常兴奋地对他说:"此地农民有句俗话:'人到着急时,总有个出奇处。'你来得太及时了,太巧妙了!"

原来,石健民带着中央文件和指示,几经周折从上海赶到西安,原准备由西安进入商洛山中,与红二十五军建立交通联系。到西安后,他看到城内形势紧张,听说红军打出了终南山,到了附近,于是他采取果断行动,冒险来到了子午镇。

从他带来的中央文件和报纸,红二十五军的领导才了解,1935年1月,党中央在长征途中的遵义举行了政治局扩大会议。6月中旬,中央红军在四川懋功与红四方面军会师后,已经北上了。他们还了解到,蒋介石继续推行"攘外必先安内"的政策,国民党政府与日本签订了《何梅协定》,日本加紧入侵华北地区,中华民族危机空前严重。而蒋介石却调集几十万重兵,企图将主力红军围堵消灭于川西地区。

石健民还带来了用于同党中央直接联系的"甲乙两组密码呼号",但因电信器材残缺不全,红二十五军仍然无法与党中央取得联系。但石健民带来的信息已经可以让红二十五军下定行动的决心了。

后来,对于这段历史,刘华清上将曾有过详细的回忆:

红二十五军因为没有电台,自撤离鄂豫皖苏区后就与中共中央失去了联系……在威逼西安的行动中,我们从报纸上得悉中央红军和红四方面军已在川西会师,并有北上动向。当时,蒋介石正在调集几十万大军向川陕甘边地区集结,企图将我主力红军围歼于川西地区。此时,红二十五军是向川西方向转移,还是继续坚持孤军北上?又面临着一次新的重大抉择。恰在这关键时刻,原鄂豫皖省委交通员石健民从上海经西安到达红二十五军驻地，送来了党中央的文件，并确切证实了中央红军与红四方面军在川西会师和准备北上的消息。当晚，鄂豫陕省委在长安县沣峪口召开紧急会议。省委全面分析形势，认为红一、红四方面军在川西会师的胜利并将要继续北上创建中国西北部苏区根据地，这是目前中国革命发展的新的形势和特点。红二十五军当前最紧迫的战斗任务是配合红军主力在西北的行动，迅速创造新的革命根据地。因此，省委决定立即率领红二十五军西征北上。

7. 沣峪口会议定方向

7月15日晚，红二十五军从子午镇出发，转移到长安县沣峪口。吴焕先主持召开鄂豫陕省委紧急会议，主要内容是讨论石健民带来的信和文件，以及分析形势，决定红二十五军下一步行动的战略方向。

会议客观地分析了形势，认为当前全国的革命形势有两大新特点：一是"帝国主义的瓜分与国民党的出卖，已经使中国民族危机日益严重，积极准备与日本帝国主义作战的任务更加迫切"；二是"两大红军主力在西北方会合的胜利，与将要形成的中国西北部苏区根据地"。

今日沣峪口

会议还客观地分析了鄂豫陕革命根据地斗争中存在的问题，看清了存在的困难，认为"在目前我们行动区域的群众工作、党的组织十分薄弱，红军本身还没有扩大到能有力地迅速地消灭整批敌人，创造伟大的巩固的革命根据地。同时，在我们行动的区域，目前说来还是狭小的，物资还不足供给大批红军的需要"。

对于红二十五军在第二次反"围剿"中取得的作战胜利，会议也给予恰当的评价，认为"只是粉碎了敌人3个月的进攻计划而没有争取（得）最后的全部胜利"。

会议确定了红二十五军行动的战略目标："我们党在新的胜利与新的经验与教训下，要加紧粉碎敌人新的进攻，配合红军主力行动以争取最后全部胜利，这是当前最紧迫的战斗任务。"同时，"树立中国西北方较大的红军主力，成为西北革命运动之柱石，配合红四方面军、中央红军之行动，与积极准备同帝国主义作战的阵地。"

会议提出，红二十五军"目前首先要执行新的任务，采取新策略，在一切行动中极力与陕北红军集成一个力量"，"集中一个大的力量，有力地消灭敌人，配合红军主力在西北的行动，迅速创造新的伟大的巩固的革命根据地"。

会议做出决定：红二十五军到陕甘苏区会合红二十六军，首先争取陕甘苏区的巩固，集中力量以新的进攻策略消灭敌人，直接有力地配合红军主力，创造新的伟大红军与准备直接与帝国主义作战的阵地。在这种新的策略方针之下，会议决定了二十五军的西征北上行动。

会议同时决定：鄂豫陕省委随红二十五军西征北上后，鄂陕、豫陕两特委合并为鄂豫陕特委，由郑位三和陈先瑞统一领导当地的武装力量，继续坚持鄂豫陕革命根据地的斗争。

沣峪口会议上，鄂豫陕省委在远离党中央、信息缺乏的情况下，独立自主地做出西征北上、会合陕北红军、自觉配合党中央战略行动的决策，是非常及时正确的，反映出鄂豫陕省委成熟的大局意识、高超的战略判断能力，能从全国形势发展的大局和整个红军行动的大局出发，其做出的决策，符合了全国革命形势的发展趋势，符合了党中央把革命大本营放在西北地区的战略意图。

1935年7月16日，红二十五军4000余名指战员从长安县沣峪口地区出发，离开鄂豫陕苏区，沿着秦岭北麓向西挺进，踏上了继续长征的道路。

8. 吴焕先的总结报告

7月17日晚，部队在一个叫南乡的地方宿营休息后，吴焕先不顾行军疲劳、天气闷热、蚊虫叮咬，在昏暗的油灯下抓紧时间，以鄂豫陕省委的名义向中央起草报告。他的这篇题为《关于红二十五军的行动、个别策略及省委工作情况的报告》，全文达8000余字，内容十分丰富。

《报告》按照时间顺序，总结了红二十五军撤离鄂豫皖苏区、向陕南转移途中的战斗经历，以及创建鄂豫陕苏区、粉碎敌人"围剿"的战斗过程，一直写到威逼西安时，决策西征北上的全过程。可以说是一篇红二十五军自1934年11月至1935年7月艰苦卓绝的斗争简史。

《报告》在阐明省委工作时，既肯定了七个方面的进步，又客观地分析了存在的五个方面的问题，最后向中央提出了八条建议，充满着唯实、求真、尽职的精神。

《报告》认为七个方面的进步主要包括：省委有集体领导与工作计划，到处组织、发动群众开展分粮、分东西、抗捐、分土地等斗争；执行了下层统一战线的策略；大胆武装群众；党内两条战线的开展，特别是反官僚的斗争；转变了工作方式；改善了红军中的政治工作、党的工作，战略战术和情报侦察工作取得了进步；地方工作分土地与肃反的进步。

《报告》认为存在的五个缺点主要是：省委无日常工作，成员都兼职；没有上级指示及各方兄弟党的关系和当地党的帮助；对干部培养不积极，特别是当地干部缺乏；地方工作是仅依靠红军的政治影响、胜利的影响而号召起来的；红军没有大量地扩大，原计划扩大3000名新红军的计划没有实现，只扩大了三分之一。

《报告》在最后提出了八条建议。这八条中首要的建议就是沣峪口会议上鄂豫陕省委讨论的内容，把西征北上、会合陕北红二十六军的战略意图，作为建议向中央提了出来，请求中央给予指示。这些建议也表达了希望与党中央建立长期稳定联系，以便不断接到中央指示的迫切愿望，并希望中央派出大批军政干部到红二十五军工作，以加强鄂豫陕省委力量和对红军的领导。

吴焕先的这篇报告一直写到7月18日凌晨3点半才完成。但他顾不得休息,又把省委几个月来召开会议通过的几份决议文件整理好,一起交给交通员石健民呈报中央,请中央予以指示。

石健民与红二十五军的领导依依惜别,肩负重大的使命,匆匆踏上了返回的征途。

如今,这些珍贵的历史资料,都完好无损地被收藏在中央档案馆内,至于它们是如何被送到中央的,已经无人知道。这位在红二十五军长征史上的关键时刻,两次传递党中央指示的"石先生"于 1939 在新四军工作期间,在一次执行任务时不幸被敌人发现,英勇就义于安徽的金寨县。

送走石健民之后,红二十五军继续西进。

9. 突入秦岭

与此同时,敌军已侦悉红军的行动,接到命令,开始追击而来。

7 月 17 日,敌军骑兵团已追到周至县的店子头,红军在此打退了敌军的进攻。

敌东北军第五十一军第一一三师李振堂部也接到"防堵共匪北窜"的作战命令,先头部队已抵达周至,距红二十五军已不足 15 千米。19 日,该师冒雨进到终南镇,在该日的"阵中日记"中记载:"据终南镇土人云,有匪 200 余名,于 18 日闯进该镇,张贴标语,宣传反动";"该匪之大部以天雨河涨,盘踞于店子头一带,有窜向陕北之企图"。

当时,敌军已经初步判断出红二十五军西行的目的在于渡过渭水与陕北红军会合,连《大公报》驻西安的通讯员,在发出的通讯中都报道:"徐海东想横渡渭水与刘志丹会合。"敌军紧急调集重兵,在西安至宝鸡的渭河两岸,严密布防,阻止红二十五军北上。

红二十五军在周至县停留了两三天时间,确实想从这一带过渭河,直接去陕北。还曾派人到渭河边看过地形,寻找渡口,但因敌人防守很严,又下了两天雨,河水涨了,无法渡河。

红二十五军领导决定隐蔽行动意图,以迷惑敌军——在 21 日再次于周至县马召镇打退尾追的敌骑兵团后,红二十五军决定进入秦岭,翻越太白山,继续西进北上。

22 日晨，红二十五军由辛口子向南进入秦岭山中，经青岗砭、宽台子、厚畛子、佛坪旧城、二郎坝等地向南前进，发布要进攻汉中的假消息，以调动敌军向南跟进。

红军进入秦岭以后，鄂豫陕省委在佛坪袁家庄再次开会，会议肯定了西征北上去陕北是正确的行动方针，决定绕到渭河的上游，即宝鸡、天水一带渡河北上。7 月 27 日，红二十五军到达留坝的江口镇，击溃了当地的民团，已把追击的敌军抛在了后面。

红军突然进入秦岭山中，果然迷惑了敌军。西安的报纸猜测，红二十五军有"进入四川之企图"，推测的理由是红四方面军在四川，红二十五军与他们有极为密切的历史渊源，红二十五军中许多战士的亲人都在红四方面军，这次必然是入川，"与他们的父兄会见"。

不仅是敌军迷惑了，连红二十五军战士们也产生了误解。由于刚开始时行动的方向是保密的，没有进行政治动员，普通的红军指战员并不知道此行的目的是去陕北，因而翻秦岭、过太白山后，许多战士也误认为是去四川会合红四方面军。

红二十五军由于连续行军，战士们十分疲劳。鉴于这种情况，省委和军领导决定在江口镇休整两天。期间，在进行西征北上物资准备工作的同时，进行政治动员，向战士们明确行动的方向和意义。吴焕先政委在动员会议上，分析了形势，明确了红二十五军西进陕甘边界、会合陕北红军的迫切任务，提出了"配合两大主力红军行动"、"迎接主力红军北上"的战斗口号。

副军长徐海东在会议上表达了西征北上的坚定决心，他说："我们这次西征北上的行动，就是为了迎接党中央、与中央红军会师。我们这几千人就是牺牲完了也要牵制住敌人，保证党中央和中央红军顺利北上，这对全国革命是有重大意义的。"

部队在休整期间还进行了整编，将跟随主力部队行动的阮英臣的第四路游击师 280 余人分别编入各作战部队。这支来自陕南山阳县袁家沟口"万户蜂"的子弟兵，正式编入红二十五军主力部队战斗序列。

此时，留在华阳地区、承担联结红四方面军桥梁使命的华阳游击队，由于强大敌军的围攻,在受到挫折后,闻知红二十五军主力部队经厚畛子、黄柏塬、二郎坝等地西进,其剩余的 20 多人,连夜出发,冲破反动民团的重重追堵,一步不停地边打边跑,经过整整三天三夜的急行军,终于在江口镇赶上了主力部队,他们也一并被编入战斗部队。经过整编后,红二十五军下辖二二三团、二二五团和手枪团,连同机关和军直属分队,共计 4000 余人。

10. 梁家坟联席会议

在江口镇,吴焕先以省委的名义,亲自写了两封内容大致相同的指示信,送给留在陕南的郑位三、陈先瑞等人。信中叙述了当前的斗争形势和红二十五军西征北上的战略任务,对就地坚持和发展鄂豫陕边的游击战争、巩固根据地等问题,作了具体指示,指明了坚持鄂豫陕边根据地斗争的意义。他说:"鄂豫陕边区的区域,更显出了它在中国革命发展前途和西北方的发展基础上,(会)成为一个重要的有政治意义的区域。"因此,要更进一步地开创鄂豫陕边苏区和游击战争。在组织上,指示鄂陕、豫陕两个特委合并为一个鄂豫陕特委,并指出特委的任务是:"巩固开创边区的苏区,组织新的红军,开展陕南的苏维埃运动,最高度地牵制敌人,为创造苏区和红军而斗争,为配合西北革命而斗争!"

在武装力量上,他指示"迅速组织新的红军队伍,把现有游击部队武装,组成一个较强大的独立团,争取发展成一个师的红军","采用突击、袭击、伏击、截击等游击动作"来打击敌人。

遗憾的是,吴焕先的指示信并没有能被送达留在鄂豫陕苏区的领导手中。这两封信,由红军便衣队交给了第三路游击师政委李志英,让他转交。李志英带着游击师的特务队在寻找鄂豫陕特委的途中,特务队队长赵久海叛变,杀害了李志英,带着省委的指示信和少数人投敌。

这样,留在苏区的鄂陕、豫陕特委和游击队不知道红二十五军的情况,敌人却知道了红军的动向,更加肆无忌惮地疯狂"围剿"根据地各路红军游击部队。

直到 8 月底,鄂陕特委在宁陕县两河口获得一份《西京日报》,才知道红二十五军已经西征北上。于是,陈先瑞率鄂陕特委东进会合李隆贵、郑位三领导的豫陕特委,共商斗争大计。

9月9日，两个特委在梁家坟举行联席会议，做出四项决定：

一是红二十五军已经西征北上，鄂豫陕根据地必须树立独立坚持斗争的思想，以陕南为中心，开展游击战争。

二是将鄂陕、豫陕两个特委合并为鄂豫陕特委，书记为郑位三，成员有陈先瑞、李隆贵、方升普、曾焜、李书全、袁崇安、张安、郑连顺等8人。

三是合编各路游击师，组成红七十四师。

四是确定作战的方针是游击战。紧紧依靠人民群众，采取同敌人兜大圈子的方法，不打强敌，只打分散、弱小、孤立之敌和地方反动民团武装。

虽然没有收到鄂豫陕省委的指示，但这次会议在根据地生死存亡的关键时刻，独立做出的四项决定，既符合根据地斗争的实际情况，又符合省委的指示精神，对于扭转当时根据地斗争的困难局面，保存和发展革命力量，具有重要作用。

11. 特委书记郑位三的传奇

鄂豫陕特委书记郑位三也是位传奇人物。他原名郑植槐，湖北黄安（今红安）人，生于1902年。16岁考入湖北省甲种工业学校，因在发榜时名列第三，遂改名"位三"。他中等个头，体形比较魁伟，一张国字形的四方脸，颧骨突出，棱角分明，目光深邃，炯炯有神。大嘴唇上，蓄着两撇浓密的八字胡，修剪得十分整齐，稍微往上翘着。

也许是面目过分威严的缘故，红军指战员与其相会时，大都喊他"位老"，其实当时他并不老，也只有30多岁，而他总是自称"卫劳"。

同辈人中也有叫他"小诸葛"的，是因他能谋善断，具有临危不惧的智慧。在他战斗过的鄂豫皖苏区和鄂豫陕苏区，一直到今天都流传着他三次在敌人眼皮子底下脱险的传奇故事。

一次是敌人进山"清剿"，扬言专门捉他。他带着100余名红军转移，途中得知敌一个团正迎面而来。郑位三向四周瞭望一番后，用左手摸着上嘴唇浓密的八字胡，右手指着斜对面一座山冈说："就在那儿暂避一时，等敌人过后再转移。"这座山冈与人行大道仅隔一条河，很容易被敌人发现。

在众人疑惑的目光注视下，郑位三不慌不忙地解释说："前面走不得，弯路绕不得，退也退不得，与其选择前者，倒不如冒一次险，在险中求安。"

在他的指挥下，100多号人隐藏在小山冈后面。敌人来势汹汹，只顾匆匆进山，果然没有发现眼皮底下藏着的红军队伍！众人敬佩地说："位老，你真是料事如神啊！"

又有一次是郑位三下山，病倒在老乡家里。敌人此时正在四处搜查村落要抓郑位三。几位乡亲心急如焚地跑来报告："敌人进村了，我们把你藏起来吧。"他想了想说："不用了，你们把我连人带床抬到村前水塘边那棵大柳树下吧。"

乡亲们乍一听还以为他是在开玩笑，他顾不得多解释，告诉老乡们说："就照我说的办，敌人来了，你们就说那是个传染病病人。"乡亲们只好照办。炎热酷暑，别人都大汗淋淋，他却盖了两床被子躺在柳树下。

敌人进村后，发现柳树下有张奇怪的床，一问听说那人得了传染病，用枪刺挑了挑被子，也未敢靠近，捂着鼻子躲开了。

事后别人都说好险呀，他却说："这样最安全，敌人怎么会想到郑位三大白天睡在村口呢？"

还有一次，敌人跟踪而来，郑位三无法逃避，干脆就藏在老乡家的矮楼里。里面有一堆烂棉花，一只大棉花篓子，不像个藏人的地方，敌兵上去胡乱踢腾，却没有搜到。

鄂豫陕特委决定由郑位三任特委书记，是因为他有着长期的丰富的斗争经验，是红二十五军中的一位传奇式人物。

1935年10月9日，由郑位三、陈先瑞等人主持，按照鄂豫陕特委会议精神，各游击部队在商南县的碾子坪合编为红七十四师，师长为陈先瑞，政委李隆贵，副师长兼参谋长方升普，政治部主任曾焜，全师近700人。

多年后，陈先瑞对红二十五军北上后，红七十四师的成立给予高度的评价。他说这是"红二十五军北上后取得的有重要意义的胜利，粉碎了敌人妄图将我各个击破的阴谋，挽救了危局，保存了力量，使陕南革命斗争的烈火不熄，红旗不倒，从思想、政治、组织上保证了陕南革命斗争的继续和发展"。

12. 宁陕来红军

新成立的红七十四师在特委的领导下，继承和发扬红二十五军的战斗作风，以灵活机动的游击战，转战于鄂豫陕三省边界 24 个县，打土豪、分田地、发动群众、扩大红军，先后打退了敌军多次大规模围攻。

红七十四师成立后，由碾子坪出发，巧妙避开敌人主力，沿鄂陕交界的崇山峻岭向西行进。11 月初，经旬阳以北返回鄂陕边区，途中会合了第五、第七路游击师，扩大了红军的影响，也扩大了红军队伍。

敌军为消灭红七十四师，再次调集重兵围攻。敌第四十军庞炳勋部抢先占领了镇安县城东南 40 千米处的青铜关，挡住了红七十四师西去宁陕、佛坪的通道。当红七十四师到达青铜关以东不远处时，得知了前面的敌情。特委经过认真分析，认为此处敌军虽占据险要，但孤军突击，又不知我军的动向，可以诱敌前来，打个伏击战。

守卫青铜关的敌军看到红七十四师诱敌的小部队时，果真以为是游击队，敌营长亲率两个连，追击而来。事先埋伏的红七十四师将士们乘机杀出，一举将敌打垮，毙伤敌营长以下 100 余人，缴获长短枪 70 余支、轻机枪 5 挺。

青铜关战斗是红七十四师成立后的首次胜利，极大地鼓舞了军心、民心。

几天后，红七十四师又以奇袭占领佛坪县城，消灭县保安团。对县城的占领，扩大了红军的影响，增强了红七十四师指战员们坚持独立自主武装斗争的信心。随后，红七十四师不断出击，打击地方反动势力，开仓济贫，宣传我军主张，扩大红军。

1936 年 1 月，红七十四师抵达东江口，正准备过春节时，得知杨虎城派出一个独立旅进山"围剿"。特委决定以突然动作，插到山外过节。

红七十四师以神速翻过秦岭，利用下大雪，27 日拂晓时突然出现在宁陕县城下，一举占领该城，全歼保安队 400 多人，并缴获敌人一个武器库，解决了部队的装备问题。敌县长居文召躲在一座小楼上，偷偷向红军打冷枪，战士们非常气愤，放火烧了小楼，敌县长慌忙跑了出来，被当场抓到，斩首示众。

红七十四师打下宁陕县城后，郑位三说：住上 10 天，最少 8 天。特委按郑位三的意见，部队住在县城、关口镇（今陕县城）、贾家营、梁家庄等地，打土豪、分田地，发动群众，扩大红军。

当时，有个沿街卖唱的盲艺人，自编了一支歌谣，唱道：

> 腊月梅花开，
>
> 宁陕来红军。
>
> 缴枪几百支，
>
> 县长毙南门。
>
> 打土豪、救贫民，
>
> 穷苦百姓把腰伸。

8天以后，红七十四师才离开宁陕县城。敌人新任命的县长在第二天才带着军队赶到县城上任。

当时，同志们都说郑位三是红七十四师的"诸葛亮"，能"料敌如神"，指战员们都十分信赖他。

红七十四师打下宁陕县城，震动了敌军，敌军慌忙调集六七个团的兵力进行"围剿"。为摆脱敌人，红七十四师再次向西打下佛坪县城，进至双石铺，消灭当地保安团，缴获长短枪300余支，破坏公路桥梁几十处，使公路中断达半月之久。

敌人再次调集重兵，由驻汉中的敌四十九师、驻安康的四十四师、陕军杨虎城的独立一、二旅，加上地方保安团共计10余团兵力，采取后追前堵的策略，妄图一举合围消灭红七十四师。敌四十九师一部牵着十几条猎狗，一路上人喊狗叫，紧紧追在红七十四师后面。

转战的路途中，红军的弹药奇缺，敌军狂妄地叫喊："只要赤匪放一枪，就等于被打死一个人。"面对危急的情况和艰难的处境，特委书记郑位三拄着棍子，把队伍带上了终年积雪的太白山，经过7天7夜的转战，终于从敌人的结合部，趁着拂晓夜暗，打出了重围。

红七十四师转战至东江口时，原红二十五军手枪团一名叫程福才的战士，化装成老百姓，找到了红七十四师，带来了《八一宣言》和《中央关于目前政治形势与党的任务决议》等文件，还有一封简信，讲述了全国的形势，以及红二十五军长征到陕北后与陕北红军及与中央红军会师的情况。红七十四师的领导连夜学习中央的文件，由特委书记郑位三起草了《关于七十四师成立经过的报告》，让程福才带往陕北。

红七十四师机动灵活的游击战术，使敌人大伤脑筋，敌龙驹寨邮局局长马龙图在给国民党陕西政府的报告中称："窃查匪徒流窜，东西无方，去来无定，昨于彼而今忽此，令人防不胜防。"

国民党第四十军军长庞炳勋率部"清剿"鄂豫陕根据地红军各路游击师，屡遭失利后，总结说："迭查，凡剿匪失利者，多由中匪诡计：（一）匪用土民持红旗各处呐喊，虚张声势，作疑兵，国军不明虚实，东突西冲，疲于奔命，匪乃乘机袭击。（二）匪奇袭我方高级司令部，如被袭破，不战自溃。（三）匪以少数诱国军，而以多数埋伏山林，乘机四起，以袭击或腰截，致遭暗算。总之，以后剿匪注意搜索、警戒、联络，驻地隐秘，对土民报告须详审，勿轻信，又须多派干探。诸凡谨慎，免为所欺。"

1936 年 5 月，敌军再次调集约 20 个团的兵力"围剿"红七十四师，采取政治、经济、军事相结合的反动方针，计划在三个月内彻底消灭红七十四师。陕西省政府主席邵力子也给国民党各县发电，要求各县组织民团，"协剿"红军。

红七十四师针对严峻的敌情，决定将部队"化整为零"，避敌主力，深入敌后。

一天，红七十四师一部在敌后张家坪附近西安至荆紫关的公路上，意外地抓到了从西安赴商洛上任的行政区督察专员汤有光，他根本没有想到红军会突然出现在这里。郑位三审问后，处决了汤有光，并把一张布告放在他的尸体上。这一行动极大地震动了当地一些反动官吏。

师长陈先瑞亲率一个团的兵力于 6 月下旬再次越过太白山，逼向宝鸡。在充分调动敌人后，又以迅速的动作跳出敌军的合围圈，转战至梁家坟时，利用雨夜袭击了当地作恶多端的反动民团，击毙了民团头子赵平甫，缴长短枪 200 余支。当地群众高兴地唱起了新歌：

> 一阵雨，一阵风，
>
> 云消雾散太阳红。
>
> 家家户户迎红军，
>
> 红军来了救百姓。

13. 游击战中逞英豪

官坡战斗中，豫陕游击师四大队二中队队长李春银先派指导员张茂功摸清敌情，然后令其部为前锋，连夜潜入官坡民团团部，迅速发出进攻信号，使后续部队很快把民团包围。在短兵相接的战斗中，李春银部战士李高升刚消灭了一个敌人，便见另一个敌人正举枪指向方升普师长。李扑上去，一把抓住枪筒猛地向上一抬，"叭"的一声，子弹射向空中。方师长上来一枪结果了这个敌人的性命，随后又打死了敌团长和护兵，全歼官坡民团。

经过一系列的战斗，豫陕游击师又恢复了官坡、五里川一带苏区。

但敌庞炳勋部追赶红军至葛家岭，游击师面临的形势又变得十分严峻。为了使刚刚集中起来的两支游击师主力安全转移，在李春银的再三请求下，郑位三决定留豫陕游击师第四大队李春银中队据险断后，掩护大部队撤退，并等候奉命集结的赤卫军。激战从上午持续到下午，终于使主力安全转移。

天色将晚时，赤卫军陆续赶到。李春银交代了整编事项后，根据当时险恶的敌情，决定率部留内线坚持武装斗争，以配合跳出外线的主力作战。

他带人到马家岔抄敌人后尾，不断袭击骚扰敌人。敌人恼羞成怒，凶猛地咬住李春银部不放。李春银引敌人上钩后，冒着极大危险，在玉皇尖一带同敌人周旋了两天多，才相机突破敌人的包围圈。

9月份，各部整编后，李春银负责县苏维埃武装工作，他担任中队长，下设3个分队，连同苏维埃政府干部共计180多人，先后转战在里曼坪、胭脂河、朱阳关、大河面、双槐树、官坡、兰草等大半个卢氏县境，坚持根据地内线斗争。

县苏维埃在朱阳关侦察时得知，这个镇上的国民党修有炮楼，除国民党正规部队外，乡公所还有几十条枪。反动乡长仗着武装民团横行乡里，鱼肉百姓，是个杀人不眨眼的刽子手。群众恨之入骨，敢怒不敢言，李春银决定铲除他。经红军游击队研究，决定用引蛇出洞的办法，把他诱到其亲信杜某家，终于枪决了这个罪大恶极的乡长，为当地群众除了一害。

敌人再不敢轻易出来骚扰，群众无不拍手称快。

1936年1月，李春银中队在卢氏边境抓了一个保长和两个保丁。随后，部队转移到卢氏杨树沟一带。保长托人给红军送来手电、毛巾、袜子、纸烟等物,并答应红军提出的条件,要求释放俘虏。由于赤卫军缺少对敌斗争经验,轻易相信了保长的诺言,结果来的两个人连夜返回向敌人报告。国民党正规军 1 个营和卢氏保安团共 1000 多人突然把全中队包围在杨树沟一带。

情况万分危急,李春银让李高升带领一分队、三分队和石常安率领的苏维埃机关人员分路突围。为了使苏维埃机关和主力多一份安全,李春银率二分队 30 多名红军牵着敌人边打边往玉皇尖方向引。

敌人恼羞成怒,对李春银部所率分队疯狂进攻。二分队战士多数壮烈牺牲,只剩下数人坚守玉皇尖。李春银自己也多处负伤,不能行走,但他仍然坚持战斗,接连打退敌人多次进攻。敌人用迫击炮狂轰后,玉皇尖阵地只剩下李春银一人,子弹也打光了。李春银把两支步枪全部摔坏。

没有了枪声,敌人向他步步紧逼。就在接近的一刹那,李春银打开了手榴弹盖,咬断了导火索,瞪着血红的双眼,不顾一切地向敌人冲去。敌人恐慌地望着燃烧的导火索抱头后退。随着手榴弹的一声巨响,优秀的红军指导员李春银为了人民的解放事业,光荣地献出了宝贵的生命,时年 26 岁。

李春银牺牲后,惨无人道的敌人肢解了他的尸体,使英雄的遗骨至今无法寻找到。

石常安带领幸存下来的十余人,坚持在豫陕边的七盘磨一带活动,并把各地零星的苏维埃政府干部和赤卫军游击队 20 多人收拢在一起,整编为赤卫军游击小分队,由石常安、王占魁率领,继续保卫分配的土地,坚持在七盘磨、琉璃庙、官坡、毛河一带深山老林打游击,长达半年之久。

1936 年 11 月,特委率红七十四师继富水关歼敌公秉藩别动队近百人后,沿豫陕边北上,再歼栾庄、兰草民团 100 余人,缴枪 70 多支。后在官坡一带,与卢氏县保安团遭遇,该保安团火力较强,都是俄国造的步枪,弹药也多,且敌人先占据了一个山头。红七十四师当即决定由第三营营长李学先带前卫第九连正面攻击,手枪团迂回敌后,相互配合,一鼓作气,攻下山头,歼敌 170 人,缴俄国造步枪 130 余支,轻机枪两挺。战后,第九连全部换上了俄国造武器。此役还缴获了国民党卢氏县长骑的骡子。陈先瑞将军于 1983 年在北京回忆,那骡子好漂亮,鳌头都镶的是金子。

据陈将军后来回忆写道:"红二十五军走后,红七十四师在豫西游击区有五里川、里曼坪、朱阳关、西坪、三川、兰草、官坡、双槐树、磨沟口、荆彰、朱阳镇、卢灵关等。中心地区在兰草、官坡、五里川、磨沟口、徐家湾,有的曾建立过苏维埃政权。"

官坡歼灭战后,红七十四师乘胜展开攻势,先后占领朱阳关、五里川、双槐树,使西南山一带的敌人全部龟缩到县城。尔后,红军一直攻至卢氏县城附近。

14. 红七十四师大闹华山

1936 年 11 月下旬,红七十四师一路转战到了华山脚下,派出部队登上华山,张贴标语,大造声势。红军闹华山的消息不胫而走,搅得敌人四处告急。

后来,毛泽东同志曾问过陈先瑞这一段的情况,并说:"就是那个时候听到红七十四师消息的。那时中央红军西征,红七十四师在南面闹华山,配合得好啊!"

西安事变爆发后不久,中央军委副主席周恩来派李涛找到了红七十四师,李涛带来了周恩来的信件,还带来中央的指示精神和一部电台与机要人员。红七十四师终于在党中央和周恩来的直接指挥下,投入了新的斗争。

1937 年 1 月 21 日,根据中央的指示精神,红十五军团与红七十四师在陕南的商县胜利会师。军团领导徐海东、程子华高度评价了红七十四师在陕南的游击战争,说红七十四师坚持陕南斗争,取得了很大胜利,牵制了敌人,配合了主力红军作战。红七十四师在敌人的围攻中,不但没有被敌人消灭掉,反而消灭了不少敌人,自己也越来越壮大了,这是了不起的胜利。

不久,红十五军团开回三原,红七十四师继续留在陕南待命。

红七十四师在两年多的时间内,经历大小战斗近百次,先后打破敌军三次大规模的围攻,歼敌 4000 余人,缴获各种枪支 3000 余支,牵制敌军 10 多个团的兵力,对主力红军在西北地区的行动起到了有力的配合作用。

1937 年 8 月,在周恩来的指示下,已发展到 2100 多人的红七十四师,终于回到党中央的怀抱,受命奔赴延安,编入八路军一一五师的战斗序列,对外称一一五师留守处,部队连一级建制不动,下辖炮、辎两营,驻东潼关、三原、耀县、北同官、洽川一线,担负八路军从延安到前线的输送供给任务。稍后又改为西北留守兵团第四团,负责保卫党中央的机动警卫任务。

彭德怀曾赞扬红七十四师:"红二十五军离开陕南后,你们单独坚持陕南斗争,很辛苦。由于你们在陕南牵制了不少敌人,直接配合了主力行动,所起的作用是很大的。"

有趣的是,当红七十四师从鄂豫陕苏区列队出山,路经咸阳大桥时,两边站满了欢送观看的人群。曾参与围攻红七十四师的国民党军第四十九师师长李文也忍不住化装成老百姓,混在人群中,要亲眼看看自己亲自率部围、追、堵、截多年的红七十四师,到底是一支什么样的部队,为什么越打越多,越战越强?他看到红军战士们除了精神抖擞外,从服装到装备哪一样都比不上国民党军,真是百思不得其解,感叹地说:"怪! 真是一支神奇的部队!"

15. 张天云双石铺立大功

红二十五军在江口镇,经过政治动员和整编后,全体指战员热情高涨,进一步激发了战斗意志,热切盼望与主力红军早日会师。全军上下响起了激动人心的口号:"配合两大主力红军北上行动"、"迎接朱毛红军北上陕甘"、"欢迎红军总司令朱德同志"……全军决心以西征北上、会合陕北红军的实际行动,迎接党中央和中央红军的顺利北上。

1935 年 7 月 30 日,红二十五军从江口镇出发,经庙台子、留凤关等地转向西北方前进。次日,红二十五军主力团一个营采取长途奔袭的战术,一举占领川陕公路要地双石铺,歼敌胡宗南部别动队 4 个连。

双石铺是陕、川、甘三省交通要道,红二十五军占领双石铺后,切断了国民党政府正在修建的西(安)汉(中)公路。总工程师哀叹"民工停顿,包工裹足",蒋介石不得不电令杨虎城、邵力子"查西汉路工程正在加紧进行,自不容停顿,即希加派兵力,妥为保护为要"。

占领双石铺的红二十五军第二二三团一营三连三排在排长张天云的带领下,正在忙着收拢清点俘虏,还没来得及休息吃饭,就被派出执行排哨任务。

徐海东副军长交代任务时说:"根据俘虏供认,听说凤县城内驻有敌军一个营,你们排立刻带上水壶干粮,到镇子东口山头上去放排哨,一定要选好地形,加强警戒，注意观察。如果发现县城方向有什么情况，就派人赶快向我报告。"

徐海东还把自己的望远镜交给张天云，再次叮咛道："记住，千万不能疏忽大意，天气炎热，战士们都很疲劳，一蹲下就会打盹睡觉，搞不好就要误事。还有，对于过往的老百姓，只准进来不许出去，当心走漏消息！"

张天云领受任务后，立即叫战士们带好干粮出发。战士们看到张天云带着望远镜去执行任务，感到此次任务非同寻常，都非常高兴。有个战士打趣说："我们排长比营长还阔气，挎个千里眼！"

他们一路急行，奔向指定地点。刚出双石铺，就看到两个行色匆匆的人，朝县城方向赶路。张天云见此情景，立即指挥战士们把这两个人截住一问，原来是从事照相的师徒俩。本来从宝鸡来到双石铺靠照相谋生，走在附近，看到红军攻打此镇，怕招惹上麻烦，就悄悄溜出双石铺，准备到县城去谋生。张天云告诉他们说，现在不许到县城去，可以返回到双石铺，给红军照相，也可挣很多钱。这师徒两人回到双石铺后，跟随红二十五军长征，为红二十五军的将士们留下了一些珍贵的照片。

傍晚时分，张天云通过望远镜观察到一顶滑竿，两人抬着，从县城方向逶迤而来。滑竿上面，撑着一把凉伞，坐着一名身穿白色便服的人。张天云判断，能够乘坐滑竿从县城里出来的人，必非一般老百姓，应该是有钱有势之辈，应该盘问清楚。他指挥战士们悄悄埋伏在拐弯隐蔽之处，等滑竿走进埋伏地之后，战士们一跃而起，前堵后截，围住了乘坐滑竿者。

一看此人中等身材，身着白绸大褂，头戴凉帽，手拿蒲扇，气度不凡。还没等战士们开口，这人慌忙搭讪："众位兄弟，不要误会，不

张天云将军

要误会，都是自己人。请问你们是双石铺的民团兄弟吧？我这里有几块现大洋，弟兄们拿去买几包香烟。"此人把红军误当作了附近的民团，边说边掀起白

绸大褂，找出几块银元。

站在附近的班长傅文杰在此人掀起白绸大褂时，一眼看见他腰里吊着一把一尺多长的短剑，就猛地一把夺下来，立声喝问："你是干什么的？从哪里来的？到哪里去？"此人支吾着，一会儿说去成都，一会儿说去汉中。

张天云拿过短剑，抽出来检查时，发现剑刃上刻着明光闪亮的六个大字"不成功便成仁"，落款还有两行小字："蒋中正题，民国二十三年。"

张天云立即训斥道："好个反动的家伙！你到底是什么人？看你这身打扮，军人不像军人，商人不像商人，原来是蒋介石的忠实走狗！"

不管张天云如何训斥盘问，此人一声不吭。张天云让班长傅文杰和两名战士把此人押到双石铺军部，交给军领导。

军领导派人连夜审问才弄清，原来此人是胡宗南部一名姓何的少将参议，从此人口中红二十五军获取了中央红军的重要信息，为下一步的行动确立了明确的方向。

张天云在短短的两个小时内，做成了两件事：截住了两位照相师徒，既防止了红军行动信息的泄露，还在之后沿途留下了红二十五北渡渭河以及与陕北红军会师的历史画面；更重要的是抓获国民党少将参议，意义非凡。

张天云当即受到军领导的表扬，两天后在离开双石铺时被提升为连长。长征到陕北后任红十五军团第七十八师二三二团政委。抗日战争时期，历任八路军第一一五师三四四旅六八七团营长、副团长、团长，新四军第八旅第二十二团团长、副旅长、旅长。解放战争中，历任东北野战军第六师师长、第八纵队副司令员等职。1955 年被授予中将军衔，1980 年去世。

1985 年 10 月，原红二十五军健在的老同志们和《中国工农红军第二十五军战史》编委会领导成员，一致确认长征中张天云任排长的第二二三团一营三连三排，是为红二十五军立了大功的英雄集体。

评语写道："1935 年 7 月 31 日，该排在排长张天云同志带领下，截获敌人少将参议一名，为军领导决定部队进入甘肃两当，直逼敌人后方，配合中央红军北上行动的战略决策，提供了可靠而重要的情报依据。在此关键时刻，该排对于红二十五军的战略行动起了重要作用。"

16. 迎接主力红军北上

张天云截获的国民党何姓少将参议，还带有一些文件和报纸，做梦也想不到红军动作如此神速，无意间送上门来自投罗网。这位姓何的少将参议供认，红军第一、四方面军先头部队已经越过了松潘，胡宗南的主力部队已经全部西调去堵截北上的红军，胡宗南的后方留守处设在天水。

红二十五军长征雕刻

一起缴获的《大公报》也证实了敌少将参议的口供。《大公报》在 7 月 22 日报道说：朱毛红军已越过海拔 5000 米的巴朗山，向北前进，似有窥甘青交界之洮州、岷县等处。

综合敌人口供、文件和报纸所提供的情报，进一步证实了中央红军正在北上，而敌胡宗南第二纵队、新编第十四师鲁大昌部、第二军王均部、第五十一军于学忠部、新编第一军邓宝珊部及第三十五师马鸿宾部，均部署于川西北和甘南边境以及渭河两岸沿线和西(安)兰(州)公路上，企图全力堵截红军北上。

这时所掌握的情况，较之半月前沣峪口会议决策西征北上时已经准确全面了许多，对于主力红军北上的动向和位置、敌军的堵截部署情况，都有了相当清楚的了解。据此，鄂豫陕省委在书记吴焕先的主持下，于双石铺再次召开紧急会议。吴焕先斩钉截铁地说："现在，我们红二十五军的战略行动，就是要千方百计牵制敌人，拖住陕甘边敌人的行动，策应两大主力红军顺利北上。到了紧急关头，我们也没有什么可犹豫的、可观望的，应当以我们的作战行动，尽快把敌人吸引到我们身边，减轻对主力红军的压力。"

徐海东也坚决表示，红二十五军应立即行动，插入敌人后方，吸引敌军，"趁着敌人后方空虚，兵力比较薄弱，我们出其不意插入甘肃境内，到天水一带活动，抄敌人老窝，直捣敌人的后方"。

省委会议一致决定：应当机立断，立即进入甘肃境内，威胁敌人后方，策应党中央和主力红军北上。

九

狂风哀啸哭焕先

1. 长征的"当头卒"

红二十五军西征北上的行动引起了蒋介石和西安绥靖公署的高度紧张。蒋介石坐镇成都，在部署围堵中央红军和红四方面军的同时，为阻止红二十五军的行动，接连发出五道电令，要求加强封锁，防止红二十五军入甘，命令陕军各部"不分省界，跟踪追击"，命令东北军于学忠的第五十一军"轻装截堵"，围歼红二十五军，电令各部集中对付红二十五军。并称："查徐海东匪西窜原因在策应朱毛，我军应采用内线作战要领，先以优势兵力迅速解决徐匪，再行以全力回击朱毛。"

敌西安绥靖公署也向其所属各军、师、旅、团发布紧急命令，布置围攻红二十五军，命令说："本部为预防朱、毛、徐等股匪入侵陇南或汉中方面时得以全力迎击起见，决于朱、毛、徐股匪未侵入陕甘地境之前，以最大努力于最短期间先将徐海东股匪粉碎而歼灭之，以除后患。倘匪万一向东回窜或北窜时则派队穷追，不灭不止；并派有力部队于陕甘边境及汉水流域各地严防固守。"命令追击的敌军，"不论地形，不分天候，极力穷追……应排除万难，不辞劳瘁，不避艰险，昼夜穷追"。

这说明,红二十五军的行动如一把尖刀,已令蒋介石和驻陕、甘的敌军寝食难安,不能全力对付中央红军,必欲先除之而后快。

根据蒋介石的命令,国民党"剿匪"第三路军总司令朱绍良急调驻川西国民党军,一部由四川江油北上甘肃文县,一部东移天水,原准备南下堵截中央红军的1个师和1个旅也不得不改变计划。

这充分说明红二十五军领导预见的准确、行动的英明,最大限度地钳制和吸引了大批敌军,打乱了蒋介石的部署,策应了主力红军在川西的行动,在一定时期内减轻了红一方面军主力北上的压力。

红二十五军在双石铺稍作休整,开会纪念红军的八一建军节,并做好进入甘肃的行动准备,决心先经两当,袭取敌军后方留守处天水城。

红二十五军的手枪团和军部交通队事先化装潜入两当城内,8月3日,与先头部队配合,内外夹击,顺利地攻克进入甘肃后的第一座县城——两当。9日,副军长徐海东亲自率领主力团第二营,翻越麦积山,趁天水城内敌军换防的间隙,攻占了天水县城北关,缴获大批军用物资。

当时敌第十二师大部分开向西面,第五十一军接防部队还未赶到,城内兵力空虚。但未及红军占领全城,敌军已经发现红军的行动,向西开进的敌十二师一部在副师长周开勋的率领下,紧急回援,沿天靖山抵达天水城内,而接防的第五十一军3个师,也与红军仅一水之隔,有增防的迹象。

红二十五军随时可能陷入敌军的夹击之中,遂放弃占领天水的计划,连日向天水以西的凤凰山、沿河镇一带转移,准备从新阳镇北渡渭河。

8月11日,红二十五军兵锋直抵渭河南岸新阳镇一带,找到了一条小木船,每次只能乘坐二三十人。好在当时天气晴朗,河

红二十五军过渭河

水不深，可以徒涉而过，全军除伤病员等人乘船渡河外，其余指战员都相继涉水而过。4000多名指战员，只用半天时间，就极其神速地渡过了渭河。

过渭河前后，吴焕先听到战士们编了两句顺口溜："不怕苦，不怕死，就怕害病掉了队"；"行军打仗到西方，不怕牺牲怕负伤"。他立即感到战士们的这种情绪，是害怕由于部队的快速行动和战斗而受伤、生病进而掉队，认为必须改变这种状况。

北渡渭河后，他对广大指战员说："我们已经过了渭河，希望就在前头，曙光就在前头。现在，也就是紧急的关头，大家都要团结一致，开展体力互助，绝不能丢下一个同志，都要紧紧跟上队伍！……我们就像一个攻过河的卒子，只能朝前进攻，而不能后退了！"事实证明，红二十五军不愧是被毛泽东称赞为"中央红军之向导"的勇往直前的"当头卒"。

红二十五军出其不意地北渡渭河，完全掌握了行动的主动权，既可以乘机转入陕北，会合陕北红军，又可以扼住西兰公路，在敌人的后方，牵制敌军的行动，策应主力红军的北上行动。

之后，红二十五军迅即攻占了秦安县城，8月12日，他们自秦安县城出发，经魏店继续北进。14日，兵临静宁城下，毙伤敌军数十名，县城守敌新编第十一旅刘宝堂部，急向兰州求援。

至此，横贯陕甘两省的交通大动脉西兰公路被红二十五军切断，他们先后活动达18天之久，使敌交通几乎断绝。

2. 长征路上的珍贵照片

1935 年 8 月吴焕先与
徐海东在甘肃两当合影

在双石铺被张天云截回来的那两个照相的师徒，被军参谋长戴季英收留下来，跟随红军一起行动。条件则是吃饭不要饭钱，照相给付工钱，所花成本费用当另作计算。这样，便把这照相的师徒从凤县带到了甘肃境内，直到进入陕北。

8月3日，红军攻占两当县城后，休整了两天。就在这个空隙，除军长程子华身负重伤没有能够参加以外,其他军领导大都相聚在一起,让随他们行军的那两位照相师徒给他们拍了照,留下了几张摄于两当县城的长征中的珍贵照片。

北过渭河的照片画面,好似一幅黑白相间的木刻板画。山原、梯田、河流、木船,依稀可辨。而那挺立于滩头、乘坐于船上的众多小人影,虽然因拍照时取景较远而看不太清楚,但认真辨识一番,仍然能够得知他们是随军长征的几名女护士和伤病员。

一直以来,有些史书在文字说明中将徐海东将军于长征中身穿戎装的两幅照片,写为"1935年长征到陕南后留影"或"与吴焕先在陕南合影",这些都没有确切依据。

1986年,原红二十五军政治部主任郭述申在《缅怀吴焕先同志》一文中就曾肯定地提到:"西征北上途中,我们曾在甘肃两当县城拍过一张合影照片,我将它一直带到陕北。1936年,美国记者斯诺到达陕北,中央向各部队征集红军照片时,我将这张照片交由杨尚昆同志转到斯诺手里,现仍见之于《斯诺眼中的中国》画册。"

可惜,这本画册中的图片说明却误写为"徐海东和他的参谋人员"。照片中的郭述申、戴季英和詹大南等老同志,都曾经认定和证实他们在两当县城一居民院内照相之事。而且,据考证者载文分析说,从徐海东、吴焕先两人的几幅照片仔细加以对照,他们各自的军帽、军服款式、颜色及其装束形象一模一样,据此可以认定是在同一时间于两当县城拍摄的。

3.过回族区的"三大禁令,四项注意"

8月15日,红军进驻兴隆镇,作短暂休整。兴隆镇,地处静宁县以北20多千米处的葫芦河谷,是回族群众聚居区,有数百户人家。镇中有一条狭斜的小街穿过,街道两边设有不少店铺,但并不像镇名那样兴隆昌盛,而是显出了一种残破寂静的萧条景象。由于当地反动政府和军阀对少数民族的歧视和压迫政策,民族矛盾很深,当地回民群众谈"兵"色变,视兵如洪水猛兽,唯恐避之不及,对于红军也存在着怀疑和恐惧的心理。当听到红军到来的消息后,镇里的青壮年男女纷纷逃进了深山。

红军在进入这个小镇的时候做了大量的准备工作。吴焕先把长征路上"兵马未动,政策先行"的经验用到了这里,也结合自己在鄂豫陕根据地时做过回族群众工作的经验,决定首先要制定正确的民族政策。

他亲自找到附近的老百姓了解情况,调查当地的敌情、社情和民情,以及回族的宗教信仰和民族习惯,制定出"三大禁令、四项注意"的民族政策:禁止部队驻扎清真寺,禁止毁坏回族的经典文字,禁止在回民地区吃大荤;注意遵守回族人民的风俗习惯,注意使用回民水桶在井里打水,注意回避青年妇女,注意实行公买公卖。

他让政治部的刘华清用毛笔把"三大禁令"和"四项注意"写成大标语,贴到兴隆镇的街上,并写出了"保护清真寺,不毁古兰经"、"尊重伊斯兰教的信仰习惯"、"红军和回民是一家人"、"回汉人民团结起来,打倒卖国贼子蒋介石!"等等引人注目的标语。

制定政策后,军领导又在红军部队中进行了认真贯彻和动员,要求各级领导干部首先要以身作则,互相监督,不折不扣地执行"三大禁令、四项注意",违者要以军法论处。要拿出十二分的热情,切实与回族同胞搞好团结,做到秋毫无犯。甚至要求在回民面前说话、做事注意细节,不犯忌讳。

在大部队出发之前,军政治部又派出组织科科长夏云廷带领宣传队,先行进入兴隆镇,张贴布告,散发传单,讲解政策,让群众了解红军,并派在鄂豫陕边区加入红军的几名回族战士一起同行,以更好地实现与当地回族群众建立沟通信任的关系。

15日下午,红二十五军进驻兴隆镇后,军领导即派人把当地清真寺的教主、阿訇和有名望的人士,一同邀请到军部驻地开座谈会。政委吴焕先还细心地按照当地回族的习俗,特意购买一些当地的盖碗茶具,亲自在茶碗里泡上冰糖,表示红军用像冰糖一样纯洁透明的心,真心诚意地接待他们。

在座谈会上,吴焕先向他们讲了共产党抗日救国的主张,讲了红军是工农群众的队伍,绝不会骚扰老百姓。进驻兴隆镇,一不会要粮,二不会派捐,三不拉壮丁。红军只是在此稍作休整,很快就走。他还特意向他们讲了"三大禁令、四项注意"的政策,说红军说到做到,请他们监督。通过座谈会,打消了他们的顾虑。

第二天,兴隆镇的大小店铺都开始照常营业,许多外逃的青年男女都又相继回到家中,兴隆镇由于红军的进驻增添了前所未有的兴隆景象。红军的广大指战员以饱满的热情帮助回族群众扫院、担水、干活,处处尊重和关心回族百姓。红军用自身实际行动,揭穿了敌人对红军的诬蔑性宣传,消除了回族群众的误解,"红军好"的消息很快传遍附近的回族村镇。

就在这天上午,红二十五军的领导和当地回族的上层人士举行了互拜活动,使双方的团结关系掀起了高潮。首先是程子华、吴焕先、徐海东等红军的领导,带着由数十名号兵组成的军乐队和锣鼓队,以及一队全副武装的步兵队伍,抬着礼品,吹奏着整齐而嘹亮的曲调,举行了拜访清真寺的仪式。

吴焕先向清真寺的教主赠送了一块匾额,上面写着四个金光闪闪的大字:"德高望重"。而后赠送了用 12 张桌子抬着的礼品,表达了红军对回族人民的尊重、对红军与回族人民情谊的珍重。

热闹的场面,使整个兴隆镇都沸腾起来,清真寺内外挤满了人,许多商家自发地燃放起祝贺的鞭炮。吴焕先向在场的广大回族群众发表讲话,再一次表明党的抗日救国主张与红军的政策纪律。

过后,清真寺的教主带着阿訇和回族群众,头顶礼品,赶着一群染成红色的肥羊,到军部驻地进行了回拜。并向红军敬献了一面锦旗,绣着"劳苦功高"四个大字,并由衷赞叹:"红军真是仁义之师,正义之师。"

红二十五军以严明的纪律、彬彬有礼的态度、爱民的行动,赢得了当地回族群众的信任和爱戴。短短的两三天时间里,红军与兴隆镇的回族群众相处得像一家人,结下了深厚的友谊。许多回族青年积极报名参加红军。

第三天傍晚,红二十五军离开兴隆镇。全镇男女老幼闻讯后涌上街头,在街道两旁摆上放满水果、点心的桌案,敲锣打鼓,鸣放鞭炮,恋恋不舍地欢送红军。热情的回族群众一直把红二十五军送出好几里路。镇上还专门派出代表为红二十五军带路。

"红军好"的赞扬声像一阵春风吹遍整个回族地区。陇东黄土高原有首民谣传唱至今:

三年没吃过麦面馍,

娃他外婆给了一个。

全家老小掰小半边,

大半边留给红军哥。

红二十五军沿途所经过的村庄,群众纷纷结队相迎,端出茶水、点心招待。

红二十五军走后,当地的回族青年,积极宣传反对国民党反动派、抗日救国的革命道理,组织了100多人的骑兵队,活跃在兴隆镇、单家集一带,打土豪、反压迫,反抗马家军的抓壮丁,与反动统治阶级和恶霸地主开展斗争。

一个多月后,毛泽东率领中央红军路经兴隆镇,看到群众对红军的深厚感情,即高度称赞红二十五军路过陇东回民区时留下了好影响,民族政策水平很高,执行得很好。

4.“神医”钱信忠

在兴隆镇,军医院的医护人员热情地为回族群众治病,院长钱信忠当场为一名久治不愈的腹胀患者扎针治好了病,在全镇回族群众中引起轰动,被视为妙手回春的“医官”、了不起的“神医”。他们当然更不会想到,这个“神医”在新

钱信忠

中国成立后还担任过卫生部部长。钱信忠以自己精湛的医术,对党的事业的无限忠诚,成为红二十五军将士们心目中的“再生之神”。

钱信忠本是上海宝山人,青少年时代就有一腔热情,追求进步,向往光明,立志以科学报国。16岁时,考入上海同济大学攻读机械专业,渴望掌握一技之长,以报效苦难的中国。当时恰逢北伐战争顺利进行,周恩来到上海领导了著名的上海工人第三次武装起义,钱信忠毫不犹豫地参加了,结果被该校张榜除名,大学深造之梦被无情打破。失去学业和生计的钱信忠被迫找到德国人在上海开

办的宝隆医院打工，每天做点杂活，赚取微薄的薪水，借以谋生。

钱信忠虽然从事医院的勤杂活，但由于工作勤恳，做事认真，很注意业余时间自学医学专业，加上又懂得德语，被医院的负责人发现后送去进行医疗护理培训，开始从事外科病房的护理工作，走上了从医之路。由于他聪明好学，很快就由一名外科护士、护士长成长为一名外科医生。20 岁时，就拿起了手术刀，为患者进行外科手术。

在战乱频仍的 20 世纪 30 年代，上海的宝隆医院收治的伤病患者中，既有与红军作战负伤的国民党军官兵，也有负伤的经过乔装改扮的红军指战员们，如陈赓、程子华等人。1930 年夏天，时任红五纵队第二支队支队长的程子华在战斗中受伤，被党组织秘密安排到上海宝隆医院接受治疗，化身为西北军中的一名连长。为程子华治疗和护理的就是钱信忠。在两个多月的治疗中，他们两个人非常熟悉，程子华临出院时，相互依依不舍。他们谁也没有想到，此次相逢使他们结下了不解之缘，几年后再会于烽火连天的鄂豫皖战场。

钱信忠在上海宝隆医院工作期间，曾为国民党军的重要将领李默庵治过战伤，深得李默庵的赏识。李默庵将钱信忠挖到自己的部队，担任卫生队长。李默庵是黄埔军校第一期学生，是国民党军官中仅次于胡宗南的重要将领之一，被称为"文武双全"。钱信忠能到李默庵的部队中工作，也是难得的机缘。

此时，钱信忠正愤怒于九一八事变后日寇的侵略，希望能够找到机会报国，抗击日本鬼子的侵略。没想到，到了李默庵的部队后，该部队却参加了对鄂豫皖苏区红军的第四次"围剿"。

在与红军的激战中，李默庵部溃败，仓皇后撤。钱信忠以收容伤员、为伤员战地治伤为名，落在后边，其实是想寻找机会投奔红军。

随着红军的逼近，身边跟随的两名国民党军医生，甚至自己的勤务兵都跑得没影，最后，只剩钱信忠一人，心甘情愿地等着做红军的"俘虏"。

"抓获"钱信忠的是时年十八九岁的小矮个战士韩先楚。韩先楚看到钱信忠白胖的面孔，留着漂亮的偏分头，就认准一定是国民党的军官。钱信忠指指身边的药品、医疗器械说："我是医官，我不想走了，我想参加你们红军……"

50 年后，钱信忠回忆自己首次跟着李默庵上战场，就自觉当了"逃兵"，投奔红军的往事,感叹地说:"对于我独自一个留下来参加红军的事,我们一些同志仍持否定态度,不肯承认这个事实。先楚同志说我是他抓住的,俘虏过来的,我说他们的战斗动作太慢,当时只是在山头上打枪,迟迟没有冲下山来。结果,把另外两名医生和我的勤务兵,都给吓跑了。如果动作快点,就可多留下两名医生,好为红军伤病员服务。我如果想要撤走的话,就没有必要磨磨蹭蹭的,完全可以走掉。因为这个历史问题,是自动留下来参加红军还是被红军俘虏过来的,在'文化大革命'中把我整得好苦!好在找到了那两名医生的下落,终于把问题弄清楚了。过去,我不想翻腾这个问题,一个人的历史是靠自己写的,是非功过及所作所为,自有公论!"

钱信忠参加红军后不久,红四方面军主力撤离鄂豫皖苏区,大批的伤员被留下,在鄂东北的伤病员,达 3000 名之多,急需医生抢救治疗。钱信忠被调到红军总医院工作,承担这一艰巨任务。虽称为红军总医院,加上钱信忠也只不过五六名医生。钱信忠被指定负责抢救危重伤病员,组建重伤治疗组。钱信忠不分昼夜争分夺秒地投入急救工作,多争取几秒,就可多救活一名红军伤员,为红军多保存一份战斗力量。

在紧张的工作中,钱信忠结识了时任苏区宣传部长的成仿吾同志。成仿吾了解到钱信忠的经历后,得知钱信忠懂得德语,就把一本珍贵的德文原版《共产党宣言》送给他,勉励钱信忠学习马克思主义。这部德文原版的《共产党宣言》,启迪了钱信忠的共产主义觉悟,进一步提升了钱信忠的革命人生价值观。

重建后的红二十五军在国民党军的重重围困中,到处转战,钱信忠每天挎着个帆布药箱,往返穿梭于密林山寨,从事紧张的医疗救护工作,在饥寒交迫、医药奇缺的艰苦岁月中,砥砺着革命意志,他也完全磨炼出红军战士所应具有的坚毅的精神气质。虽然环境险恶、物质条件艰苦,然而,钱信忠却心情愉快,胸怀坦荡,对前途充满必胜信心。他从反复阅读的《共产党宣言》中,从身边红军战士舍生忘死的经历中,坚定了人生理想,坚信用共产主义理想信念武装起来的战士,不管斗争环境多么困苦险恶,都有为共产主义奋斗终生的目标。

在随军征战的过程中,原来的院长邵达夫被当作"AB 团"分子在"肃反"中被处决。钱信忠受命组建一所能够适应游击战的随军医院,他以自己坚定的信念和满腔忠诚,很快组织和培训了三十几名医护人员,建立了红二十五军战地医院,还组建了战地救护队、通信班、炊事班和担架队,便于及时投入火线,实施战场抢救工作。钱信忠被任命为院长,部队战斗到哪里,钱信忠率领的医院就跟随到哪里,及时抢救转运和安置伤员。

在领导抢救工作之余,钱信忠还抓住一切机会,为医院寻找医疗器械和药品。

1932 年 6 月,红二十五军攻占了位于信阳至罗山之间的五里店,钱信忠发现这里有一家私人诊所,乘机把这个诊所所有的药品和器械购买下来,诊所的医生也在钱信忠的劝说下,参加了红军。不久在长岭岗战斗中,又缴获了东北军的一大批医疗器械和药品。在红二十五军攻占安徽太湖县城的长途奇袭战中,钱信忠带领十多名医护人员,随先头部队远程奔袭 200 余里,最早进入太湖县城,缴获和购买大批药品和器械,及时补充军医院和后方医院。钱信忠为红二十五军医院的建立做出了不可磨灭的贡献。

红二十五军长征前夕,程子华奉周恩来之命,从中央苏区来到鄂豫皖根据地,根据中共鄂豫皖省委的决议,担任红二十五军军长一职。在行军路上,钱信忠与程子华不期而遇,两人相互打量半天,才伸出双手,紧紧握在一起——钱信忠没有想到,当年在上海宝隆治病的国民党西北军"连长",竟然担任的是红军的一军之长;程子华也觉得非常意外,红二十五军的随军医院院长,竟然是当年为自己治好伤的宝隆医院的医生。真是人生多奇遇!

长征途中,红二十五军的庾家河反击战中,军长程子华、副军长徐海东都身负重伤。两位军事主官都躺在了担架上,军政委吴焕先命令钱信忠,务必想尽一切办法一切措施进行抢救治疗,必须保证军长、副军长的生命安全。从此,钱信忠就紧紧跟随担架,跑前跑后,随时随地进行治疗护理。

此时,部队整天转战于商洛山中,条件异常艰苦,经钱信忠劝说参加红军的那个私人诊所的陈姓医生难以忍受艰苦的行军作战生活,向钱信忠提出:"钱院长,请你高抬贵手,放我走吧!你们红军一切都好,我就是吃不下这个苦。"无论钱信忠如何进行说服教育,这名医生都要求离队。无奈之下,钱信忠只好向时任省委书记的徐宝珊报告此事,徐宝珊认为革命不能强求,他很通情达理地表示同意该人离队。

陈姓医生离队后不久，军参谋长戴季英知道了此事，认为是钱信忠私自把医生放走，是一起严重的"反革命事件"，阴谋瓦解红二十五军医院，主张要"肃"掉钱信忠这个"祸害"。

此时，能够证明此事的省委书记徐宝珊已病逝，钱信忠解释事情的前因后果，却没人能够为他作证。好在此时全军有几十名伤病员急需进行抢救治疗，钱信忠才没有被立即处决。钱信忠满怀委屈无处诉说，但他忍辱负重，照常没日没夜地为伤员治病。

军长程子华知道后，质问戴季英："你杀了钱医官，伤病员怎么办？"

戴季英说，钱信忠是"白"军出身，是俘虏，政治上不可靠，迟早会逃跑，不如早点杀掉。

程子华气愤地说，钱信忠参加红军三四年了，在大别山那样艰苦的环境中都没逃跑，要想逃跑，早就跑了，不会等到今天。一路长征过来，如果把他杀了，那么多伤病员谁来治疗？

戴季英听了，只好说，如果不是考虑到伤员治疗，早就把他杀了。既然这样，看来还是"以不杀为好"。

程子华于危难之中搭救了钱信忠一命。在红二十五军长征途中，钱信忠以他的信仰和忠诚、医术和仁心，挽救了程子华、徐海东以及无数红军战士的生命，被红军伤病员亲切地称为"再生之神"。

红二十五军到达陕北后成立红十五军团后，钱信忠担任了红十五军团卫生部部长，他亲率医护人员，参加之后的劳山战役、榆林桥战斗的战场救护任务。

与中央红军胜利会师后，钱信忠又参加了著名的直罗镇战役，担负战场救护任务。时任中央军委卫生部部长的黄克诚，亲临战地救护所看望伤员，高度赞扬钱信忠领导的战场救护工作。中革军委周恩来副主席、彭德怀司令员特别派人把钱信忠叫到前线指挥部，亲切询问伤员的救治情况。军团长徐海东、政治委员程子华，也高度评价钱信忠的战场救护工作，说钱信忠的手术做得"神之又神"。

新中国成立后，钱信忠历任解放军总后勤部卫生部副部长兼军事医学科学院院长,中华人民共和国卫生部副部长、部长,国家计划生育委员会主任,中国红十字会会长,中华医学会会长等职。1955 年,被授予少将军衔。

5.差点捉住马鸿宾

1935 年 8 月 17 日,驰骋于陇东高原的红二十五军从兴隆镇、单家集一带出发,沿西兰公路北侧向东前进,傍晚时分前进到隆德县城以北王新湾一带。红军探知该城守敌有第十一旅刘宝堂部的 1 个营和敌保安团,兵力薄弱,且城墙破损,高不过三尺,易于攻击,就以突然的动作发起攻击,从城北迅速突入城内,很快全歼守敌,俘获敌党部书记长、县长、保安团总等 230 余人,缴获了大量物资。此时,驻守陇东的敌第三十五师马鸿宾部,在西起中宁、东至宁县之间的重镇上,派出重兵防守,设置了两道军事封锁线,企图阻止和消灭红二十五军于陇东地区。

红二十五军在隆德县城不敢停留,乘胜翻越六盘山,于 18 日进至瓦亭附近时,与从固原赶来的敌第三十五师一部,计 2 个步兵营、1 个骑兵营、2 个炮兵连遭遇。经过激战,红军打退了敌军,相继占领瓦亭、蒿店、安国寨、过斜河子一带。19 日,红二十五军第二二三团和手枪团进逼平凉城下。

马鸿宾亲自到平凉坐镇指挥,调集部队围攻红军。他命令第一〇五旅一部增援平凉;其余部队向泾川县城集中;驻防泾川的马开基部在县城以西王母宫塬构筑工事,严加防守;马培清的骑兵团占领了泾川以南的高地,还有 4 个步兵营和 1 个骑兵营也向泾川集结,企图将红二十五军挤出陇东地区。

红二十五军采取声东击西、灵活机动的战术,于 20 日沿北塬绕过平凉继续东进,在平凉东南四十里铺附近南渡泾河,沿西兰公路进入白水镇一带。敌第一〇五旅一部由马鸿宾亲自督战,尾追红二十五军到达附近的马莲铺。

傍晚时分,红二十五军冒着大雨抢占了马莲铺以东的打虎沟高地,与追击的敌军展开激战。在红军的猛烈打击下,敌军死伤 200 余人,纷纷溃逃。敌第一〇五旅副旅长马应图带着两个步兵连向泾川逃窜,受到红军的伏击,溃不成军,仓皇而逃。督战的马鸿宾率数十名骑兵逃至马莲铺,又被追击而来的红军包围,敌军拼死突围。战斗激烈进行之时,敌军增援的一个骑兵营赶到,马鸿宾才得以幸免被俘的命运。

在战斗中,吴焕先政委常常冲锋在前,与他朝夕相处的警卫员在战斗中牺牲了,他最喜爱的战马也被打死了。指战员们为他的安全担忧时,他却乐观地说:"从参加革命那天起,我就随时做好了牺牲的准备,为人民流血牺牲是最光荣的。"

6. 王母宫塬遇险

马莲铺之战后,红二十五军经由白水镇继续东进,沿着泾河南岸前行 20 余千米,到达泾川县城以西的王村时,得知敌军已在泾川县城附近重兵布防。此时,西有尾追之兵,东有堵截之敌,北面是水势高涨的泾河,南面是地势突起的高原,红二十五军的处境十分不利。

北面泾河水位由于连日大雨而猛涨,难以徒涉过河。军领导当即决定改变行军路线,向南翻越黄土高原,南渡泾河支流汭河,造成红军南攻灵台、夺路入陕的假象,实则西去崇信县城,继续切断西兰公路。

8 月 21 日,红二十五军冒着倾盆大雨由王村登上黄土高原。此地曾是丝绸之路上的一座驿站,有座建于北魏永平三年(公元 510 年)的石窟,窟里雕刻有一尊王母石像,因而得名王母宫石窟,这片高原也就被人们称作王母宫塬。王母宫塬的南端山崖下,就是泾河的支流汭河,汭河的水势由于大雨也较平时暴涨了许多,但红二十五军赶到时仍可以徒涉而过。

政委吴焕先穿着湿漉漉的军装,站在北岸亲自指挥部队抢渡。手枪团和二二五团抢先渡过汭河后,占领南岸高地布防,防止敌军偷袭,掩护后续部队过河。这时,突然山洪暴发,汹涌的洪水从上游奔泻而下,正在渡河的战士当场就被卷走了几名。吴焕先急忙命令部队停止涉渡,组织人员抢救落水的战士。

哗哗哗的大雨依旧下个不停,河水越涨越高,看样子一时半会儿是没法过了。战士们纷纷找地方躲雨,有的用树枝把油布支起来挡雨,有的钻进河边几间草房里烧水喝。

此时被隔在北岸的有军直属队、供给部、医院、交通队、学兵连以及担任后卫掩护任务、由徐海东亲率的二二三团,还有全军的辎重行李、医疗药品、骡马行李以及伤病人员。吴焕先亲自带人沿汭河寻找可以徒涉的渡口,但没能成功。

此时,原布防于泾川以西的敌第三十五师第一〇四旅第二〇八团马开基部1000余人,在骑兵的配合下,沿着王母宫塬顶追击而来,与红军守在塬顶四坡村的二二三团第二营接上了火。守卫的红军战士立即凭借土墙、房屋、窑洞顽强抵抗,与敌展开激战。红二十五军被分割在汭河两岸,形势顿时变得异常危险,南岸已经渡河的部队难以回援,北岸的部队又难以迅速渡河,陷入背水一战的艰难境地。

二营营长郎献民、营政委田守尧向各连疾声呐喊:"同志们,为了全军的安全,我们一定要坚决抗击敌人,打退敌人,决不能让敌人靠近河边,顶住敌人就是胜利!"

紧急时刻,军政委吴焕先亲率部队从敌人侧后杀出,迅速切断敌人的退路。敌人只顾向前轮番进攻,没想到背后出现了红军的奇兵,顿时乱作一团,纷纷溃退。郎营长发现敌人出现溃败,转头向身边一个矮小个头的战士喊道:"司号长,吹冲锋号!坚决反击敌人,消灭敌人!"

小司号长立即鼓足劲头吹起冲锋号,红军将士们顿时像潮水一样涌向敌人,猛烈追歼敌军。小司号长收起军号,抽出背上一把二尺长的大刀,紧跟队伍,奋不顾身地扑向敌群,与逃跑的敌军展开了惨烈的拼刺肉搏。

在混乱的敌群中,突然仓皇冲出一个骑着白马的敌军官,距离不过二三十米。小司号长把大刀交于左手,右手抽出腰间系着红绸飘带的盒子炮,一抬手就连连开枪,把这名敌军官从马背上打倒在地。当他提着大刀扑到跟前时,这名敌军官已被击毙,一搜查,发现敌军官的口袋里装着一枚铜质图章,上面刻着"马开基"三个字,原来正是指挥这次偷袭的敌步兵二〇八团团长马开基。

立下战功的这位英雄,就是长征路上的小号兵周世忠。

7. 小号兵的三件宝

周世忠出生于湖北黄安吴家园子一户贫困农民之家。1930年,年仅12岁的周世忠就参加了中国工农红军,被编入红二十五军,开始了20多年的征战生涯。他曾 8 次负伤,身上一直留着敌人的弹片。1955 年被授予少将军衔,曾任武汉军区司令员。

对于在红二十五军的征战岁月,将军后来回忆说:"我在红二十五军,只不过是个小号兵,当过司号长,身上背着三大件:军号、大刀、盒子炮,都系着红绸子飘带……我学会吹军号,是'格老子政委'教的,身上背的这三大件,也是向'格老子政委'学的。"

将军的讲述,不难让人想象出一名头戴红五星军帽、英姿飒爽的少年红军战士,背上背着一把军号、一把大刀,腰里别着一把盒子炮,在这三件宝上,都系着一条鲜艳的随风飘舞的红绸带子。

周世忠所说的"格老子政委"就是时任红二十五军第二二三团政委的赵凌波。他是四川泸州人,原是国民党军队中的号兵,被红二十五俘虏后,就留在了红军队伍里吹军号。军政委吴焕先很器重这个吹军号的军事技术人才,就让他担任号兵教练,培训号兵。

战斗中,吴焕先把他带在身边当司号兵,不时地提醒或警告他说:"你个格老子,可别把冲锋号吹成开饭号!"

赵凌波总着嘿嘿一笑答道:"吹错了,你就砍我的脑壳! 格老子吃上红军的饭,生是红军的人,死是红军的鬼,决不做叛徒!"

由于拥有一技之长,战斗中表现勇敢,赵凌波很快就加入了中国共产党,并由号官升至团政治委员。他在队伍前讲话时,喜欢讲"格老子"如何如何,战士们背地里都称呼他"格老子政委"。

当上团政委后,腰里仍然别着军号,无论作战、宿营、开饭,都是亲自吹号。战斗冲锋时,总是身背大刀,一手挥着手枪,一手提着军号,猛吹一阵,便带领部队向敌人发起冲击,堪称红二十五军的一大传奇。

这些自然被年轻的周世忠模仿过来,他也为自己配齐了三大件,长征路上,成为红二十五军第二二三团第二营的小司号兵。

在危急万分的王母宫塬四坡村战斗中,周世忠正是挎着他的三大件,紧紧跟在营长郎献民的身边,吹响了向敌军冲锋的号角,并机智勇敢地击毙了敌军团长马开基。因作战有功,周世忠受到副军长徐海东的表彰,"格老子政委"也大加赞扬周世忠,奖励他两块银元。

然而,受到表彰的周世忠,与全歼敌二〇八团的红军指战员们,谁也没有一丝胜利后的喜悦,因为,深受全军指战员们爱戴的军政委吴焕先同志,在此战中英勇牺牲了。将星陨落,噩耗传来,全军将士无不热泪盈眶,悲痛万分!

8. 吴焕先牺牲

在四坡村突遇敌军袭击时,徐海东和吴焕先决定分头指挥部队,坚决打退敌人的进攻。由徐海东指挥二二三团的 3 个营从正面反击敌人的进攻,由吴焕先带军直机关交通队和学兵连 100 多人,从右翼绕到敌人的侧后,拦腰截击敌人,打乱敌人的进攻。

吴焕先一边指挥部队攀登陡崖,登上塬头,一边高呼:"同志们,决不能让敌人逼近河边!压住敌人就是胜利,一定要坚决地打!子弹打光了用枪托子捣。"吴焕先带着部队,直插敌人侧后,迅速朝敌队形腰部发起攻击,占领了四坡村侧一座小土岗,朝敌军猛烈射击。敌军突然遭到来自侧后的这一阵猛烈打击,一时晕头转向,溃败下去。

吴焕先立即冲在前面,率队反击。跟在身边的警卫员廖辉,猛然间发现前面不远处出现了敌人,急得大喊一声:"政委,当心,前面有敌人!"话音未落,就见吴焕先不幸中弹,身体突然一晃,倒了下来。警卫员赶紧把吴焕先抱到阵地后面,发现政委浑身是血,双眼紧闭,脸色苍白,已经说不出话来。

闻讯赶来的徐海东和二二三团,听说吴焕先政委负重伤,个个悲痛万分,怒吼着"为政委报仇"!如猛虎下山一般向敌人扑去,用刺刀捅,大刀砍,手榴弹砸,硬把国民党军一个团的人马压进一条烂泥沟里,然后全部歼灭,包括团长马开基。

在战斗即将取得胜利的时刻,军政治委员吴焕先静静地躺在王母宫塬上,停止了呼吸,年仅 28 岁。

战斗结束,取得全歼敌军重大胜利的红二十五军指战员们,没有丝毫胜利的喜悦,他们热泪盈眶,失声痛哭。

当晚,北岸的红二十五军将士,趁水势下落的机会,抬着军政委的遗体,全部安全渡河，在汭河南岸的百烟村、龙王庄、郑家沟一带宿营驻扎。

在军部驻扎的郑家沟村，徐海东亲自料理政委的后事。他清楚地记得，就在不久前，吴焕先政委还向他："见了毛主席，咱们还不认识，说什么好呢？"如今，再也听不到战友熟悉的声音，再也看不到战友热情的双眼，可他知道不能只顾悲痛，还有很多事要做。

他用嘶哑的声音对供给部政委张希才说："不要太难过了，还有几件事要赶紧去办：第一件事是买口好棺材，不论花多少钱都行，一定要好的；第二件事是做一套好内衣。你是知道的，政委没有一件好衣服。政委身上的血衣，我要带去交给毛主席，作为永久的纪念。"

张希才强忍着悲痛，擦着眼泪立即派人分头去办，很快买到一口黑漆棺材。深夜，在军部住的房东家堂屋昏暗的油灯下，徐海东眼含热泪，为吴焕先换上干净的军装，给他穿上他生前喜爱的一件缴获的青呢大衣，盖上毛毯，举行了入殓仪式。

军领导以及交通队的战士们都来了。出于当时的情况，需要保密，不能举行隆重的葬礼，没有仪仗，没有悼词，没有花圈，没有送葬，在沉沉的夜色中悄悄地把吴焕先的遗体安葬在甘肃泾川县郑家沟村后的小山上。

一首悲歌《哭焕先》的祭词诵响在红二十五军每一个将士的心中，诵响在浸染着烈士鲜血的陇东高原：

> 狂风哀啸哭焕先，
>
> 大河悲泣叹英年。
>
> 武略打得千军退，
>
> 文韬赢得万民赞。
>
> 松涛复述谈笑音，
>
> 雪花回映大刀闪。
>
> 苍天无眼收政委，
>
> 将士泪浇四坡前。

第二天，鄂豫陕省委在郑家沟临时商定，由于吴焕先政委牺牲，军长程子华负伤未愈，省委书记和军政委都由副军长徐海东兼任，等有机会再开会选举。

之后,全军指战员把失去政委的悲痛深深地埋在心底,化作对敌人的刻骨仇恨,擦干眼泪,继续踏上征途,西进金龙庙,威逼崇信县城;南下什字镇,逼近灵台县城——在此区域内展开灵活多变的军事活动,一边切断西兰公路,一边派人搜集报纸,访问过路的客商行人,探寻中央红军的消息。

就在红二十五军离开郑家沟两天后,马鸿宾的第三十五师,闻听吴焕先牺牲的消息,都当作是自己立功升官的机会,一窝蜂地扑向郑家沟,残忍地掘开了吴焕先的坟墓,抢走了覆盖在烈士身上的青呢大衣,还把烈士的遗体抬到泾川县城,四处宣扬,作为第三十五师围攻红二十五军的"赫赫战果",并拍下许多惨不忍睹的照片。

马鸿宾把照片寄给国民党陕西省主席邵力子,并附信说:"王母宫塬击毙二十五军军政委吴焕先照片七张,由邮寄来,祈便察览。"以此向上司邀功请赏。

就这样,这位鄂豫皖革命根据地和红四方面军主要创始人之一,率领红二十五军长征的杰出领导人,在多次恶战中率领部队转危为安、转败为胜的传奇将领,在牺牲后,连一块安息之地都没有,只给世人留下了几张照片。但他的革命精神和光辉业绩,在党和人民心中树起了一座不朽的丰碑!

新中国成立后,在他牺牲的四坡村,在他曾经指挥红二十五军的一座小院里,矗立着一块刻有"中国工农红军第二十五军革命遗址纪念碑"的石碑,四周青松环绕,庄严肃穆;一座二层土楼的楼门上,挂着原中央军委副主席刘华清题写的"红军楼"匾额。在邻村郑家沟,重修了吴焕先的坟墓,坟前的石碑上刻着镰刀斧头。

1985年,在吴焕先牺牲50周年之际,刘华清与程子华、郭述申等健在的原红二十五军的老战士们,联名向中央建议修建吴焕先烈士纪念碑。中央采纳了这个建议。邓小平亲笔题写了碑名,烈士的老战友李先念题写了:"功勋卓著。"徐向前元帅题写了:"赤胆忠心,英勇善战!"

题词的原件珍藏于河南新县曹门村吴焕先故居。在河南新县鄂豫皖苏区革命烈士陵园里,有吴焕先半身塑像,底座上镌刻有李先念、徐向前等人的题词。

在兰州革命烈士陵园,修建了吴焕先烈士纪念碑,纪念碑是有民族特色的

吴焕先烈士之墓

八角重檐仿古建筑,占地 92.5 平方米,高 12.5 米,碑身正面镌刻着邓小平题写的"吴焕先烈士纪念碑",西面是李先念的题词,东面有徐向前的题词,背面是纪念碑文。

由原红二十五军领导组成的战史编委会,起草了《吴焕先烈士纪念碑文》,经胡乔木、胡绳修改后镌刻在雄伟的纪念碑上。碑文高度评价了烈士的一生,赞扬他为:"中国无产阶级革命家、政治家、军事家……具有高尚的革命品质,坚强的斗争意志,卓越的战略远见和领导才能,深为全体指战员爱戴和崇敬,是全军公认的杰出领导者。他的牺牲,全军万分悲痛。"

1985 年 10 月,河南省委在新县召开了吴焕先烈士牺牲 50 周年纪念大会,并决定在郑州市烈士陵园内修建吴焕先烈士纪念亭。

今天,人们看到,在河南郑州革命烈士陵园,有一座巍然耸立的"焕先亭",和吉鸿昌、杨靖宇、彭雪枫烈士的纪念碑亭一并排列,他们都是为了中国革命的胜利而献出生命的一代中原英杰……

9. 吴焕先功不可没

吴焕先是红二十五军的主要领导人,深受红二十五军将士的尊敬和爱戴。毛泽东同志曾深情地说:"红二十五军远征为中国革命立了大功,吴焕先功不可没!"在《中国工农红军第二十五军战史》、《徐海东将军传》、《战将韩先楚》、《程子华回忆录》、《刘华清回忆录》等相关著作中均对吴焕先的卓越领导才能和高尚革命精神给予了高度评价。

1989年,《中国工农红军第二十五军战史》由解放军出版社出版。该书对吴焕先的评价如下:

> ……他在重建红二十五军和领导红二十五军坚持鄂豫皖革命根据地的斗争中,在长征入陕、开辟鄂豫陕革命根据地时期,在为迎接党中央和中央红军西征北上中,都建立了不可磨灭的功绩。创建鄂豫陕革命根据地初期,在省委书记徐宝珊病重,军长、副军长均负重伤时,他勇挑重担,指挥作战,建军建政,充分表现出他的智慧和才能。尤其是决定红二十五军西进甘肃,迎接党中央,与陕甘红军会合的战略行动,表现了他的胸怀全局和远见卓识。吴焕先是鄂豫皖省委和红二十五军的卓越领导者,是经过严峻斗争考验的无产阶级革命家、政治家、军事家,他为中国人民的解放事业做出了重要贡献。他作战英勇,指挥有方,在几次生死存亡的战斗中,奋不顾身,带领部队建立奇功。他善于做思想政治工作,密切联系群众,以身作则,关心士兵,严格治军,深受指战员的爱戴,在部队中享有很高的威望。

1983年,作家张麟在《徐海东将军传》一书中讲述了吴焕先牺牲时的情景:

> 红军背水一战,取得了全胜。但是,红二十五军的指战员们却没有胜利后的喜悦,而是处于万分悲痛之中,无不捶胸顿足,热泪纵横。因为,就在战斗即将结束的时刻,他们所爱戴的军政治委员、年仅28岁的吴焕先同志,闭上了眼睛,停止了呼吸……徐海东突然接到报告,吴焕先政委受了重伤。他立即向四坡村跑去。离村老远,就听见一阵阵沉痛的哭声。"政委牺牲了!""政委他……"
>
> 一群干部战士围在一个院子里,哭着,喊着。徐海东不敢相信自己的耳朵和眼睛。他夺门跑进屋里,只见吴焕先静静地躺在那里,像因为过度疲劳,沉沉地睡着了。他那张常挂微笑的娃娃脸,失去了往日的红润和笑容,好像还在操心是否打退了敌人的进攻。"焕先!"徐海东握着那双冰冷僵硬的手,大声呼喊,"焕先! 政委! 焕先……"人们的哭声、呼喊声,组成了一曲悲壮的哀乐,为吴焕先政委送行。门外的雷雨一阵紧似一阵,好像老天也在为这位英年早逝的政委哭泣! 徐海东常说:"英雄流血不流泪!"

如今，他失声痛哭，泪如泉涌。他多次负伤从没流过泪，家中六十多口人被反动派杀害，也只是暗中流泪，如今，政委牺牲了，他确实控制不住自己的感情。

徐海东和吴焕先是生死与共的亲密战友，三年多来，他们两人率领着年轻的红二十五军指战员转战鄂豫皖，苦心经营鄂豫陕，又西征北上。军事上，吴焕先常说："海东谈谈！"政治上，徐海东也有句习惯语："请政委决定！"他俩都是急性子，徐海东又有个暴脾气，可是他俩一起配合着工作，很少有红脸争吵的时候。即使有，每次都是吴焕先先"妥协"，让着大哥几分，他俩亲如兄弟，情同手足，谁也离不开谁。

徐海东悲痛欲绝，一会儿放声痛哭，一会儿默默流泪。他回想起往日几位尊敬的领导，都壮志未酬身先死，离他远去：省委书记沈泽民饥病交加，病逝天台山；第二位省委书记徐宝珊，抱病长征，身葬陕南；要想迎接党中央、毛主席的代理省委书记吴焕先，中途牺牲，再也见不到党中央和毛主席了！

徐海东把经理部长叫过来说："我们要买口好棺材，先把政委埋葬在山里，立块碑，革命胜利后，如果我不在了，你们一定要把他送回老家——大别山！"

"是！我这就去办！"经理部长泣不成声地回答。

吴焕先的家庭是个红色家庭。他的父亲、大哥、大嫂、二哥和小弟，都为革命牺牲了，妻子饿死了，老母亲只身沿村乞讨，艰难度日，但她始终背着吴焕先参军时留下的马克思像。每到一村，她总是宣传："我们穷人翻身就要依靠这个大胡子。"她最后饿死时，还抱着这张马克思像。

徐海东按照大别山人的风俗习惯，叫人端来一盆水，亲自给政委洗了脸、擦了身，把珍藏在马袋里的一件青呢大衣，盖在政委身上……

第二天，徐海东和省委、军部里的几个领导亲自抬着棺材，渡过（汭）河，把他们的政委安葬在山坡上，让他能看到红二十五军离去的方向。大家在墓前伫立了许久，许久……巍巍耸立的王母宫塬上，阴云低垂，风雨声咽。被烈士鲜血染过的几簇小草，滚动着一滴滴泪珠，仿佛也在为烈士垂泪致哀……

吴焕先牺牲 60 多年后，出任中央军委副主席的刘华清在回顾起敬爱的吴焕先政委时，依然动情地说："吴政委的牺牲，是红二十五军的一个重大损失。当时全军指战员悲痛欲绝，我也流了很多眼泪。吴政委是我们的军魂，是军党委领导的核心，是指战员的主心骨，我们都十分爱戴他。"

在《刘华清回忆录》中，他这样充满深情地缅怀自己的老领导：

……从吴政委面前走过时，我见他衣服湿透，面孔铁青。他挥挥手，大声喊："你们政治部快过去！"从长征以来，吴政委总是哪里有危险就出现在哪里。吴政委威信很高，许多人心目中，他几乎就是红二十五军之魂。就在战斗结束时，传出噩耗：全军敬爱的政委吴焕先同志停止了呼吸！听到噩耗，全军哀痛！……安葬之前，举行了告别仪式，军直机关全体人员向吴政委遗体垂首致哀，几十双眼睛哭得又红又肿。吴焕先政委的牺牲，使鄂豫陕省委失去了一位优秀的指挥员。他虽然离开了我们，但他的精神永存。

2000 年，报告文学《战将韩先楚》由解放军出版社出版。该书称吴焕先是韩先楚军旅生涯中的第一个导师，韩先楚常为有吴焕先这样的领导，也是良师，感到幸运和自豪。认为红二十五军能够率先长征到陕北，吴焕先起了决定性的作用，在每次涉及重大战略方向抉择时，吴焕先都做出了正确的选择。如在商洛地区，很多同志提出要入川会合红四方面军，吴焕先予以坚决的否定。试想，如果没有吴焕先的坚持，红二十五军南下与红四方面军会合，既不能做中央红军北上长征的先导，还有可能跟随张国焘犯分裂主义的错误。

此书高度赞扬了吴焕先的远见卓识和革命精神，也记载了红二十五军将士对政委的敬爱之情："吴焕先率交通队和学兵连转身迎敌，奋勇杀敌，不幸中弹牺牲。噩耗传来，已经渡河的韩先楚，捶胸顿足。全军上下，行号巷哭，悲声动地。韩先楚为老军长、老政委收拾遗物时，发现了一张照片，据说，这是吴焕先留存下来的唯一单人半身戎装照。韩先楚一生中念叨最多的人，就是吴焕先了：什么叫军政双全？他就是。他是帅才，全才啊！他要是活到今天，那可是不得了呀！"

50 年后，当时担任红二十五军共青团委书记的黎光回忆说：

整整50年了。回想军政委吴焕先同志的壮烈牺牲，全体指战员无不捶胸顿足，悲痛落泪。壮志未酬身先死，常使我们泪满襟。吴焕先同志革命的一生，战斗的一生，光辉的一生，早已铭刻在历史的丰碑上。他是鄂豫皖革命根据地和红军的创始人之一；他是红二十五军的组建者和卓越的领导者；他是全军一致公认的领导核心，深为指战员所崇敬和爱戴，他是我们"儿童军"的骄傲！是红军指战员的光辉楷模，不愧为长征路上"一颗新出现的明星"！……我也曾想过，如果有人能把他的身世经历，完完整整地收集起来，认真加以研究琢磨，完全可以写成一部丰富多彩的文学传记。呜呼哀哉，魂兮归来！……

2009年，在开展"双百人物"评选活动中，吴焕先被选为"100位为新中国成立做出突出贡献的英雄模范人物"之一。2009年8月1日晚，中央电视台在《人民英模》栏目播出了吴焕先的英雄事迹，题为《骁将英名留陕甘》。

十

胜利会师

1. 板桥镇大血战

红二十五军转战于陇东高原,切断西兰公路,使敌军不得不抽调兵力,以重兵围攻红二十五军。敌第六师第十七旅由兰州乘汽车驰援,已经抵达泾川县城;第三十五师继续向泾川集结兵力;第五十一军一一三师由陕甘边的凤翔、清水向北推进到陇县、马鹿镇一带;第三军十二师由武山、甘谷等地尾追红二十五军到达华亭一带——敌人企图形成对红二十五军的合围之势,一举消灭。

红二十五军由于没有电台和联络的渠道,又不断地处于转战之中,得不到中央红军的任何新消息,加之敌军日益逼近,战略回旋空间不断缩小;部队已经在大雨和泥泞中转战一个多月,得不到休整的时间,部队十分疲劳;没有根据地作依托,伤病员难以安置,物资得不到及时的补给,继续在西兰公路附近作战,可能会陷入极其被动的境地。

基于这种情况,徐海东主持召开了一次省委会,讨论今后的行动方向。会议一致决定,鉴于目前的艰难处境,既不知中央的消息,敌情又非常严重,应按照原定的方针北上,立即向陕甘根据地转移,与陕北红军会合。

8月30日,红二十五军经华亭安口窑向北前进,次日晚,在平凉县城以东的四十里铺渡过泾河,向东北前进。红二十五军渡过泾河后,经镇原县向西峰镇方向日夜兼程前进。

这样,从8月14日到31日,红二十五军切断西兰公路18天,迫使敌军不断抽调原用于堵截中央红军北上的部队,来对付红二十五军,积极配合了中央红军的北上行动。

此时,敌军第三十五师师长马鸿宾在泾川县一〇四旅的防区督战。因泾河水突然上涨,他未能过河,只好在泾河南岸的罗汉洞电话指挥,命令驻守西峰镇的国民党军第三十五师师部直属队加强防守,步兵二一〇团增援西峰镇。这时,跟踪追击红军的国民党军三十一师骑兵团也接到命令,迅速向西峰镇靠近,以防红军进攻西峰镇。

此时,红二十五军正从西峰镇北门外至驿马关一带向东北方向进军。西峰镇北面枪声稀疏,城内人心恐慌,一片混乱。国民党军队慌忙调集重兵增援西峰,见红二十五军向东而去,即命令其三十五师骑兵团和步兵二一〇团一部跟踪追击。敌三十五师骑兵团依仗其行动快、武器装备精良之优势紧追不舍,使红二十五军迟迟未能摆脱,处于被迫应战的状态。马家军想以此拖垮红军,并寻机予以打击。

红二十五军在翻越庆阳县的赤城塬时,二二三团奉命在塬头阻击马家军整整一个下午,大部队才摆脱了马家军的尾追,继续向东北方向前进。

9月3日,红军抵达陕甘边界合水县的板桥镇。当时合水县除太白镇及其周围属于苏区外,其余均属国民党统治区和红军游击区。国民党政府为了维护其统治,到处竭力蛊惑人心,对群众进行欺骗宣传,因此,红二十五军到来之前,部分群众怀着恐惧心理,就近躲藏起来。

在军部驻地,徐海东一进窑洞,就打开地图仔细地审视地形,作下一步行军计划。同时,请来几位老乡询问当地乡俗,进一步了解地方国民党部队活动情况,及时同参谋长戴季英交换意见;还亲自带领指战员一起上山察看地形,研究作战方案。

四坡村战斗结束以后,部队一直未得到休整,尾追的马家军骑兵又难以摆脱,长期下去会拖垮部队。因此,徐海东当晚的具体安排部署是:部队在此地休息一个晚上,于次日晨出发,由戴季英参谋长带领二二五团担任后卫掩护任务,他自己带领二二三团去包围合水县城,两个团轮流掩护以期顺利通过国统区。

次日早晨,战士们都知道很快就要进入陕北根据地了,感到十分高兴。按计划,徐海东率二二三团前行,戴季英带领军部及二二五团担任警戒。这时天已大亮,马家军骑兵赶到,蹚过不深的马莲河,冲击红军集结的板桥镇,遭到在锦坪塬头警戒的二二五团三营的猛烈阻击。此时戴季英的动员讲话尚未结束,军长程子华催促部队赶快出发。

由于马家军是骑兵,机动性强,进攻速度快,红军二二五团刚刚出发,就遭到大队马家军骑兵的突然袭击。紧急时刻,戴季英指挥军部带领二二五团一营先行一步,留第二营打掩护。

徐海东在带领二二三团去包围合水县城的路上,听到后方枪声越来越密,立即骑大白马返回到板桥附近,急速跑上北山梁察看军情。军医院院长钱信忠也带领卫生队的 15 名战士,随徐海东副军长到达前沿阵地抢救伤员。二二五团三营多半是新兵,是从陕南出发时由第四路游击师编入的,战斗经验不足,被马家军骑兵一冲就垮了,面临被动挨打的危险。徐海东看到形势危急,忙叫警卫员令二二三团、二二五团一营停止前进,折回来迎战。

锦坪塬全是开阔地带,二二五团二、三营被马家军骑兵团几面围攻,伤亡严重,团长方炳仁阵前牺牲。二营营长陈彦启(一说陈彦宾)叫副军长快走,徐海东硬是不走,指挥三挺重机枪和警卫人员一起还击马家军。马家军骑兵看到红军火力凶猛,马上调头逃命。由于剩余红军战士一时难以撤退,火力一弱,马家军骑兵又快速往上冲。徐海东命令三营何教导员带部队战士守住塬边的一个墙圈,吸引马家军主力,掩护其他战士迅速转移。但是马家军骑兵不去攻墙圈,却直奔徐海东而来。

红军部队越打越少,马家军已经攻上了锦坪塬。徐海东的马夫看到情况危急,强拉徐海东硬操上马,在马屁股后狠抽几鞭,大白马飞跑起来。二二五团政委张明先骑的那头骡子撵马,也跟着徐海东的马跑了出来。敌骑兵团的副官马长清,看到徐海东骑着马冲过来,以为是自己人,还举手敬礼。这时,马家军骑兵团团长马培清上到锦坪塬上督战,看到一骑大白马的军官带一卫兵(实际是二二五团政委张明先)向高粱地边奔去,看清楚是红军的一名大官,急派身边 3 名传令兵去追,随后又命令一股马家军骑兵去捉活的。马家军骑兵大吼着"活捉徐海东",急追上来,谁也没敢开枪。

二二五团一营政委刘震随军部向曹家塬山梁上撤退时,通信员传来徐海东的命令:一营迅速抢占左面山头,掩护三营撤退。刘震当时走在全营后面,一面派人到前边去通知营长韩先楚,一面带六连赶往左面山头。这时三营已开始撤退,刘震用望远镜看见徐海东被马家军骑兵追赶,追击的骑兵离他仅四五十米。刘震立即命令一连架起机枪,让过前面白马,对准后面追击的马家军骑兵开火。六七名追击的骑兵被打倒,后面的追骑慌忙掉头逃命,徐海东这才得以脱离险境。

刘震对徐海东说:"敌人被封在梁上隘口那面了,副军长前面走吧!"但徐海东执意坚守阵地,怎么劝他也不为所动。这时候韩先楚带领的两个连火速进入阵地。刘震再次劝徐海东说:"我们营有打骑兵的经验,你放心地走吧!"徐海东看到军部已转入安全地带,后卫也很巩固,才上马准备离去,他临走叮嘱韩先楚和刘震等人:"一路要注意收容跑散的同志,千万不要让他们脱离我们这个大家庭而遭不幸。"

身经百战的徐海东大将,终生难忘这次惊险万分的战斗,后来他回忆说,如果当时没有韩先楚、刘震两员"上将"护驾,也就没有他这个"大将"了。

这次板桥战斗是红二十五军长征途中一次损失较大的战斗。二二五团三营 200 余人或牺牲或失散;团长方炳仁壮烈牺牲;副军长徐海东险些被俘;二二五团二营营长陈彦启及坚守在锦坪塬上部分战士受伤,弹尽被俘;军医院院长钱信忠带领卫生队的 15 名战士,搀扶着几个轻伤员跑进一条小山沟躲藏起来,直到夜幕降临,他们才沿着小路前进,赶上了部队。同志们再次相见,都为自己能回到部队、战友能重新团聚而激动地流出了热泪,也为一些英勇作战受伤的指战员,因战斗危急没有全部抢救下来而难过、内疚。徐海东的警卫员詹大南被马家军骑兵追上,他急中生智,将身上带的十几块银元抛撒在地上,马家军骑兵争拾银元,詹大南才得以脱身。二二五团三营何教导员也收容了几十个失散战士回到了部队。

2.永坪会师

红二十五军在撤出板桥镇以后,为了迅速摆脱马家军的追击,在庆(阳)延(安)公路两侧的山岭之间,一边与马家军骑兵团周旋,一边翻过山快速前进,拖得马家军精疲力竭,晕头转向。

当晚于甘湫川口宿营后,红军后卫部队在山头点燃篝火,吹起军号,召唤失散的战士归队,还有一些战士陆续回到了红二十五军的怀抱。

马家军骑兵团紧追红二十五军,并寻机袭击红二十五军后卫部队。红二十五军后卫部队一面急行军,一面阻击马家军,双方都有零星伤亡。

行至今合水县杨坪乡西北面时,马家军骑兵团再次追击,与红二十五军后卫部队又发生一次小战斗。这次战斗中,红二十五军二二五团继任团长张成毅身负重伤,不幸牺牲。

此后,红二十五军翻过木瓜岭,经当时合水县辖的东华池,于9月7日进入今华池县豹子川,部队在此进行休整。中共鄂豫陕省委在此召开会议,参加会议的有程子华、徐海东、戴季英、郭述申、赵凌波、张明先、田守尧、张希才等人。

会议的主要内容是为会师陕甘边区红军作准备,要求在进入陕甘革命根据地之前,对部队进行政治动员,整顿军容,注意团结,讲究礼节,尊重地方政府,虚心向兄弟的陕甘红军学习,向根据地人民学习。

会议还就省委和红二十五军的领导做出调整,决定由程子华代理中共鄂豫陕省委书记兼红二十五军政治委员,徐海东任军长,戴季英任参谋长,郭述申任政治部主任。这次省委会议后,徐海东再次担任军长。

说起徐海东与程子华的关系,那可有段历史了。两个人在长征中就有很密切的配合,徐海东本人原来就是红二十五军军长,程子华到苏区后,徐海东在省委会议上,主动提出让程子华担任军长,自己做程子华的副手,他们二人互让军长一事一直是党内军内的佳话。吴焕先政委牺牲以后,程子华负伤,不能指挥军队,就把指挥权全权交给徐海东。程子华告诉部队说:"就是天塌了下来,也还有徐海东同志指挥。"

豹子川会议后,红二十五军继续北上,沿着陕甘边界荒无人烟的山区,开向陕北。9月9日,到达保安县(今志丹县)永宁山,跨入了陕北苏区,成为第一支进入陕北革命根据地的长征队伍。

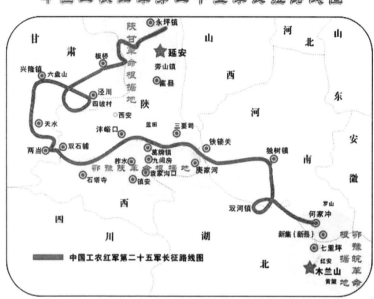

红二十五军长征路线图

中共陕甘边特委、军委获悉红二十五军到达永宁山的消息后,一边报告中共西北工作委员会,一边派出陕甘边苏维埃政府主席习仲勋、陕甘边军委主席刘景范,到永宁山迎接红二十五军。徐海东见到习仲勋后,第一句话就是:"可找到你们了。"激动的心情溢于言表。

中共西北工委组织部发出了《为欢迎红二十五军北上给各级党部的紧急通知》。《通知》指出:"目前中国革命的发展,使西北在整个中国苏维埃运动中占一最重要的地位。"接着,《通知》通告了红二十五军经过转战,已经到达陕甘苏区,并认为:"这一胜利的红二十五军、二十六军、二十七军的汇合,是争取陕甘、川陕的联系及联系全国各苏区,苏维埃中央政府与中央革命军事委员会统一指挥下的一致行动,为苏维埃在整个西北及全中国的胜利而斗争的这个伟大胜利消息,使我们西北劳苦群众听见了没有一个不手舞足蹈鼓掌欢迎与庆祝的,我们党应该抓住这千载一刻的机会,动员全体党员及全苏区的每个劳苦群众,欢迎红二十五军与陕甘红军的汇合，庆祝红二十五军北上的伟大胜利。"

《通知》要求各级党组织立即行动赶来，以各种方式欢迎、慰问艰苦长征、功勋卓著的红二十五军。

红二十五军在永宁山稍作休整动员后，继续出发。一路上，到处可见欢迎红二十五军的标语口号。人民群众真诚地送上各种慰问品，并热情地欢呼红二十五军的到来，传唱着自编的民歌：

> 一杆杆红旗空中飘，
>
> 红二十五军上来了。
>
> 长枪短枪马拐枪，
>
> 一对对喇叭一对对号，
>
> 头号盒子红绳绳，
>
> 军号吹起嘀嘀嗒嗒。
>
> 来到陕北洛河川，
>
> 劳动百姓好喜欢。

红二十五军与陕北

红二十六、二十七军会师永坪

在这四天的行程中，红二十五军的全体指战员处处感受到苏区党和人民无微不至的关怀，真正是到家了。

1935 年 9 月 15 日，红二十五军到达西北工委的所在地永坪镇，16 日与陕甘红军胜利会师。至此，红二十五军历时 10 个月，途经鄂、豫、陕、甘 4 省，转战近万里的长征，胜利结束。

吴焕先、程子华、徐海东率领红二十五军单独一路长征，打了许多险战和恶战。他们英勇奋战，不仅创建了一个新苏区，胜利实现了北上，特别令人称奇的是，在如此艰难而频繁的作战中，部队人员不是越打越少而是越打越多，从开始长征时的 2980

余人,一度发展到 4000 余人,到长征结束时还有 3400 余人,是北上各路红军在长征结束时,总人数比长征开始时多的唯一一支部队,成为红军长征史上的一个奇迹。

原红二十五军军部秘书,新中国成立后曾任炮兵政治委员的张池明将军,在回顾红二十五军长征的战斗历程时,挥笔写下一首《红二十五军长征》:

大别风雨胆未寒,

鄂豫陕边奋危艰。

沧海锻就英雄志,

劳山战役震敌顽。

万里征程喜胜利,

会师主力序入编。

直罗一仗开新面,

西北奠基著史篇。

红二十五军配合中央红军的行动,先期完成战略性的转移,与陕北红军胜利会师。在组成红十五军团后,又以劳山、榆林桥战役的胜利,迎接中央红军的到来,为中共中央把革命大本营放在陕北做了极为重要的准备。

对于红二十五军长征的历史功绩,党和国家领导人给予了充分的肯定和很高的评价。

1935 年 10 月,中央红军到达陕北后,毛泽东在接见徐海东时高度评价红二十五军长征的功绩:"是为革命立了大功。"

邓小平曾说:"红二十五军长征北上的路线是正确的。"

李先念评价说:"红二十五军的长征是红军长征史上光辉的一页。"

《共产国际》也在 1936 年第七卷第三期上刊登专门介绍红二十五军长征的文章,以诗一样的语言描述红二十五军在长征路上的转战历程:"像雄鹰在那里盘旋一样,使敌人布防于此的雄厚兵力,都惊得心胆俱寒!"还说:"中国红军第二十五军的荣誉,犹如一颗新出现的明星,灿烂闪耀,光被四表!"

在永坪镇,当徐海东见到被毛泽东称为"陕北人民的领袖"刘志丹时,留下了这样的印象:"志丹同志穿的十分朴素,沉静谦虚,看着,你想不出他会是黄埔四期的学生。"双方相见后,都高兴万分。

9月17日,中共西北工委与中共鄂豫陕省委在永坪镇召开联席会议,决定成立中共陕甘晋省委员会,撤销西北工委与鄂豫皖省委,组成中国工农红军第十五军团,撤销红二十五军、红二十六、红二十七军。决定在9月18日,即九一八事变四周年,举行会师庆祝大会和红十五军团成立大会。

次日,在永坪镇东南的石油沟召开了庆贺会师万人联欢大会。会上宣布成立红十五军团,军团长徐海东,政委程子华,副军团长兼参谋长刘志丹,政治部主任高岗,副主任郭述申。红二十五军改编为七十五师,师长张绍东,政委赵凌波;红二十六军改编为七十八师,师长杨森,政委张明先;红二十七军改编为八十一师,师长贺晋年,政委张达志。全军团共7000余人。

3. 顾全大局的习仲勋

1935年9月15日,红二十五军抵达西北根据地党政军驻地永坪的时候,在和刘志丹等欢聚胜利会师的背后,内部危机也在不断地蔓延。不久,陕北"肃反"开始了。

红二十五军当中有一部分在鄂豫皖苏区曾追随张国焘搞"肃反"的人,他们认为革命力量与反革命力量相比,反革命力量已占了"绝对优势",红军必须实行"全线出击","不让敌人蹂躏苏区一寸土地",要攻打延安等城市,反对所谓"取消主义"。到达陕甘苏区后,他们与陕甘根据地的"左"倾冒险主义领导者相结合,把张国焘等人写的一本名叫《肃反》的小册子拿来照抄照搬,在这里继续推行"肃反",并由中共陕甘晋省委行文。

他们在9月21日发出指示,决定成立政治保卫局,由当时的后方军事委员会主席戴季英兼任局长,颁布赤色戒严令,大批逮捕干部。朱理治在永坪主持会议,部署肃反工作,指定后方"肃反"由郭洪涛领导,前方"肃反"由聂洪钧领导。

10月1日,陕北"肃反"在永坪镇开始。就在这一天,肃反领导者逮捕了原陕甘边特委秘书长兼组织部长蔡子伟、陕甘边苏维埃政府秘书长张文华、黄子文、江旭和李西萍5人。

10 月 2 日,戴季英派人逮捕了陕甘边根据地重要领导人、曾担任陕甘边特委书记和红二十六军政委的张秀山。同日下半夜,在朱理治和程子华的监督下,戴季英等人审讯张文华、蔡子伟,后者在严刑拷打下,供认刘志丹、高岗是"右"派反革命。在得到这个口供后,朱理治与程子华立即定策,以"北面对敌作战,需刘回来指挥为名,调刘回去秘密扣留审讯"。

10 月 3 日,在戴季英和政治保卫局的严刑逼供下,被捕人员屈打成招,口供越来越一致。内容主要有:刘志丹、高岗、张秀山是"右"派反革命;反革命组织的名称叫"前线委员会",前任书记是张秀山,张秀山是蔡子伟介绍加入的,现任代理书记是刘志丹,他们曾经在一个庙里开过秘密会议;张庆孚煽动暴动,有秘密电台;刘、高勾结张庆孚要配合国民党搞兵变,等等。

10 月 4 日,朱理治要戴季英写信给前方,要求把高岗调回后方来。戴季英写好了信,没给朱理治看,就直接派通讯兵送往前方了。

随后,主要针对陕甘边区根据地党政军的"肃反"大逮捕就开始了。西北苏区的错误"肃反"进行了一个月左右时间,"左"倾教条主义的执行者们先后在前线和后方机关逮捕了包括刘志丹、高岗、习仲勋、汪锋、张秀山、刘景范、马文瑞、杨森、蔡子伟、张文舟、李启明在内的一大批党政军主要领导干部,红二十六军营级以上、陕甘边地方县级以上干部全部予以关押。这些同志在狱中均遭受了种种非人的折磨。

"肃反"过程中,"肃反"的执行者对被捕人员的迫害相当残酷,并且激化了西北根据地内部的矛盾。刘志丹被逮捕后,被戴上了沉重的手铐和脚镣。出狱的时候,手铐和沉重的脚镣磨坏了他的手脚,写字握不住笔,走路蹒跚。他的家属也遭到株连,妻子被编入劳改队。保卫局长戴季英多次提着鞭子毒打张庆孚。张策也因为拿下套在自己脖子上的绳子捉虱子,被看守用刀背砸了一顿。当时给张秀山上的刑更厉害,给鼻子里灌辣子面,吊起来拷打。红军营长于震西被抓后,被"肃反"的人用匕首一刀一刀地扎,逼他承认自己是反革命。被派到陕甘边执行"肃反"任务的执行者,错杀了陕甘边区特委第一任书记金理科、陕甘边区妇委会主任张景文、陕甘边区南区委组织部长杜宛和陕甘边区军委副秘书长杨浩等 200 多名优秀干部。

"肃反"导致了红军内部的分裂，根据地陷入危机，老百姓投向军阀和国民党等。原红二十五军与原西北根据地的红二十六、二十七军关系恶化，几乎到了刀兵相见的程度。

原陕北红军干部高朗亭回忆："联欢大会（指的是 1935 年 9 月 17 日，西北红军与转战到达西北的红二十五军的联欢会）以后，西北代表团书记朱理治下指令，将红军七十八师和八十一师的轻机枪全部调出（朱自己说西北红军不会使用），把连以下指战员的自来得枪（驳壳枪）全部调出，说是十五军团要成立手枪团，并给红七十八师和八十一师团以上（含团）的指挥机关都派宣传员督战督训。这是笔者亲自听朱理治同志讲的……1935 年 10 月 12 日榆林桥之战后，红八十一师被改组，原师政委张达志被调走，新政委张明先开口爱称'老子'，打人骂人是家常便饭，被指战员称为'老子政委'，师长穿双袜子也要他批准。"

后来，杨尚昆遇到原八十一师师长贺晋年，贺晋年告诉杨，如果中央不来，我们就要同二十五军他们打起来了。八十一师主要是由原陕北红军改编而来，尚不是"肃反"的重点，矛盾就已经激化到千钧一发的程度，而"肃反"的重灾区是以原红二十六军为主改编的红七十八师，其情况的严重程度就不言而喻了。

"瓦窑堡大街小巷的恐怖气氛，仿佛凝聚在陕北大地上空的瓦斯，只要有人振臂一呼，稍微给点火花，它就会爆炸的。"深知陕北根据地这一情况的郭洪涛也感到忧虑。由于"肃反"对干部乱打乱杀，"二十六军、二十七军中发生了问题，在前方军心完全动摇的时候，前方军队一连、一排、一班地逃跑，干部一点儿精神都没有，恐怖、怀疑、准备暴动。"

"肃反"还激起了西北根据地内部的反叛"赤安暴乱"。"党中央在瓦窑堡为刘志丹等人平反昭雪、制止'肃反'的时候，以朱理治、聂洪钧、戴季英为首的'肃反'委员会，已发出的通知却仍然起着破坏作用。赤安县就发生了枪杀革命干部、颠覆苏维埃政权的反革命暴乱。"

"赤安暴乱"使得中共建立的政权——1 个特区、3 个县政府，20 多个区政府，30 多个乡政府受到严重破坏。"叛匪还杀害军干群 70 多人和许多中央红军伤病员"，一部分原红军官兵还投降了蒋介石，与中共为敌。直到 1936 年 4 月，赤安县新的中心县委才组建。

从中不难看出当时在西北根据地内部的"肃反"运动的残酷性,而习仲勋受到的政治污蔑和酷刑迫害也是相当严重的。但是,在极端恶劣的环境下,习仲勋顾全大局、舍己为人、为党尽忠等高尚品质也在此时凸显了出来。

习仲勋在刘志丹被逮捕后不久,被以"党棍"罪名开除出党,撤销职务,随后以谈话为名被诱捕。聂洪钧给习仲勋罗织罪名说:第一骂群众是土匪;第二不搞土地革命,只分田地,不分山地;第三给富农通风报信。

习仲勋被扣押后,最初关在王家坪,后来押往陕甘晋省委驻地瓦窑堡。押解途中,给他头上套了一个只露出两只眼睛的黑帽子,肩上还让扛了两杆长枪。

习仲勋在后来谈及这段历史时说:"晚上睡觉时仍将人捆着,脚上、脖子上也加了绳子。'左'倾机会主义路线的执行者搞法西斯审讯方式,天气很冷,不给我们(指习仲勋等被逮捕的相关人员)被子盖,晚上睡觉缚绑着手脚,绳子上都长满虱子;一天只放两次风,有人拿着鞭子、大刀,看谁不顺眼就用鞭子抽,用刀背砍。"

与习仲勋同被关押的陕甘边根据地重要领导人张策,后来回忆他们在狱中的情景时说:"保卫局的监狱设在瓦窑堡汇川通号的一个四合院内,每间小房子都关着十几个人。每个人都戴着脚镣,并用绳子捆着。当时天寒地冻,气温在零下二十多摄氏度,但地上仅放些谷草,无铺无盖,大多数人冻得睡不着觉。吃不饱饭不算,水也喝不上。病了也只好拖着。有个别同志拉肚子,要去厕所也不允许,只好拉在睡觉的地方,弄得房子里气味难忍。打骂虐待,更是家常便饭……天越冷,人的小便越多,又不准出去,只好尿在自己身边的铺草中,有的尿在自己吃饭的碗里,早晨放风的时候倒掉。特别可怕的是,在这个监狱的后院已经挖好了一个大坑,随时都可以无声无息地把我们这批人埋掉。"

时任陕甘晋苏维埃政府粮食部副部长兼调查统计科和运输科长的刘培植回忆:"习仲勋同志被押在一间四面透风的破屋内,缺衣少盖。天气也渐渐冷起来,看到此种情景,我有点于心不忍,就偷偷地给他送了一条毡绒毯子。戴季英得知后十分恼火,即刻把我叫过去大声训斥说:'小刘,你怎么给反革命送东西!'"刘培植也因这件事情受到怀疑,险遭不测之祸。

在遭受身体折磨的同时,习仲勋也受到了严重的政治污蔑。习仲勋后来回忆说:"开始说我是取消主义,后来说我是右派,并说我是右派前线委员会的书记。""在苏区大批干部被关押和刑讯逼供之时,在执行作战任务的前方,错误'肃反'已开始用活埋的方法杀害革命同志。在省委所在地也挖好土坑,做从肉体上彻底肃清所谓右派的准备。"

此时的习仲勋生命已经危在旦夕,随时都有被"左"倾路线的执行者"从肉体上消灭"的可能。

在此千钧一发的危急时刻,习仲勋充分展现了自己舍己为人、顾全大局、忠心为党的高贵品质。"肃反"刚开始的时候,"肃反"主持者多以苏维埃政府主席习仲勋的名义将当事人调往后方,然后再予以逮捕。习仲勋在承担巨大风险的情况下,以自己的名义硬担保了一大批受诬的同志,如果这些人发生了问题,就要立刻逮捕他。在自己被捕前,习仲勋对越来越多的同志被捕,内心感到非常不安和焦虑,时常彻夜难眠,以致身体也出现了不良反应,每听到有人被捕的时候,就周身不适,频繁腹泻。

不久,他身边一些人员甚至连警卫员也被关押,他已隐约感到自己也难逃厄运。

刘景范关切地对习仲勋说,还是暂时离开此地,躲一躲。习仲勋说:"不能走。把我杀了,我也不能走。这些同志(指前面习仲勋以自己名义担保无罪的那些人)都是以我的名义叫回来的,我怎么能走呢?"

在习仲勋被关押期间,有人偷偷问习仲勋,是否可以逃跑脱离危险境地?暗示可以帮助他逃跑,习仲勋只回答了四个字——为党尽忠,和大家一起在监狱中进行了坚决的斗争。习仲勋在遭受刑讯逼供时,怒斥"左"倾分子是"败家子"、"法西斯分子",依然大义凛然,不说违心话。甚至在生命受到威胁时,也绝不为了保全自己,争取"自首"机会,牵连别的同志,而是据理力争,捍卫自己的清白,为其他受害的战友辩护,从而减轻这次"肃反"的惨烈后果。

习仲勋后来回忆这段历史时说:"上级亲自审讯我的是朱理治、郭洪涛、戴季英。他们叫我自首,我说,这有什么自首的? 我说我是革命的,你们说我不是革命的,我也豁出去了,说我什么也不要紧,就是你们不要用笨刀子杀我。"

当时,毛泽东等中共中央领导也不知道西北根据地的具体情况。10月20

日,毛泽东和周恩来在接见了活动在吴起镇当地的一支游击队负责人张明先后,才得知刘志丹等被逮捕并且关押在瓦窑堡的情况。

在张明先的介绍下,毛泽东又于 22 日晨接见了了解"肃反"情况的陕甘边第二路游击队政委龚逢春。毛泽东从龚逢春处得知西北革命根据地正在进行"肃反",刘志丹、高岗等西北革命根据地的领导人被逮捕,有的被捕人员已经被杀害,就立刻着手处理"陕北肃反"的问题。

毛泽东立即派遣当时的国家保卫局执行部部长王首道、刘向三等,前去瓦窑堡传达停止"肃反"的命令。王首道等人经过仔细的调查,纠正了"肃反"时期强加给刘志丹等的"罪名",并且很快就释放了被捕的刘志丹等人。

虽说刘志丹一出狱就忙着工作,但当时给他的结论只是说他不是反革命,而还是有"严重右倾"。

习仲勋的问题就根本没有得到解决。但是习仲勋没有因此而气馁,而是不计较个人得失,以更加积极的态度投入革命工作。

习仲勋在被释放的当夜对与自己一起受到各种残酷折磨的同志说:"我们快要分配工作了,到了工作岗位,要用实际行动表达我们对党对人民对革命事业的忠诚。"

更难能可贵的是,以刘志丹、习仲勋为代表的一批西北革命领袖,在自己受到各种残酷的迫害、险遭杀害之后,并没有斤斤计较个人的得失利害,而是用更加深邃的战略眼光思考中国革命的经验教训问题。

1936 年刘志丹率部东征前,习仲勋去看刘志丹。刘志丹对他说:"从多年的经验看,我们党犯的'左'的错误多,这是小资产阶级急性病、狂热病的表现,企图一个早上把一切都变个样。他们看了一点马列的书,不看中国实际,以空想代替现实,不讲方法策略,因此总是失败。有这种思想的人,再和个人主义结合起来,就抓权,想当轰轰烈烈的大英雄,因之反对一切不同的意见。为了突出自己,甚至要致同志于死地。"

习仲勋听了刘志丹的话后,深表赞同,一起和刘志丹做那些对"肃反"还有各种不满情绪的战友的工作。

此后,在以毛泽东为首的中共中央的正确领导下,强加在习仲勋身上的各种"莫须有"的罪名被逐渐清除。习仲勋遵从党的安排,从一个重要岗位转战到另一个重要岗位,为中国革命的胜利做出了巨大的贡献。

在这次"肃反"中受到残酷迫害的习仲勋,当时只有22岁。但他在极端严峻的形势下所表现出来的无产阶级革命家大公无私、舍己为人、顾全大局、忠于党的事业的高贵品质却历久而弥新,永远值得我们学习。

4."毛主席来了晴了天"

随着陕北"肃反"的发展,红十五军团副军团长兼参谋长、陕甘根据地和陕甘红军的主要创始人之一刘志丹,也成为"肃反"的对象。

刘志丹,1903年出生在陕西西北部群山环抱的保安县,原名刘景桂。1925年参加中国共产党,1926年进入黄埔军校第四期学习,毕业后参加北伐战争。1928年4月参与领导渭南、华县起义,组建了西北工农革命军,任西北革命军事委员会主席,以渭南、华县为中心建立了苏维埃政权。起义失败后,刘志丹被派往陕北担任特委的军委书记。他一路走回陕北,几次遇险,但每每死里逃生。在极为艰难、危险的处境下,刘志丹冷静地总结了渭华起义失败的教训,如军队太少、又靠着交通要道、死打硬拼等。

最后,他得出结论:西北军阀派系多,广大农村是他们统治最薄弱的地方。陕甘交界的大山中,出了许多山大王,历代统治者都拿他们没办法,就因为他们有枪杆子,有地盘。从这时起,搞武装、建军队、创立农村根据地这些思想就在刘志丹的脑子中生了根。从此,他就踏上了一条颇多曲折、历尽艰难建立红军和根据地的道路。

在刘志丹的精心策划下,1932年12月红二十六军成立,1934年红二十七军成立,以照金为中心的根据地和神府根据地、陕北根据地也相继被开辟出来。

特别值得一提的是1935年,在刘志丹的统一指挥下,陕甘红军挫败了国民党军对陕甘的两次"围剿",连续夺取延长、安定、保安等6城,使陕甘、陕北根据地连成一片,一共控制了陕甘边境22个县,还成立了陕甘苏维埃政府。

在艰苦的斗争实践中,刘志丹把他的游击战术发挥得淋漓尽致,成为陕甘红军的灵魂人物。老百姓们都亲切地叫刘志丹为"老刘",并用纯朴的信天游唱出对他的崇敬：

> 鸡娃子叫来狗娃子咬，
>
> 我那当红军的哥哥回来了。
>
> 羊肚子手巾三道道蓝，
>
> 当红军的哥哥跟的是刘志丹。
>
> ……

斯诺在《西行漫记》一书中也用近 3000 字的篇幅描写了刘志丹的生平和功绩。他富有感情地说："刘志丹是个现代罗宾汉，怀有山里人对富人的仇恨；在穷人中间，他成了救星，而在地主和放债者中间，他又是上天的神鞭。"

难怪毛泽东后来也对贾拓夫说：古时候陕北出了个李自成，当今又出了个刘志丹，你们陕北果真是出人才的地方啊！

可是，就是这样一位富有传奇色彩的人民领袖，没有被敌人的"围剿"打垮，却在党内"左"倾路线的错误领导下难逃厄运。

1935 年 10 月 6 日那天，刘志丹接到通知，前往瓦窑堡开会。走到半路，碰上了一位通信员。通信员认识刘志丹，说有一封给十五军团的急信，顺手交给了他。刘志丹接过来，拆开一看，原来是政治保卫局决定逮捕"反革命"的命令和一张名单，上面第一个就是他。

刘志丹先是一惊，思忖道："怎么？他们要对我下手了？"随即他又冷静了下来，将信塞进信封，封好，用手压了压，递给送信的同志，说："这是给军团部的，你就送到军团部吧，就说我到瓦窑堡去了。"

等送信的人策马跑走之后，刘志丹勒着马缓行了几步，转过头来对随行的警卫员说："我看你也回前线吧，不必跟我去了。"

警卫员看着刘志丹紧皱的眉头和犀利的目光，知道情况有了变化，就说："那你一个人怎么去呢？"

刘志丹

刘志丹说："多少次走南闯北，都是我一个人，怎么去不成？"

说到这里，他又勉强笑了笑说："你放心回去吧，跟上我没有什么好处。你回去后，告诉大家，一定要搞好和二十五军的团结，坚决服从徐海东军团长的领导，全力粉碎敌人的'围剿'，千万要顾全大局，不能闹分裂。"

警卫员听着刘志丹的话，看着刘志丹笑得不自然的脸，预感到要发生什么事，不禁流下了眼泪，哽咽着说："首长，你……不能一个人去。"

"要我开会，不去怎么行？"

"那我也跟你去。"

"不用去了，回去狠狠打击进犯的敌人，保卫根据地。毛主席和中央红军快来了，我已派人到甘肃一带去接头。毛主席一来，形势就马上会变好的。"刘志丹怀着对毛泽东的无限信任说道。

警卫员带着哭声说："不管有什么情况，回去跟同志们商量一下再去吧！"

"不用商量了，你快回部队去。"刘志丹斩钉截铁地说着，跨上战马，向瓦窑堡奔去了。

到了瓦窑堡，他把左轮手枪放在桌上，说："我知道你们在找我。"然而，"肃反"的主持者无视刘志丹的一片忠心，立即把他关进了牢房。还说刘志丹看了逮捕名单而不逃跑，是以"狡猾的手段骗取党对他的信任"，并进一步断定刘志丹是"为消灭红军而创造红军根据地的反革命"。

接着，连刘志丹的妻子和女儿，也被打入了劳改队。还有陕甘边区县以上的领导干部和军队营以上的领导干部100多人，也先后被捕，并被打成"右派"、"反革命"，被无情地投进监狱。

军团长徐海东看了那封抓捕信，就去找戴季英要人，并申辩说："刘志丹是创建陕北根据地的英雄，而不是什么反革命，你们快把他放出来！"

戴季英等人把刘志丹的罪行罗列了一大堆，而且给徐海东也扣上了一顶"包庇反革命"的帽子。

政治保卫局继续抓人，习仲勋、马明方、张秀山、刘景范、马文瑞等陕甘边区党、政、军领导干部先后被逮捕。

黑云笼罩着瓦窑堡上空，内遭错误路线的破坏，外受强大敌人的包围，本来形势大好的陕北革命根据地,一下子陷入岌岌可危的严重局面。

就在这千钧一发的时刻,中共中央、毛泽东率领陕甘支队,越过草地,突破重重险关,到达了吴起镇。陕甘边特委龚逢春去迎接,向毛泽东汇报了陕甘边根据地红军胜利发展的情况,并提出了有人乱搞"肃反",把刘志丹和红二十六军一大批干部抓起来的问题。

毛泽东听说这一消息后,极其愤慨,当即指出:"停止逮捕,停止审查,停止杀人,一切听候中央来解决!"

他还补充说:"我们刚刚到陕北,仅了解到一些情况,但我看到人民群众的政治觉悟很高,懂得许多革命道理,陕北红军的战斗力强,苏维埃政权能巩固地坚持下来,我相信创造这块根据地的同志都是党的好干部。请大家放心,中央会处理好这个问题的。"

11 月 3 日,毛泽东、周恩来等中央领导人到达下寺湾,听取了郭洪涛等同志的汇报,并召开会议,分析了陕北根据地内外的政治形势和军事形势,研究了"肃反"问题。

会议决定分两路行动:一路由张闻天、博古、刘少奇、李维汉、邓发、董必武等人率中央机关从下寺湾直接去瓦窑堡,开始纠正错误"肃反"的工作;另一路由毛泽东、周恩来、彭德怀率陕甘支队南下,迎战第三次"围剿"陕北苏区的敌人。同时决定,派王首道、刘向三和贾拓夫等同志先期到瓦窑堡去,接管中共陕甘晋省委政治保卫局的工作,先把事态控制下来,避免进一步恶化。

会上,毛泽东还特意叮嘱王首道等人说:"杀头不能像割韭菜那样,韭菜割了还可以长起来,人头落地就长不拢了。如果我们杀错了人,杀了革命的同志,那就是犯罪的行为。大家要切记这一点,要慎重处理。"

王首道等人一到瓦窑堡,政治保卫局局长戴季英就拿出许多案卷,作为指控刘志丹等人是"右派"、"反革命"的"证据"。

王首道等人按照毛泽东"要慎重处理"的方针,进行了认真的核实,发现其中所列举刘志丹的"罪状"都不能成立。所谓刘志丹执行"富农路线",是指他在土改中,对地主不搞肉体消灭,给富农以生活出路;所谓"梢山主义",是指他坚持农村割据,开展游击战争,不攻打大城市;所谓"投降主义",是指他在统战工作中团结国民党中的爱国人士；等等。显然，这些"罪状"只能证明刘志丹坚持了正确路线，而戴季英提供的"口供"，除极少数是坏人故意捏造、蓄意破坏外，其余都是"逼供信"的结果。

在保卫局，王首道与戴季英发生了激烈争论。

王首道提出：如果刘志丹等人都是反革命，那么陕北这块革命根据地是怎样建立和发展起来的呢？这里的对敌斗争是怎样坚持下来的呢？这里的苏维埃又怎能建立和巩固下来呢？

对于这些问题，戴季英都答不上来，但仍顽固地咬定刘志丹就是反革命。

刘志丹被带到保卫局，见到了中央的代表。在经受了那样残酷的迫害后，他却丝毫不考虑个人得失和安危，非常平静地说："我承认我是有错误的，组织审查是应该的，但我是光明磊落的。红二十五军来到了陕北，对我们帮助很大，现在中央又派人来，我非常高兴。"

为了彻底结束陕北根据地的错误"肃反"，西北中央局指定组成在博古指导下的审查错误"肃反"的"党务委员会"，其成员为董必武（委员会主任）、李维汉（中央组织部部长）、王首道（中央红军保卫局局长）、张云逸（代表中革军委）、郭洪涛（陕甘晋省委副书记）。

在做了大量调查、取证工作之后，党务委员会决定给刘志丹等蒙冤的同志平反。

1935 年 11 月 26 日，中共中央组织部在瓦窑堡第二高小召开了平反会议，张闻天、博古、刘少奇出席，董必武等党务委员会成员都参加了。会议由张闻天主持，他说："中央召开这次会议，主要是解决西北肃反问题。对刘志丹等同志的处理是一个冤案，应该纠正。"

接着，王首道宣读了《西北中央局审查"肃反"工作的决定》，指出：过去陕甘晋省委领导反右倾取消主义斗争与坚决肃清反革命右派的斗争，一般是必要的、正确的；但个别领导同志认为右派在边区南区和红二十六军中有很大的基础，夸大反革命的力量，在反革命面前表示恐慌，因此在"肃反"斗争中犯了小资产阶级的"极左主义"和"疯狂病"的严重错误，必须立即改组过去的省保卫局，纠正"肃反"工作中的"极左主义"与"疯狂病"的错误。

　　王首道讲完后让戴季英讲话,但他拒不承认错误,激起了与会者的公愤。到会的很多同志非常气愤,纷纷控诉,有的同志边说边哭,使会议几乎开不下去。

　　这时,刘志丹站起来发言。他冷静地说:"同志们受了委屈,现在党中央到了陕北,正确地处理了这些事情,弄清了问题,大家应该高兴;中央领导全国,大家都要顾全大局,团结一致,共同对敌,我们要拥护党中央的决定;我们相信犯错误的同志会认识错误,改正错误,团结在中央周围一道奋斗;不要认为我们做的什么事情都是正确的,我们也有错误。当然,我们不是右派,但是工作中有没有右倾错误和其他错误,我们要冷静地回头想一想。"

　　刘志丹的讲话思想境界很高,他受了那么大的委屈,没有耿耿于怀,而是以党的事业为重。在当时的情况下,能够做到这一点,确实难能可贵。

　　听了刘志丹的发言,会场上的气氛好多了,哭声也停止了。

　　会上,王首道代表五人党务委员会宣布刘志丹等人无罪,立即释放,并分配工作。同时,为了严明党纪,中共西北中央局委员会还做出了《关于戴继(季)英、聂鸿(洪)钧二同志在陕甘区域"肃反"工作中所犯错误处分的决议》。

　　《决议》指出:"陕北'肃反'错误的主要责任,应当由当时主持全部'肃反'工作的戴季英(当时的保卫局局长)及在前方主持'肃反'工作的聂洪钧(当时的西北军委主席)二同志负责之。戴季英同志在保卫工作上犯了许多严重错误,本应受到党的最严重处分,因考虑到他长期参加国内战争,为党工作很久,特决议从轻给予他以最后警告,对聂洪钧同志给以严重警告。"

　　当时,戴季英仍不服气,还在为自己狡辩。面对戴季英的态度,周恩来后来气愤地指着他斥责道:"像刘志丹这样的'反革命'越多越好,像你这样的'真革命'倒是一个没有才好!"周恩来向来待人和气,用这么严厉的口吻说话还真是很少见。

　　12月8日,毛泽东、周恩来来到瓦窑堡后,立即派人去接刘志丹过来会面。消息传来,刘志丹激动得热泪盈眶。他匆匆理了发,刮光胡子,换上一身干净的布衣服,脸上浮现着幸福的微笑,和来接他的同志一道,朝着毛泽东驻地走去。

　　老远,刘志丹就看见周恩来正站在中革军委的大门口等着迎接他。他连忙跑上前，举手向周副主席行了礼。周恩来微笑着快步走过来，和他紧紧握手。

周恩来很激动，他感情深沉，声音有些颤抖地说："志丹同志，你是挽救了革命的人啊！"

刘志丹更紧握住周恩来的手，含着热泪说："周副主席，我上过黄埔军校，您是我的老师，我也是您的学生。您给我们讲过课，还带我们打过仗哩！"

"我们是战友！"

刘志丹连忙诚恳地说："周副主席，说归说，但事实总归是事实吧，您永远是我的好老师啊！"

周恩来看着刘志丹，说："刘志丹同志，你不是很喜欢文学吗？咱们中国有句名言，青出于蓝而胜于蓝。过去我给你当过老师，可现在我得向你学习，这是真的。因为在你身上，有着许多值得我们大家都学习的东西。你的军事指挥才干，你的党性原则，你的群众观念，你的顾全大局……你不要打岔嘛，我说话是有证据的。比方说，这回陕北'肃反'时，通信员把逮捕你的密令送到你的手里后，你为了顾全革命和红军的整体利益，就自己骑着马跑到要逮捕你的人那里去报到了嘛。在他们那些人私设的监牢里，你还给陕甘红军和人民群众捎了话，说没有你刘志丹的命令，谁也不准胡来……你说，难道这不是顾全大局吗？还有……"

刘志丹听到这里，脸一热，倒觉得有些不好意思。他叫声"周副主席"，想把话岔开。周恩来一见，风趣地笑了笑，又道："既然你不愿意由我来说，那我也只好不说，就让群众树口碑去吧。你在陕甘的情况，我知道一些。你们的工作成绩很大，毛主席一到陕北就称赞你们的工作做得很好！"

刘志丹笑了笑，正要说话，周恩来朝一排灰色砖窑一指，笑道："毛主席等着见你哩，我们去吧！"

刘志丹跟着周恩来，来到毛泽东住的院子。进门后，周恩来介绍道："这是刘志丹同志。"

刘志丹急忙跨前一步，双脚并拢，向毛泽东恭恭敬敬地行了军礼。毛泽东频频点头，微笑着和他握了手。然后，毛泽东摸了摸他的衣服，意味深长地说："你受委屈了！但对于一个革命者来说，坐牢是一种考验，也是一种休息。"

周恩来接过话来,风趣地说:"是啊,是啊,这'左'字号的监狱,也'左'得出奇呢!"

毛泽东接着说:"陕北这个地方,自古以来就是有革命传统的,李自成、张献忠就是从这里闹起革命的。这里虽然很穷,但穷则思变,穷就要革命嘛。这里群众基础好,自然条件好,搞革命是个好地方呀!"

刘志丹听后,喜悦万分,立即代表全体获释干部感谢党中央的英明处理,激动地说:"中央来了,今后的事情就好办了。"随后,他还向毛泽东和周恩来详细汇报了陕北根据地的情况,表示要跟着毛主席、党中央将革命进行到底。

不久,党中央先后任命刘志丹为西北革命军事委员会副主席、中央所在地瓦窑堡警备司令员、红军北路军总指挥、红二十八军军长。

多年以后,诗人贺敬之满怀深情地写道:

刘志丹啊刘志丹,

黄河挡不住,

高山防不严;

刘志丹啊刘志丹,

英雄挺胸站,

西北红半边。

刘志丹啊刘志丹,

过黄河,马加鞭,

军号响,炮声喧;

——从今后,

踏破河东千里地,

红旗飞过万重山!

正如《山丹丹花开红艳艳》这首陕北民歌所唱的,"满天的乌云风吹散,毛主席来了晴了天"。

刘志丹等人被平反的事情在陕甘苏区震动很大,毛泽东的指示和刘志丹等同志释放的消息传出以后,广大军民奔走相告,欢欣鼓舞,热烈欢呼:"刘志丹同志得救了!""陕北得救了!"

刘志丹被释放了,许多人到刘家报喜,但迟迟不见他回来。在家人的期盼中,刘志丹的警卫员来了,送来刘志丹的破烂不堪的脏衣服和被脚镣磨破带血痂的裹腿,这是让妻子洗补的。而刘志丹已经在为瓦窑堡的警备工作和新的征兵任务到处奔波去了。

虽然,在"肃反"中被捕的人都平反了,但它留在人们心灵上的创伤却在短时间内难以愈合。许多被捕过的同志,一提起"肃反",就情绪激动,他们多次要求刘志丹向党中央、毛泽东反映,处分那些错误"肃反"的人。刘志丹胸怀坦荡,一再进行解释和说服工作。

他一方面严肃批评那些犯错误的人是"不相信从土地革命中生长出来的红军,不相信从长期斗争中锻炼出来的干部",而表现了小资产阶级的"极左主义"与"疯狂病";另一方面,他又一再劝慰受害同志,要正确对待,要想开点,看远点。他说:"毛主席和周副主席都和我谈过了,受了委屈不要计较,要从大局出发,要以大局为重,团结一致,共同对敌。党内历史问题不必性急,要相信党中央、毛主席会分清是非,做出正确结论。"

此后,刘志丹一直以博大的胸怀积极对受冤枉挨整的同志做工作。在东征时,他遇见了自己的老部下张达志,在谈到"肃反"问题时,刘志丹说:"要说总结经验的话,不能完全责怪外来的同志。因为我们没有电台,没有办法和中央取得联系。外来的同志不了解我们西北地区的革命情况,也不了解我们这些人是革命的,还是反革命的,是左派,还是右派。要责怪的话,主要是我们陕北党内王明路线的执行者,没有能够及时把我们西北地区的情况和我们这些人的情况如实地向外来的同志说清楚,并挺身而出制止这场'肃反'运动。如果他们这样做了,使外来的同志更多地了解我们,也许不至于造成这样的恶果。"

讲完以后,他劝慰张达志说:"现在问题总算弄清楚了,总算解决了。大家不要再记前仇,应该想大局,想团结,在党中央的领导下,把革命工作做好,再不要提这回事了。"

刘志丹的一席话,使张达志深受教育:刘志丹虽然蒙受了那么大的不白之冤,但仍然坚持团结,顾全大局,而将个人得失置之度外,自己受的那点冤屈算什么。刘志丹这种高尚的道德情操,令他永远难忘。

1936年年初,刘志丹又委托习仲勋转告挨过整的同志:"过去了的事情不要放在心上,这不是哪一个人的问题。要相信党中央、毛主席会解决好,要听从中央分配,到各自岗位上去积极工作。"

他向部队讲话时,每次都强调:革命利益高于一切,要顾大局,识大体,绝对服从中央的领导,听从中央的调遣,要向中央红军学习,加强团结。

在他的影响和带动下,许多受害同志不计较个人恩怨,勤勤恳恳地为党工作,从而使中央红军、红二十五军和陕北红军这三个"山头"集合到一起的干部很快打成一片,共同壮大了陕甘根据地并向宁夏方向扩展。

对此,周恩来后来一再赞扬说:"刘志丹同志对党忠贞不贰,很谦虚,最守纪律。他是一个真正具有共产主义品质的党员。"

红日驱散了迷雾,人们心头洒满了阳光。毛泽东和周恩来迅速处理了陕北红十五军团"肃反"问题,深得人心,为中央红军在陕北立足生根创造了很好的政治条件。

5. 劳山、榆林桥战役

在红二十五军进入陕北苏区后,国民党东北军六十七军军长王以哲率军部及一一〇师何立中部、一二九师周福成部(欠1个团),于9月15日进驻肤施县(1936年5月改为延安)。六十七军一〇七师刘翰东部、一一七师吴克仁部和一二九师的一个团留驻洛川、鄜县(今富县)、甘泉一线。国民党军队妄图对西北苏区步步进逼,实行第三次"围剿"。

在这种形势下,红十五军团首长决定佯攻甘泉,引诱肤施守敌出援,在肤施和甘泉之间的劳山一带歼敌援军。红十五军团八十一师担任了佯攻甘泉的任务,师部驻甘泉以西的关家沟。七十八师在大、小劳山西山一线埋伏,七十五师在大、小劳山东山一线埋伏,骑兵团则埋伏在土黄沟。

10月1日晨,敌一一〇师何立中部(其中,六二九团5个连留守三十里铺,六三〇团也留守三十里铺),从肤施出发驰援甘泉。

下午2时许,敌前卫营到达劳山以南的白土坡一带,师部也已进入劳山村。

红军随之发起总攻，伏兵一起杀出，激战 6 小时，至晚 8 点左右，全歼了一一〇师师直全部、六二九团 1 个营和六二八团全部。敌六二八团团长裴焕彩被俘，师长何立中、师参谋长范某、六二九团团长杨德新毙命。

劳山战役是红十五军团成立后的第一个大胜仗。此役共歼敌 2000 余人，俘敌 4000 余人，缴获 75 山炮 4 门，82 迫击炮 24 门，重机枪 24 挺，轻机枪 180 余挺，长、短枪 5000 余支，无线电台 4 部及一部分军用物资。

10 月上旬，红十五军团在取得劳山战役胜利后，即挥师南下，进攻敌人盘踞之重镇榆林桥。当时榆林桥守敌为东北军一〇七师六一九团，团长高福源曾任张学良的警卫营营长。

在战役发起前，红十五军团军团长徐海东曾三次前往榆林桥周围观察地形，侦察敌情。红十五军团的具体部署是：由七十五师进攻敌东山碉堡，主攻榆林桥，七十八师由洛河西岸向榆林桥进攻，八十一师为预备队。

10 月 12 日拂晓，榆林桥战役打响。担任主攻的七十五师由于敌人碉堡火力密集封锁，进攻受挫。徐海东军团长遂命八十一师师长贺晋年、政委张达志率部沿洛河东岸由北向南，向榆林桥发起进攻。

经激烈战斗，红八十一师攻克榆林桥北寨门，并用密集火力压制了全镇敌阵地。红七十五师和七十八师也发起猛攻，占领了全镇。榆林桥守敌全部被歼，团长高福源被俘。是役共歼敌 1800 余人。

榆林桥战役是继劳山战役以后，红十五军团取得的又一胜利。这次战役粉碎了东北军六十七军在西北苏区南线向苏区发动的进攻，使洛川和甘泉、肤施的国民党守军处于首尾不能相顾的狼狈状态。劳山和榆林桥两次战役的取胜，打出了红十五军团的威风，震慑了"围剿"的敌军，大长了陕北根据地军民的志气，群众高兴地唱道：

> 山丹丹花开红又红，
>
> 红十五军团出了征。
>
> 徐海东、刘志丹指挥妙，
>
> 劳山、榆林桥打得好。

军团政委程子华到达陕北以后，经过钱信忠的精心治疗，手伤得到控制，他在养伤期间还参加了劳山战役和榆林桥战役。

榆林桥战役后,俘获的东北军团长高福源,自恃出身东北讲武堂,以后还到高级军事研究班里进修过,著有《步枪射击典教范》一书,不把陕北红军放在眼里。因此,对高福源的说服教育工作起初并不顺利。

程子华是黄埔军校毕业,有着一定的军事素养,决定他出面做高福源的工作。他从军事专业出发,然后转移到抗战的大形势,令高福源感觉到不是一般性的劝降或者感化。也就是这次谈话以后,高福源的思想发生了根本的改观,之后,他回到张学良身边,又以自己的亲身经历对张学良思想的改变起到了进一步的推动作用。

从这个意义上说,程子华对我党联合东北军共同抗日的这项重大工作所做的努力是不容忽视的。

6. 会师吴起镇

10月19日,中央红军长征胜利到达陕北吴起镇。10月底,中央派贾拓夫等先遣人员给红十五军团送来《陕甘支队告红二十五军、二十六军全体指战员书》,信中说:

红二十五、二十六军全体英勇的指战员,亲爱的同志们:

我们经过了两万余里的长途远征,经历了十一个省的地区,粉碎了一切国民党军(对)我的堵击、追击、截击,越过了无数的天险、要隘、高山、大河,为的是要与亲爱的红二十五、二十六军弟兄会合,开展西北苏维埃运动的大局面,替中国苏维埃运动定下巩固的基础,迅速赤化中国。

现在我们已经胜利完成了党所给我们的这一光荣任务,到达了陕北苏区与亲爱的弟兄们会面了。帝国主义、国民党任何阻止我们的企图完全失败了! 我们早就听到了二十六军同志们在陕甘边长期斗争的历史,二十五军同志在鄂豫皖的英勇斗争和在河南、湖北、陕西、甘肃的远征,听到群众对于你们优良纪律和英勇战斗的称赞,最近更听到你们在合水会合的消息,和夺取清涧、瓦窑堡消灭白军、地主武装的胜利,这些使我们非常喜欢。今天我们亲自和你们会面,和你们握手,使我们更加兴奋。亲爱的同志们!

记着：我们的会合是中国苏维埃运动的一个伟大胜利，是西北革命运动大开展的号炮！

正因为陕甘革命运动的巨大发展，因为我们的会合，震撼了地主、资本家的反动统治，帝(国主义)、国民党正在准备用新的"围剿"来对付我们，但是我们有着会合了的力量和丰富的战斗经验，有着党中央的正确领导，有着广大群众的拥护，我们必定能够取得胜利。

亲爱的同志们，我们亲密地团结起来，为保卫和扩大陕甘苏区。粉碎敌人新的"围剿"，开展西北苏维埃运动的大局面，开展神圣的民族革命战争，武装保卫苏联而斗争。

同志们！我们手牵着手勇敢前进！伟大胜利就在前面！

苏维埃新中国万岁！

全军团指战员读着这封热情洋溢的信，无不欢欣鼓舞，群情振奋。

陕甘支队和红十五军团会师后部分干部合影

徐海东提出建议："毛主席快到了，再打上一仗，作为见面礼。"红十五军团决定攻击当地的土顽。当时，鄜县西南的张村驿、羊泉镇、东村、套通(今北道德)等几个民团据点，虽然兵力不多，只有几百条枪，但都是顽固的土匪恶霸。他们储藏了许多粮食和物资，凭借着易守难攻的堡寨，骚扰百姓生活，妨碍红军行动，给国民党军通风报信。红十五军团决定拿下这几个土顽据点，肃清障碍，同时解决部队的物资和给养。徐海东随即率红七十八师南下，攻打这些据点。

中共中央率领陕甘支队到达甘泉的下寺湾后，同红十五军团会师。毛泽东、彭德怀到达红十五军团司令部，会见了程子华等军团领导人，红十五军团军团长徐海东正在前线指挥作战，得到消息后，迅速从前线赶回到司令部。

徐海东后来这样回忆这一情景：

战斗刚开始，忽然从军团部后方跑来了七匹快马，军团政治委员程子华同志派人送来了信：毛主席今天下午到司令部来。

这是多么激动人心的消息啊！天天盼、天天想，毛主席到底来了！

我立刻命令部队停止攻击。然后快马加鞭地往回奔。心急只嫌马跑得太慢。到底慢不慢？一百三十五里，当中还有两座山，三个钟头就赶到了……毛主席问了部队的情况，也问到同志们吃的和穿的。我们回答之后，毛主席拿出一份三十万分之一的地图，问我们："陕北的三次反'围剿'怎么样？"

我们把敌人的情况扼要地做了报告。毛主席看着地图，又问："你们准备下一步怎么打？"

我们报告后，主席折起地图，亲切地说："好吧，先按你们的部署，把张村驿打下来，我们再共同考虑下一步的行动。"

毛泽东来到红十五军团的消息传开后，指战员们特别高兴，大家高呼着"打个大胜仗，迎接党中央"、"打下张村驿，迎接毛主席"的口号，很快发起进攻，迅速占领了张村驿等据点，缴获了大批粮食和物资。这一仗的主要功绩是打掉了敌人的耳目，为直罗镇战役准备了条件。

张村驿战斗后，西北革命根据地在鄜县以北地区召开了欢迎中央到达陕北和庆祝红一军团和红十五军团的胜利会师大会，萧华和郭述申分别代表两个军团的指战员讲了话。

两军会师后，中央决定，恢复中国工农红军第一方面军的番号，红十五军团编入红一方面军。红二十五军走上了新的历史征程。

两军合编以后，有一次，毛主席找徐海东和程子华谈话。他说：落霞与孤鹜齐飞，秋水共长天一色。我们军队打到哪里，根据地就发展到哪里。现在到了陕北,根据地就建立在陕北。

徐海东多次表示:现在情况不同了,有党中央直接领导,今后一切大政方针由中央掌管,我们就照中央指示办,要执行好,贯彻好。他教育部队要尊重和服从中央的领导,要求全体干部、党员要保持自觉的党性和高度的组织纪律性,过去受过王明路线的影响,现在要团结战斗。他强调要向老大哥部队学习,互助友爱,亲如兄弟,这样才能巩固和提高我军的战斗力,夺取新的胜利。

为加强红十五军团的各级领导,徐海东和程子华商量,主动要求中央派各级干部到红十五军团工作。中革军委先后派来周士第、王首道、陈奇涵、冯文彬、张纯清、宋时轮、黄镇、唐天际、杨奇清、周碧泉、毕士佛、伍修权等一批军政干部。他们的到来,加强了红十五军团的建设。红十五军团对调来的这些干部,除中央任命的外,都把他们安排到重要的工作岗位,一视同仁,热情对待。

7. 毛泽东找徐海东借钱

中央红军刚刚到达陕北,经费十分困难,毛泽东来到红十五军团之前,红军后勤部报告需要两三千元才能过冬。初来乍到,怎么办呢?毛主席忽然想到徐海东和红二十五军,便找来后勤部长杨至成,商量向徐海东借钱的事。

杨至成提出:"红二十五军仅仅比中央红军早到陕北一个多月,他们能有这个能力吗?"

毛泽东解释以后,便道:"试一试吧,这也是病急乱投医哟!至成同志,你的报告我看过了,我看是不是先向徐海东同志求助一下,以解燃眉之急。先去跑一下嘛!红二十五军在鄂豫陕边经营了几个月,大概他们多少还能有点家底。我相信,只要有可能,海东同志一定会帮这个忙的。我写个条,你拿着去。不过,你要注意,千万不要使海东同志为难。"

随即,毛泽东写了个借条,上写:"海东同志,你好!因部队过冬吃、穿出现困难,特向你借款 2500 元。毛泽东。"杨至成派人拿着毛泽东的亲笔借条来军团部找徐海东。

徐海东立即找供给部长查国桢和财务科长傅家选商量此事。当他听说红十五军团还有 7000 元的"家底"时,便对这两位同志说:"中央红军刚到,困难比我们多。我们要勒紧裤带,多为中央红军解决困难。"遂决定留下 2000 元,拿出 5000 元送给中央。

与此同时,他还召开了干部大会,动员一切力量,帮助中央红军解决困难。经过会议充分讨论,决定抽出部分武器、弹药、衣物、布匹、药品等送给红一军团。同时还决定:每个连抽出机枪 3 挺,还有其他一些枪支弹药送给中央红军;经济部拿出 1 万元边币,卫生部调出部分衣物、医药用品派人送给中央供给部;在劳山和榆林桥战斗中入伍的战士都拨给中央红军。

毛泽东和彭德怀收到这些物款和增补的战士后,十分赞赏这种互相帮助互相支持的革命友爱精神。这一切,都充分反映出徐海东同志对中央和中央红军的尊重以及他有很强的全局观念,不搞本位主义。他的这种高尚品德,不仅受到了中央领导同志的称赞,也得到了指战员的拥护。

当时,中央红军专门派人来表示感谢,中央供给部部长叶季壮高兴地说:"这真是雪里送炭啊!"

8. 唱响《三大纪律八项注意》歌

中央派人与《告指战员书》一起送来的还有《中国工农红军三大纪律八项注意布告》。这份布告使红十五军团政治部的程坦、刘华清等人激动不已。程坦早在鄂豫皖苏区和鄂豫陕苏区时,就曾尝试着把"三大纪律八项注意"编为歌曲,但一直苦于没有找到准确完整的"三大纪律八项注意"的内容。这次终于看到了完整的内容,于是,一首传唱至今的"军魂之歌",就在程坦笔下应运而生了。

程坦,原名程宗寿,1906 年出生于河南新县箭场河乡红显边村。1927 年参加著名的黄麻起义,次年加入中国共产党。1932 年 10 月跟随红四方面军主力西征,途中因病掉队,返回了鄂豫皖苏区,担任了鄂东北道委的秘书长,成为道委书记郑位三的得力助手。

1934 年 9 月,程子华到达鄂豫皖苏区后,在等待鄂豫皖省委的 40 多天里,程坦与程子华朝夕相处。从程子华这里,程坦知道了中央苏区红军的"三大纪律八项注意",出于高度的政治责任感,程坦产生了把"三大纪律八项注意"编成歌词的想法。他结合已经流传于鄂豫皖苏区的两首革命歌曲《红军纪律歌》和《土地革命歌》,进行了再加工,编成了九字一句押韵的歌词,首先在鄂东北独立团教唱。

长征开始前,鄂东北道委机关和独立团被编入红二十五军,诞生于独立团的"三大纪律八项注意"歌,并没有广泛地传唱开来。

红二十五军长征到达陕南,创建鄂豫陕苏区后,主力红军从长征开始时的2980余人,发展到4000余人,地方部队2000多人。大量"新人"的加入,迫切需要对他们进行革命教育。

为便于进行纪律教育,程坦把曾教唱于红军独立团的"三大纪律八项注意"歌,进行了改写,并配以《土地革命歌》的曲调,让刘华清刻印后,发至每个连队学唱,这首歌很快就在红二十五军传唱开来。

1935年7月,红二十五军自沣峪口西征北上时,就唱着这首歌走过陇东高原,直到陕北苏区,使这首歌在途经之地有了深远的影响。

包括刘华清在内的许多红二十五军的老同志晚年曾经深情地回忆道:"这首歌,我们在长征中走一路、唱一路,对于部队遵守群众纪律确实管用。"

红十五军团成立后,取得了劳山、榆林桥战斗的胜利,部队补充了一批新兵,作为军团政治部秘书长的程坦,正在考虑如何对他们进行纪律教育之际,中央红军派人送来"三大纪律八项注意"的布告,再次激发了程坦的灵感。

程坦用了一晚上的时间,重新修正了歌词。并找来刘华清商议,两人决定借用鄂豫皖苏区流行的《土地革命完成了》的曲谱,认为歌词和曲子很合拍。试唱多遍后,觉得可行。第二天一早,两人把结果向军团政治部副主任郭述申报告,郭也完全赞同,并让刘华清在《红色战士报》上刊出,印发各部队。

这首歌在对新兵进行教育时,起到了非常好的效果。歌词容易领会,曲调也简单,红十五军团的指战员首先唱起了这首歌。

1935年11月,在陕西鄜县以北地区,红十五军团与红一方面主力编成的陕甘支队胜利会师。在会师庆祝大会上,红十五军团的官兵高声唱起了《三大纪律八项注意》,立即引起全场注意。

从此以后,这首歌唱遍了我们党领导的革命军队。

9. 陕北的奠基礼

吴起镇会师之后,为了统一陕北地区的行政工作和红军指挥,中共中央决定对外用中共西北局和中央政府办事处的名义,待打破"围剿"后再公开使用中共中央和中央政府名义。由毛泽东、周恩来、刘少奇、凯丰分别负责军事、组织、工会、少共工作,并决定任命王稼祥为总政治部主任,李维汉为中央组织部部长。同时成立中国工农红军西北革命军事委员会,毛泽东为主席,周恩来、彭德怀为副主席,王稼祥、聂洪钧、林彪、徐海东、程子华、郭洪涛为委员,后来,又增补了叶剑英、聂荣臻、刘志丹等为委员。

西北革命军事委员会成立之后,即发布命令恢复了中国工农红军第一方面军的番号,彭德怀任司令员,毛泽东任政治委员,叶剑英任参谋长,王稼祥任政治部主任,下辖红一军团和红十五军团。

其中,红一军团由红军陕甘支队第一纵队、第二纵队编成,林彪任军团长,聂荣臻任政治委员,左权任参谋长,朱瑞任政治部主任,下辖第二、第四师和第一团、第十三团。

红十五军团基本上是原徐海东、程子华率领的队伍改编而成的。由徐海东任军团长,程子华任政治委员,刘志丹任副军团长兼参谋长,郭述申任政治部主任,下辖第七十五师、第七十八师、第八十一师。此外,还有在陕南单独活动的陈先瑞师长和李隆贵政委率领的第七十四师。

这样,全军共有1.1万多人,红军在陕北的阵容大振。

在毛泽东率中央红军与红十五军团会师之时,蒋介石发动的对陕北苏区的第三次"围剿"还在进行。蒋介石为了阻止红军在陕北立足,从1935年7月起,就调动了东北军、西北军和甘肃、宁夏等省的国民党军队共10万多人,发动此次"围剿",并且亲自挂帅任西北"剿匪"总司令部总司令。他颇为自信地说:"红军到陕北只剩涓涓细流,陕北的黄土地很快就会把他们蒸发干的。"

10月末,蒋介石命令东北军组织了五个师向陕北苏区进攻,企图合围红军于葫芦河与洛河之间地区而消灭之。敌人的企图是:首先沟通沿甘泉、鄜县以西的葫芦河的东西封锁线,然后北援甘泉、肤施,构成沿洛河的南北封锁线,以便将红军限制在洛河、葫芦河西北地域,尔后采取南进北堵、主力逐渐向北进行"围剿"的方针。

为此,敌人分两路进军:西路董英斌第五十七军四个师(第一〇九师、第一一一师、第一〇六师、第一〇八师),10月28日由甘肃庆阳、合水,经太白镇沿葫芦河东进;东路王以哲第六十七军的第一一七师由洛川进到鄜县策应。其先头两个师——第一〇九师和一〇六师于11月初占领了太白镇,以后又占领了黑水寺,有向直罗镇方向前进的意图。

面对严峻的形势,毛泽东、彭德怀敏锐地注意到了直罗镇这个地方,迅速地形成了在此地打一个大的歼灭战的决心。采取的计划是:将敌放进直罗镇,乘敌立足未稳,集中红军兵力,采取侧击、包围、突然攻击等战法,歼灭突入之敌;得手后再歼灭敌后续部队。

为保证在直罗镇歼敌,命令第十五军团第八十一师的第二四一团继续围攻甘泉城,以调动敌人东进,以第二四三团在鄜县西羊泉镇牵制鄜县、中部之敌西援。

敌西路第五十七军于11月1日占领陕甘边界上的太白镇后,即徘徊于太白镇、合水地区,构筑工事,搜集粮食;敌东路第一师在11月6日进至鄜县。

红一方面军也于10月30日向预定战场机动。到11月2日,红一军团进至直罗镇东北的九原、上高地、套通地区,红十五军团主力进至直罗镇东南张村驿、桃花岭地区。

双方各自调兵遣将,一场大战的序幕悄悄拉开了。

11月5日,战役发起的前两天,毛泽东在下寺湾召开了团以上干部会议,进行战役部署。毛泽东详尽地分析了敌情,并向各部队下达了战斗任务。

接着,他讲了《水浒传》中林冲在柴家庄打洪教头的故事,并风趣地说:"林冲打洪教头,不是先冲过去,而是先后退两步,这就是为了避其锋芒、握紧拳头,发现弱点,一下击中对方的要害。直罗镇战役的部署正是这个道理。我们利用有利地形,把敌人引进来,然后集中优势兵力,攻其不备,消灭敌人的主力。"

生动的比喻,严密的部署,使大家充满了胜利的信心。周恩来强调说,按照这个部署去做。彭德怀则具体对各级指挥员提出了严格要求:抓战机要准,打击敌人要狠,要打出我们工农红军的威风,坚决歼灭敌人。

会后,毛泽东又组织红十五军团和红一军团团以上干部在张村驿会合,到直罗镇周围察看地形,研究具体部署。

他们从张村驿出发,行进约 15 千米,即到了直罗镇。在彭德怀的亲自率领下,看地形的各级指挥员观察得很仔细,从左到右,从东到西,细心地观察着道路、山头、村庄与河流,几乎走遍了直罗镇周围的每一个山包。一棵小树、一条小沟、一座独立房屋,都成了他们观察研究的对象。从望远镜中看直罗镇,南北有连绵的土山对峙,中间是狭长的谷地,镇子就坐落其中。一条东西贯通的大道从镇子中央穿过。镇子北面,是流速缓慢的葫芦河。指挥员们不禁暗自赞叹:这一带的地形对打伏击真是太有利了。敌人进到直罗镇,真如同钻进了口袋。毛泽东和中革军委的决策确实英明!

当来到紧靠直罗镇东南侧的一个高地时,彭德怀停住了脚步。这个高地是从镇南群山延伸下来的一条山冈,三面很陡,像楔子一样突出在葫芦河和南川的交汇处。葫芦河从北边绕过,南川小河从东南边傍山而下,两河在山冈东北交汇。山冈上有两个突出的山包,相距 100 米左右,每个山包上都有一堵用黄泥垒起来的厚实土墙,像是没有顶的碉堡。围绕两个山包的天然峭壁上,还有用石头砌的高高的围墙。当地的人都叫它直罗寨子。

彭司令员严肃地绷着脸,不多说话。仔细看了一会儿,他走到徐海东跟前,指着小寨子说:"敌人一定会利用它!"

"这倒是一个可以利用的固守据点。"徐海东说。

有人立即提议:"最好能把它拆了。"

"工程不小呢!"又有人说。

徐海东想到要把敌人放进来打,当然不能给他们留个据点,就说:"今夜我派一个营来,拆了它!"随即把任务交给了身边的一位团长。

当晚,红十五军团就派出一个营,连夜去拆那个小寨子。战士们不顾疲劳,一口气就把寨墙拆完了。

红军做好了一切准备,情绪格外高涨,一个个摩拳擦掌,积极请战,也增强了胜利的信心。

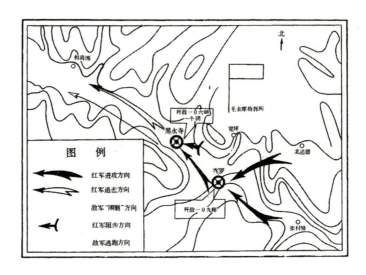

直罗镇战役示意图

在分配作战任务时,彭德怀再一次强调了直罗镇战役的重要意义和毛泽东提出的作战指导思想。

他指出:要说直罗镇,先得说说葫芦河。葫芦河位于陕甘根据地的南部,东与洛河相连。如果让敌人沟通了葫芦河封锁线,然后北援甘泉、肤施,策应王以哲的第六十七军——七师向北进攻,那么敌人就可以集中主力南进北堵,逐步实现将红军歼灭于该地区的如意算盘。如果让敌人的这一阴谋得逞,红军向南发展就变得十分困难,不但不能打破敌人的"围剿",而且根据地也得不到巩固。因此,葫芦河关系这次战役的全局。而打好直罗镇这一仗,对粉碎敌人在葫芦河的封锁线,又至关重要,是全局中最有决定意义的问题。

为了打好这一仗,毛泽东强调要抓住战略枢纽去部署战役,抓住战役枢纽去部署战斗,并特别要求必须打一场歼灭战。

正如彭总所说,毛泽东不仅在部署直罗镇战役时就明确提出要打歼灭战,而且在总攻发起前又亲自给彭德怀打电话:"一定要打歼灭战,要的是歼灭战。"

毛泽东之所以三次强调要打歼灭战,正是为了通过直罗镇一仗,真正打痛东北军,使此役起到影响反"围剿"战略全局的重要作用。

因此,毛泽东和中革军委确定如下具体作战部署:兵分两路,在直罗镇附近隐蔽设伏。红一军团进入直罗镇以北的石嘴、凤凰头地区集结,准备由北向南打;红十五军团在直罗镇东南的张村驿地区集结,准备由南向北打。另派一个连在直罗镇西面不远的小山上,监视、引诱敌人,准备把敌人牵进直罗镇的红军伏击阵地。

在毛泽东运筹帷幄,一一安排好"出场角色"和"主要剧情"后,直罗镇战役的好戏即刻开始上演。

1935 年 11 月 20 日,国民党五十七军代军长董英斌率西路军行至太白、合水地区后,即停下来构筑碉堡;东路军行至鄜县,也按兵不动,妄图通过阵地战来消灭红军。

为了迷惑敌人,红军决定加紧围攻在甘泉的东北军六十七军一个团。

军长王以哲忙向"西北剿总"告急,"西北剿总"参谋长晏道刚和参谋处处长徐方没有通过张学良,竟下令第五十七军"全部东进,向红军进攻,解甘泉之围"。

董英斌接到命令后,即在太白镇召开了军事会议,研究解围部署。当时,国民党军队有两条路可以走:走南道,比较安全,但要多走 100 千米路;走北路,要经过直罗镇,路虽近,但狭窄险峻,不好走,容易遭到红军截击。大多数国民党军队的师长、参谋长主张走南路,但是一〇九师的师长牛元峰却拒绝别人的建议,狂妄地固执己见:"我主张走北路,我们晚走早住,怕什么! 那样胆小,还打什么仗! 我十个师都不怕,共军这四五个师有什么关系。"

这正中毛泽东等人的下怀啦!

当天下午,敌一〇九师在师长牛元峰率领下,由 6 架飞机掩护,旁若无人地向直罗镇闯来。牛元峰显示出一副狂妄自大、不可一世的样子,气焰十分嚣张。

担负诱敌任务的红军一个连迎上前去,同敌人先头部队接触,边战边走,向敌人示弱,牵引着牛元峰部往直罗镇跑,战士们名之为"牵牛"。

果然,敌人见红军"节节败退",误认为红军抵挡不住,败阵而退,更加趾高气扬,一直追到直罗镇,并占领了直罗镇附近的高地。牛元峰洋洋得意,认为"旗开得胜",马上叫他的参谋拟发电报,向总部和军部报捷,声称他已占领了直罗镇。他放纵士兵在直罗镇内大肆劫掠群众的米、面、鸡、鸭、猪、羊等,大开宴席,庆祝"胜利"。可他哪里想到,此时他的一〇九师已钻进了红军早已摆放好的"口袋"里了,他的末日已经来临了。

21日拂晓前,红一军团和红十五军团,按既定部署,迅速进入出击阵地,将直罗镇紧紧包围了起来。当天晚上,毛泽东、周恩来、彭德怀亲临前线指挥,指挥所设立在距直罗镇不远的吴家台北端高地几间破窑洞附近。在这里,毛泽东一再指示部队:"一定要打歼灭战!"

天刚亮,红军就发动了猛攻,直罗镇战役打响了。第一军团占领直罗镇正北和西北阵地,向南、东南攻击,并以第十团插至直罗镇以西,切断敌人的退路;第十五军团占领直罗镇西南、正南、东南阵地,向直罗镇攻击,并负责堵住敌人向东的去路。两军团以迅雷不及掩耳之势,分两路向敌人猛冲。

敌人被红军突然、猛烈的攻击吓破了胆,其防线顷刻瓦解,队伍乱作一团。敌师长牛元峰从梦中惊醒,急向军部要电话求援,但已经要不通了,急得在屋内直打转转。

这时的直罗镇,漫山遍野红旗飞舞,山谷中到处是枪声、喊杀声。

南北两路红军,以强大的攻势,很快占领了敌人据守的两侧高地。据守高地的敌六二六、六二七团的两个团长,一个绝望自杀,一个被击毙。红军乘胜进击,两路红军像两只铁拳,从南北高山上猛砸下去。敌六二五团等被红军压在两山之间的一条山沟里,像一群被赶的鸭子,南边枪一响,敌人仓皇地向北撤;北边枪一响,敌人又慌忙地向南逃。在红军强大攻势下,敌人土崩瓦解,纷纷缴枪投降。

东北军是红军的老"运输队"了,过去不少士兵和军官都当过红军的俘虏,他们知道红军优待俘虏的政策,向红军缴枪已是司空见惯的事。虽然这次出发时,师长牛元峰曾给他们讲话,说什么"过去同共军作战,人家称咱们'运输队',从今天起,咱们坚决不当'运输队'"。可是,他的部下相信红军的政策,远远超过牛元峰的牛皮大话。这一次战斗,牛元峰当了最后一次"运输队队长",不但"送"了所属部队的枪,还"送"了自己的性命。

枪声越来越近,红军的包围圈越来越小,逐渐向镇内逼近。牛元峰见势不妙,慌忙带领师部随从500人,撤至镇东的一个破寨子里,固守待援。

这个小寨子,战前徐海东曾派人拆毁过,但四周的石头墙拆得不彻底,敌人重加垒筑,加之地势险要,居高临下,易守难攻。

徐海东拿望远镜看着石头砌的寨子,想起战前看地形时彭德怀的话,更感觉太对了,只怨派部队来拆的时候,自己没亲自督促检查。这四周的石头墙拆得不彻底不说,石头又都放在附近,敌人又把它们垒起来了,如今可真是一害!

徐海东又想到这是会师后的第一仗,一定要打好。他看看离天黑还早,太阳正平西,便决定沿着一条沟进谷。为了减少伤亡,掩护好突击队,他组织了 6 挺机枪,想亲自指挥封锁敌人的机枪射孔。

就在这时,一个脸上留着黑胡子、胸前挎把小手枪的人带着几个随从,匆匆走来。徐海东一眼便认出是周恩来副主席。

只见周恩来和其他几位同志从山上走下来。他们都拿着望远镜,边走边向敌人固守的小寨子观察。等走到近前时,周恩来和干部一一握手,一边继续用望远镜观察,一边问道:"寨子里有水源没有?"

当听到否定的回答后,周恩来笑着说:"敌人已成了瓮中之鳖,不好攻暂且围着算了。寨子里无粮无水,他们总是要逃跑的,争取在运动中消灭它。"

徐海东担心等不到晚上,敌人援兵就会赶上来,便说:"我看还是早攻下它好。万一敌人的一〇六师赶上来,那还是个麻烦呢!"

周恩来胸有成竹地摇摇头,然后告诉徐海东说,董英斌派出的一〇六师,已经被我们堵住了,我们的阻击部队在黑水寺消灭了它一个多团。

徐海东听后,这才略略放下心。原来,敌"西北剿总"得知一〇九师被歼后,即令第五十七军代军长董英斌率第一一一、一〇六师火速由西向直罗镇增援,令第一一七师向直罗镇前进,令中部第三十八军第十七师向北前进,企图从东西两个方向突击红军。东路敌第一一七师在 11 月 23 日进至羊泉镇,被红军第八十一师击溃。西路军第一〇六师于 22 日向直罗镇进攻,被红军第一军团击败,逃回黑水寺。

于是,徐海东命令部队只围不攻,自己也就地找了个指挥位置,不时地拿望远镜看着寨子。已经从俘虏的嘴里得知,敌师长牛元峰确实蹲在小寨子里,徐海东拿定主意:等天黑了,非活捉这头"牛"不可。

此时,两边的山坡上、镇子里,战士们已经开始打扫战场,到处堆积着缴获的枪支弹药,到处聚集着俘虏兵,胜利的喜悦洋溢在每个红军战士心里。经过二万五千里长征的战士,在讲述着爬雪山、过草地的故事;来自鄂豫皖根据地的战士和陕北的战士,都倾吐着渴望会见老大哥的心情。

敌一〇九师师长牛元峰蹲在寨子里,一个电报接一个电报要求董英斌解围。他哪里知道,董英斌派的一〇六师还没有到直罗镇,就被红军击溃了,并且在黑水寺被红军消灭了一个整团。牛元峰见待援无望,遂于半夜12时向西突围逃跑。

徐海东一看到"嘴边的肥肉"溜了,气得不行,他急令七十五师师长和政委:"你们快追! 一定要把牛元峰给我抓住!"

"我们一定把他抓回来!"师长坚定地说。

"抓不到活的,也抬个死的回来!"师政委补充说。

说罢,师长、政委带着部队朝敌人猛扑过去。徐海东提根马鞭,也跟着跑了几步。忽然,他像是想起了什么,见跑不过他们,就在背后冲着他们大声地喊:"要活的,要抓头'活牛'!"

夜黑风大,牛元峰率领残部没命地向西逃去,在过河时,为了过得快些,都把棉裤脱了下来,扔在了河里,有的只穿着一条单裤,有的只穿着个裤衩。红军见敌人的狼狈样子,追得更起劲了,一气追了25里,追到直罗镇南的老牛湾,终于全歼了牛元峰残部一个多营。

在战斗进行中,时任红二十八军直属队特派员的詹大南边追边问抓到的俘虏,查问牛元峰的下落。在半途中,一个敌伤兵对他说:"牛师长、参谋长与卫队一起,都在前面。"于是,詹大南率领部队赶紧往前追去。在最后围歼敌人的地方,他很快找到了被俘的敌参谋长。

詹大南一见只有参谋长没有牛元峰,就大声问道:"你们师长呢?"

敌参谋长用手指向十几步远的山坡上一具死尸,回答说:"那就是牛师长。"

詹大南不相信,敌参谋长拾起地上的一个红色长方形大本子对他说:"请你对照军官录上的照片。"

詹大南拿起一看,里面少校以上军官都附有照片,第三页是少将师长牛元峰,占了半页。于是,他走过去,使劲把尸体翻过来一看,面部和上身都是血。

照片上的牛元峰穿着笔挺的将军服，威风凛凛，这怎么能和眼前身穿破旧士兵服、血肉模糊的死尸对上号呢？詹大南辨认不清，又连问其他几个战俘，他们都说就是师长。

詹大南搜了搜尸体的衣服，找到了一枚铜质狮钮的私章，在手掌上印了一下，发现是篆文，不认识。于是，他让战士看守敌参谋长和那具尸首，带着军官录和印章，回到文家庙，向徐海东军团长汇报。经过认定，私章是牛元峰的。徐海东高兴地说："赶紧发电报报告中央！"

没错，尸首确实就是牛元峰的。原来，牛元峰跑到那个山坡时，实在跑不动了，而红军就跟在身后，一片"活捉牛元峰"的喊声不时地响起。牛元峰停下脚步，看着身边的几个侍卫，眼里闪着绝望的残光。他从腰上拿出勃朗宁手枪塞给副官，绝望地说："此役是我的耻辱，与其回去被法办，还不如你把我打死，开枪！"

副官接过手枪，朝牛元峰右后脑打进一颗子弹，牛元峰当即一命归天。敌一〇九师至此全军覆灭。

这一仗，是时任红十三团团长的陈赓唯一躺在担架上指挥的一仗。

在战前，红一方面军规定，除了主要指挥人员外，凡是跑不动路的，基本都动员留下，不让参战。为此，军团参谋长左权逐师逐团核实战斗实力，可核实到陈赓任团长的十三团，左参谋长差点走不脱身。

原来，左权和陈赓是黄埔军校第一期同学，以后又都从事红军领导工作，朝夕相处。左权虽是军团参谋长，但对陈赓却很尊重。他知道陈赓有骨折性战伤，在征求他的意见时说："你是否不必去前线，我可以代替指挥。"

陈赓说啥也不干，笑道："人家新官上任三把火，你却泼我一瓢水。"

左参谋长又让一步，说配给他两匹马。陈赓还是不接受，说："长征我是走来的，不是骑马来的。"

没办法，左权把特派员欧致富叫去，嘱咐说："你马上落实一副担架。从现在起，担架不要离开他前后。他总是靠前指挥的，明白吗？"左权这一说，欧致富还能不明白？便马上落实担架去了。

担架准备好了，陈赓还是不愿躺，硬要挂着根棍子自己走，可部队奔袭前进,他哪里跟得上呢?眼看指挥部与部队的距离越拉越远,陈赓急了。

"担架!"陈赓自己叫开了。于是,担架队员和警卫员把他们的团长扶上了担架,抬起就走。陈赓叹了口气,说:"辛苦你们了。这真是抬将军上阵了!"

战斗进行得很顺利,得知兄弟部队已经端掉牛元峰指挥所之后,陈赓又着急了。

这时,周恩来副主席来视察,他见到陈赓,问起了战况。陈赓发牢骚说:"小鱼小虾抓了不少,就是'牛'还没套上。你就让我们团去宰'牛'吧!"

周恩来笑了笑,说:"老陈呀,你还是那么好战。你只知道十三团拼刺刀厉害,可还有个美称叫'猴子兵',跑路打敌人援兵也是拿手好戏哩。你们就到张家湾一带打敌人的援兵吧。这里的'牛',有十五军团部分部队困住就行了。白天他们跑不了,我们准备他们晚上跑时,正好在运动中歼灭他们。"

周恩来这么一说,陈赓也不好再磨下去。事不宜迟,他命令马上收拢部队,向西奔杀而去。

途中,十三团和敌人一〇六师干上了。他们配合二师、四师消灭了敌人一个团,余下之敌,全部缩回甘肃境内去了。

红十三团又挥师东来,准备再消灭羊泉之敌。这时,传来胜利的消息:敌牛师长在突围逃跑途中已经自杀。羊泉之敌大概也得到了消息,赶紧撤出,收拢回鄜县去了。至此,敌人的"围剿"被粉碎了。

回师路上,陈赓命令担架去抬伤员。两名担架队员看着欧致富,不愿离去。

欧致富只好说:"伤员早就被群众担架队抬走了,还用得着他们!"

陈赓这回抓住"把柄"了,笑着说:"原来是左参谋长派你这么盯住我呀!不过,你算完成任务了。你要知道,抬上阵光荣,抬下阵呢?人家说你是败将,多难听呀,再不坐担架了!"他这一说,身边的官兵都笑了起来。

这一仗,也是红四师四连通信员钟明参军后打的第三仗。

69年后,88岁的钟老在江西于都的家中回忆道:"当时是白天,我们红四连从一个开阔地往山上冲。开阔地前面是一条河,山上国民党军有几个团把守。

"敌人火力很强,红四连还没有冲到河边,就被敌人几个团的火力死死压制住了,好几个排长牺牲。

"指导员萧前把剩下的叫到一起说,这次我们一定要冲上去,我们是中央红军,可不要叫陕北红军战友们小看我们。"

但当时,就在钟明跃起的一刹那,指导员萧前摁住钟明的头说:"小钟,你是通讯员,你就躲在这个坟包下面。如果我们回不来,你负责通知我们的家人,让他们不要悲伤,因为我们是为了人民的解放而牺牲的,值!"

钟老回忆说:"这一仗从下午一直打到晚上。尽管我们最后攻下了这个山头,但付出了血的代价,全连100多号人最后只剩下几个人……"

给钟明交代遗言的指导员萧前,并没有牺牲,新中国成立后最终从南京军区空军政委的岗位上离休。纪念红军长征60周年时,钟明与萧前在瑞金曾见过一面。当他们认出对方时,激动得不得了,想起当时牺牲的战友们,抱头痛哭……

红军付出的代价确实是值得的。直罗镇战役,红军歼灭敌人一个师又一个团,共俘虏敌人5300多人,打死打伤1000多人,缴获枪支3500多条、轻机枪170多挺、迫击炮8门、子弹228万多发。

总结经验时,毛泽东说:"击溃战,对于雄厚之敌不是基本上决定胜负的东西。歼灭战,则对于任何敌人都立即起了重大的影响。对于人,伤其十指不如断其一指;对于敌,击溃其十个师不如歼灭其一个师。"

敌一〇九师全师和一〇六师一个团的覆灭,彻底打乱了敌人进攻陕北的部署。迫使敌一〇八、一一一师不得不退回了甘肃境内,东路侵入羊泉镇的一一七师也退出鄜县。敌人对陕甘根据地的第三次"围剿"被彻底粉碎了,陕北根据地出现了一个新的局面。

直罗镇战役,又一次证明了毛泽东军事思想的伟大和正确。"直罗一仗开新面,西北奠基著史篇。"硝烟落去,部队移驻到羊泉镇一带,并举行了祝捷大会。红一军团和十五军团,都相互派了参观访问团,进行参观和访问。张云逸、刘亚楼等同志,带着一个剧团,到红十五军团来慰问演出;红十五军团也派了许多同志到中央红军学习和参观。

11月30日,在东村召开的营以上干部大会上,毛泽东作了《直罗战役同目前的形势与任务》的报告。

首先，他指出取得这次战役胜利的原因是："一、两个军团的会合与团结（这是基本的）。二、战略与战役枢纽的抓住（葫芦河与直罗镇）。三、战斗准备的充足。四、群众与我们一致。"

接着，他又结合战役胜利详细地分析了国际形势与国内局势，说："目前，日本帝国主义正进攻华北并吞全中国，国民党正在南京开卖国大会。我们的胜利告诉日本帝国主义，我们不许你这个日本帝国主义灭亡我们的华北和全中国；我们的胜利也告诉国民党，我们不允许你们卖国。红军要同全国人民携手用我们的枪炮与热血，打倒日本帝国主义……"

最后，他满怀深情地总结了直罗镇战役胜利的重大意义，指出："长征一完结，新局面就开始。直罗镇一仗，中央红军同西北红军兄弟般的团结，粉碎了卖国贼蒋介石向着陕甘边区的'围剿'，给党中央把全国革命大本营放在西北的任务，举行了一个奠基礼。"

10. 斯诺笔下的徐海东

1936 年 6 月，美国著名记者埃德加·斯诺满怀"探寻红色中国"的愿望，经西安秘密来到陕北苏区，陆续采访了毛泽东和其他许多红军将领。8 月 26 日，斯诺见到了红十五军团的军团长徐海东，并在宁夏预旺堡（红军"西征"到达后成立了预旺县苏维埃政府）开始了对徐海东的采访。

斯诺其实在很早以前就格外关注徐海东。蒋介石曾把徐海东诬为"文明的一大害"。早在红军初创时期，国民党悬赏缉拿的所谓"共匪"中，声势造得最大的就是彭德怀和徐海东。南京的飞机飞到红军前线的上空，散发的传单上除了其他的诱惑外，还在最显著的地方写道："凡击毙彭德怀或徐海东，投诚我军，当赏洋十万。凡击毙其他匪酋，当予适当奖励。"而在红军将领的行列中，徐海

1936 年 8 月斯诺为徐海东拍的照片

东是大名鼎鼎的"徐老虎",被誉为中国的"夏伯阳",毛泽东称之为"对中国革命
有大功的人"。

现如今,斯诺终于见到了这位传奇将领,怎能不激动万分?他迫切希望深
入了解徐海东和他率领的英勇的红军部队,如何在重兵围困中傲然屹立,如何
以两千多人的孤军长征,并率先到达陕北,无意中成为中央红军长征北上的
先导。

徐海东专门指派了十几名骑兵,把斯诺接到预旺堡红十五军团的军团部。
为了表示对这位远道来客的尊重,徐海东特意将最好的房子留给了斯诺,并派
人提前将屋子打扫布置整洁。斯诺在红十五军团待了五天,红十五军团也成了
他远渡大洋、历经千辛万苦到达陕北苏区后采访的第一支红军部队。在预旺
堡,斯诺被称作"红区调查员"。在斯诺的眼里,红军将领中,再也没有比有关徐
海东本人的故事更典型的材料了。于是,斯诺每天总是不失时机地与徐海东倾
心交谈。接连三四个晚上,斯诺缠着徐海东,问这问那。就连徐海东陪他去看
红军剧社演出、到七十三师参观时,也是采访不停。采访内容也是方方面面,事
无巨细。他询问徐海东儿时的情况,问他当窑工的生活,问他带兵打仗的经历,
问他的父亲、母亲、妻子、儿女的生活和处境,等等,甚至连徐海东的两颗门牙是
怎样掉的都要问个清楚。

在斯诺的眼里,徐海东始终是一个"神秘的人"。徐海东 21 岁离家出走,做
了一年窑工后就参了军,革命 10 年,负伤竟达 8 次,全身有 20 多处战伤,可谓
身经百战,九死一生,几次从鬼门关里爬了回来。战伤使得他行动有些不便。

当听到徐海东讲述自己家族中有 66 人被国民党杀害时,这位西方记者真
正懂得了什么叫"中国的阶级斗争"。

采访中,让斯诺印象最为深刻和惊愕的是徐海东最重的一次负伤历险。那
是长征途中,入陕第二天的庚家河战斗。时任红二十五军副军长的徐海东身负
重伤,一颗子弹从左眼下钻入,从颈后穿出,喉咙被淤血堵住,呼吸困难,生命岌
岌可危。紧急关头,护士周少兰伏下身子,一口一口地将徐海东喉咙里的淤血
吸出,昼夜寸步不离地照顾他。煎熬了 4 天 4 夜后,徐海东竟奇迹般地活了过
来。徐海东将周少兰改名为周东屏(意为挡住死亡、保护徐海东的生命屏障)。

长征到达陕北后,两人共结连理,成了革命伴侣。

后来,斯诺把这次采访详尽地写进了他的《西行漫记》一书中,让世人第一次了解了红二十五军及其领导人徐海东的传奇经历:

一天早上我到彭德怀的司令部去,发现他有好几个部下在那里,正好开完会。他们请我进去,切开了一只西瓜。我们围桌而坐,淘气地在炕上嗑起瓜子来。我注意到有一个我以前没有见过的年轻指挥员。

彭德怀看见我瞧着他,便开玩笑说:"那边这个人是著名的'赤匪',你认出他来了吗?"新来的那个人马上面露笑容,脸涨得通红,嘴里露出掉了两个门牙的大窟窿,使他有了一种顽皮的孩子相,大家不由得都笑了。

"他就是你一直想要见的人,"彭德怀又补充说,"他要你去访问他的部队。他叫徐海东。"

中国共产党的军事领导人中,恐怕没有人能比徐海东更加"大名鼎鼎"的了,也肯定没有人能比他更加神秘的了。除了他曾经在湖北一个窑场做过工,外界对他很少了解。蒋介石把他称为"文明的一大害"。最近,南京的飞机飞到红军前线的上空,散发了传单,除了其他诱惑(红军战士携枪投奔国民党,每人可获一百元奖金)以外,还有下列保证:

"凡击毙彭德怀或徐海东,投诚我军,当赏洋十万。凡击毙其他匪酋,当予适当奖励。"可是就在这里,羞怯地长在一对宽阔的孩子气肩膀上的,却是南京的悬赏不下于彭德怀的脑袋。

我表示感到很荣幸,心里在想,有一条命对你部下值这么多的钱,不知有何感觉,因此问徐海东,他请我去访问他的部队是不是当真的。他是红军十五军团司令,司令部设在西北八十里外的预旺县。

"我在鼓楼已为你准备好了一间屋子,"他答道,"你什么时候想来就告诉我好了,我派人来接你。"

我们当场就谈妥了。

因此几天之后,我带了一支借来的自动步枪(这是我自己从一个红军军官那里"没收"来的),在十名带着步枪和毛瑟枪的红军骑兵护卫下前往预旺县,因为在有些地方,我们的路线离前线红军阵地只有很短的距离。

与陕西和甘肃的无穷无尽的山沟沟相比,我们走的那条路——通向长城和那历史性的蒙古草原的一条路——穿过的地方却是高高的平原,到处有长条的葱绿草地,点缀着一丛丛高耸的野草和圆圆的山丘,上面放牧有大群的山羊和绵羊在啃草。兀鹰和秃鹰有时在头上回翔。有一次,有一群野羚羊走近了我们,在空气中嗅闻了一阵,然后又纵跳飞跑躲到山后去了,速度惊人,姿态优美。

五小时后,我们到达了预旺县城。这是一个古老的回民城市,居民约有四五百户,城墙用砖石砌成,颇为雄伟。城外有个清真寺,有自己的围墙,釉砖精美,丝毫无损。但是其他的房子却有红军攻克以前围城的痕迹。县政府的两层楼房已毁了一半,正面墙上弹痕累累。他们告诉我,这所房子和城外的其他房子都是红军开始围城时马鸿逵将军的守军毁坏的。敌人从城外房子撤出时都纵火焚毁,以免红军占领后作为攻城的阵地。

"县城攻克时,"徐海东后来告诉我,"实际上只打了一场小仗。我们包围封锁预旺县 10 天。里面有马鸿逵的一旅骑兵和大约一千民团。我们根本没有进攻,到第十天晚上天黑后,我们在城墙上放了云梯,有一连人爬了上去,这时敌人岗哨才发现。一架机枪守住云梯后,我们又有一团人爬了上去。

"没有发生什么战斗。天亮以前我们就把所有民团缴了械,包围了骑兵旅。我们的人只死了一个,伤了七个。我们给民团每人发一元银洋,遣返他们回家,给马鸿逵的部下每人两元。他们有好几百人不愿走,参加了我军。县长和旅长在他们部下缴械时爬东墙逃走了。"

我在十五军团待了五天,发现时时刻刻全都是极为有意思的。而对于我这个"红区调查员"——他们在预旺县是这样叫我的——来说,所有这些事情,没有比徐海东本人的故事更好的材料了。每天晚上他完成工作以后,我就同他谈话。我骑了马同他一起去七十三师前线,我同他一起去红军剧社看演出。他第一次告诉我关于鄂豫皖苏维埃共和国的历史,这在以前还从来没有为外人充分知道过。那个苏区在面积上仅次于江西中央苏区,作为这个广大地区的第一支游击队的组织者,徐海东对它的发展详情,几乎无不了若指掌。

徐海东给我的印象是我所遇到的共产党领袖中"阶级意识"最强的一个人——不论在态度上、外表上、谈吐上和背景上都是如此。事实上,除了贺龙以外,他大概是指挥员中唯一的"纯无产阶级"。虽然红军中的大多数下级军官出身于无产阶级,有许多高级指挥员出身于中产阶级或中农家庭,甚至出身于知识分子。

徐海东是个明显的例外。他对自己的无产阶级出身很自豪,他常常笑着称自己是个"苦力"。你可以看出来,他真心真意地认为,中国的穷人、农民和工人,都是好人——善良、勇敢、无私、诚实——而有钱人则什么坏事都干尽了。我觉得,他就是认为问题是那么简单,他要为消灭这一切坏事而奋斗。这种绝对的信念使他对自己的大胆无畏,对他的部队的优势所说的自豪的话,听起来不至于使人对他有狂妄自大的感觉。他说:"一个红军抵得上五个白军。"你可以看出,在他看来,他这话不过是说明一个无可辩驳的事实。

他的自豪的热情未免有点幼稚天真,但是极其真诚,他的部下对他的拥戴的秘密也许就在这里。他对自己的部队极感自豪——不论他们是作为个人,还是作为战士、骑兵、革命者的能力。他对他们的列宁俱乐部,他们的艺术化的招贴——的确很好——都感到很自豪。他对他的几个师长——其中两个"像我一样是苦力"出身,一个只有21岁,当红军却有6年了——也感到很自豪。

徐海东很重视能够表现身体强壮的事,他打仗10年,负伤8次,因此行动稍有不便,使他感到很遗憾。他烟酒不沾,身材仍很修长,四肢灵活,全身肌肉发达。他的每条腿、每条胳膊,他的胸口、肩膀、屁股都受过伤。有一颗子弹从他眼下穿过他的脑袋又从耳后穿出。但他仍给你一个农村青年的印象,好像刚从水稻田里上来,放下卷起的裤腿,参加了一队路过的"志愿参加"的战士的队伍。

我也打听清楚了他的门牙是怎么掉的。那是在骑马失事时碰掉的。有一天他骑马在路上驰骋,马蹄碰了一个战士,徐海东拉紧缰绳想看看那个战士有没有受伤。马一受惊,把他撞在一棵树上。两个星期后他苏醒过来时,发现他的门牙已嵌在那棵树上了。

"你不怕有一天会受伤吗?"我问他。

"不怎么怕,"他笑道,"我从小就挨打,现在已经习惯了。"

事实上,他的童年生活足以说明他今天为什么成了一个革命者。我向他问到他的生平,要套出他的回答来很费力,因为像所有的红军一样,他只肯谈打仗。我从记下的几百字的笔记中,选出少数一些重要事实在这里。

徐海东于 1900 年生于汉口附近的黄陂县。他的家庭世世代代都是做窑工的,祖父一代曾经置过地,但由于旱灾、水灾、捐税,后来就赤贫化了。他的父亲和五个哥哥在黄陂的一个窑里做工,仅可糊口。他们都是文盲,但因海东聪明,又是幼子,所以凑钱送他上了学校。

"我的同学几乎全是地主或商人的子弟,"徐海东告诉我说,"因为穷人的孩子很少有上学的。我同他们一起在一张桌子上念书,但是他们很多人都讨厌我,因为我很少有鞋穿,衣服又破烂。他们骂我时我忍不住要同他们打架。如果我跑到先生那里告状,他总是打我。但是如果地主的子弟打输了,他们去先生那里告状,打的又是我。

"我上学第四年,也就是 11 岁那年,参加了一场'富人打穷人'的吵架,一群'富家子弟'把我逼到墙角里。我们当时扔着棍棒和石头,我扔出去的一块石头打破了一个姓黄的孩子的脑袋,他是个有钱的地主的儿子。那孩子哭着走了,不久又带着他家里的人回来。他老子说我'忘了生辰八字',对我拳打脚踢。先生又打了我一顿。我就逃学不肯再去。这件事对我印象很深。我从此相信,穷人的孩子是得不到公平的。"

徐海东就到窑厂去当学徒,在"谢师的几年"里没有工资。他 16 岁满师,在三百个工人中工资最高。他微笑着吹嘘说:"我做窑坯又快又好,全中国没有人能赶得上,因此革命胜利后,我仍是个有用的公民!"

他回忆起一件事,使他更恨地主豪绅:"一个戏班子到我们附近来唱戏,工人们都去看戏了。豪绅官僚的太太也在那里看戏。工人们自然很好奇,要想看看这些阔佬们的足不出户的老婆到底是什么模样,因此就盯着包厢瞧。阔佬们就命令民团把他们赶出戏园子,结果就打了起来。后来我们厂主不得不设宴请得罪的'贵人'吃饭,放鞭炮为那些被人偷看过的女人'清白受玷'赔礼道歉。厂主想从我们工资中扣钱来办酒席,我们表示要罢工来反对,他这才作罢。这是我第一次体会到组织起来的力量是穷人自己的武器。"

徐海东21岁的时候,因家庭纠纷一怒离家出走。他步行到了汉口,接着又到了江西,做了一年窑工,攒了钱,打算回黄陂。但是他得了霍乱,等养好身体,积蓄也花光了。空手回家不好看,他就参加了军队。他们答应他每月十元军饷,得到的却只是"挨打"。这时国民革命在南方开始,共产党在徐海东所属军队中进行宣传。他们有好几个给砍了头,却使他关心起来。他对军阀的军队感到厌恶,和一个军官一起开了小差,逃到广州,参加了张发奎将军的国民革命军第四军,一直待到1927年。他当了排长。

1927年春,国民党军队分成左翼和右翼两派,这个冲突在张发奎的部队里特别尖锐,这时这支部队已到了长江流域。徐海东站在激进派一边,不得不逃亡,他偷偷地回到了黄陂。这时他在一些学生的宣传影响下已成了共产党员,他在黄陂就立即开始建立党支部。

1927年4月发生右派政变,共产党被迫转入地下。但徐海东却没有,他单独得出结论,觉得采取独立行动的时机已经成熟。他把窑厂的工人几乎都组织了起来,还有一些当地农民。从这些人中他组织起湖北省的第一支"工农军队"。他们开始时只有17个人,1支手枪,8发子弹——那都是徐海东自己的。

这就是后来发展成为有6万人的红四方面军的核心,到1933年在它的控制下的苏区有爱尔兰那么大。它有自己的邮局、信贷系统、铸币厂、合作社、纺织厂,还有总的来说组织得相当完善的农村经济,在一个民选的政府领导之下。黄埔军校毕业生、前国民党军官徐向前成了四方面军司令。莫斯科回来的留学生、1917年中国新文化运动的伟大领袖之一张国焘任政府主席。

像江西一样,这个鄂豫皖红色共和国经受住了南京方面的头四次"围剿"，在这个过程中反而加强了自己。也像江西一样，在第五次"围剿"中，同样的战略和战术迫使四方面军主力最后作"战略后撤"，先到四川，后来又到了西北。

除了经济封锁、每天空袭，并且在鄂豫皖苏区周围建筑好几千个碉堡网以外，南京的将领们显然执行一种把红区老百姓几乎完全消灭的政策。他们最后终于认识到红军的唯一真正基础是在农民群众中间，因此着手有步骤地消灭老百姓。在第五次"围剿"中，湖北和安徽的反共部队共约 30 万人，由蒋介石派了在南昌和南京的军校中经一年反共宣传思想灌输的，受到法西斯训练的军官来加强。其结果是一场激烈程度不下于德国法西斯对西班牙的侵略的内战。

统治阶级的政权一旦受到威胁，它所进行的报复似乎到处都是采取同样野蛮的方式，不论种族或肤色。但是有些手法上的不同，却颇有启发意义，这里不妨花一些篇幅来说明一下这在中国是怎样进行的。

……

有三天之久，每天下午和晚上好几个钟头，我一直在向徐海东和他的部下提出关于他们的个人历史、他们的军队、前鄂豫皖苏区——共产党叫作鄂豫皖苏维埃共和国——的斗争、他们目前在西北的情况等等的问题。我是访问他们的第一个外国新闻记者。他们并没有什么"内幕消息"、"独得之秘"可以兜售（这种行话他们也不懂），也没有漂亮的、成套的讲话，我得反复盘问才能从他们嘴里套出一些东西来。不过现在回想起来，能从这些不懂向外国人进行宣传的艺术的人那里得出直率的、毫不掩饰的答复，确实使人感到耳目一新。你感到他们的话是完全可信的。

我想大概也是由于这个缘故，我听到徐海东回答我的"你家里的人现在哪里"时，不禁突然感到很大的兴趣，连忙坐直了身子。他若无其事地回答，显然没有准备，使我不能不认为这是实话。

"我家的人全都给杀了，只留下一个哥哥，他现在四方面军。"

"你是说在打仗的时候打死的？"

"哦，不是！我的哥哥只有三个是红军。其余的都是汤恩伯和夏斗寅将军枪决的。国民党军官一共杀死了徐家 66 个人。"

"66 个人！"我几乎不相信自己的耳朵。

"是的,被杀的有我 27 个近亲,39 个远亲——黄陂县的人都姓徐。老老少少,男男女女,甚至婴孩都给杀了。姓徐的都给杀光了,除了我的妻子和三个在红军中的哥哥,还有我自己。后来两个哥哥又在作战时牺牲了。"

"你的妻子呢?"

"我不知道她的下落。1931 年白军占领黄陂县时她被俘。后来我听说她被卖给汉口附近的一个商人做小老婆。这是我逃出来的哥哥告诉我的,还有其他人被杀的事。在第五次'围剿'中徐家有 13 人逃出黄陂,到了礼山县。但是在那里都被逮捕了。男的被砍了头,女人小孩被枪决。"

徐海东看到我脸上吃惊的神色,就惨然一笑。"这并没有什么特别的地方,"他说,"许多红军指挥员家里都发生了这样的事,只是我家损失最大而已。蒋介石下了命令,我的家乡被占领时,姓徐的一个也不能留下。"

……